Knaur.

Knaur.

Über die Autorin:
Crista Kramer von Reisswitz, am 11. Oktober 1952 in Traunstein geboren, berichtet seit 21 Jahren als Vatikan-Korrespondentin für deutschsprachige Medien aus Rom. Als eine der ersten weiblichen Journalistinnen auf der Welt konnte sie den verstorbenen Papst Johannes Paul II. von Beginn seines Pontifikats an auf zahlreichen Auslandsreisen begleiten. Im Auftrag der Katholischen Nachrichtenagentur KNA (Bonn), der Katholischen Nachrichtenagentur Kathpress (Wien) und der Schweizer Katholischen Nachrichtenagentur KIPA (Fribourg/Schweiz) hatte sie Gelegenheit, als Rom-Korrespondentin den Vatikan und hohe Vatikan-Vertreter bei zahlreichen Reportagen und Interviews aus der Nähe kennen zu lernen. Sie verfolgte alle wichtigen Ereignisse dieses Pontifikats. Ihr Buch »Die Papstmacher« ist in holländischer, französischer, ungarischer und polnischer Sprache erschienen.

Crista Kramer von Reisswitz

Die Papstmacher

Die Kardinäle und das Konklave

Knaur Taschenbuch Verlag

Bildnachweis:
L'Osservatore Romano, Arturo Mari (I, XV, XXI), Grzegorz Galazka (II, III, V, VI, VIII, IX, X, XI, XII, XIV, XVI, XVII, XXII, XXIII), Crista Kramer von Reisswitz (IV), Bischöfliches Ordinariat Mainz (VII), Felici (XIII, XVIII, XX).

Mein besonderer Dank gilt Herrn Dr. Thomas Tilcher
für die Durchsicht des Manuskripts.

Besuchen Sie uns im Internet:
www.knaur.de

Aktualisierte Taschenbuchausgabe April 2005
Knaur Taschenbuch Verlag
Ein Unternehmen der Droemerschen Verlagsanstalt
Th. Knaur Nachf. GmbH & Co. KG, München

Redaktion: Helene Weinold-Leipold
Umschlaggestaltung: ZERO Werbeagentur, München
Umschlagabbildung: Mauritius, Mittenwald/Grasser
Satz: Ventura Publisher im Verlag
Druck und Bindung: Clausen & Bosse, Leck
Printed in Germany
ISBN 3-426-77656-1

7 6 5 4 3

Für meinen Vater

Inhalt

Vorwort 9

1. Einleitung 17
Glashaus Vatikan? 17

2. Papstwahlen im 19. und 20. Jahrhundert 23
2.1 Pius IX.: Das Papstamt in die Wiege gelegt 26
2.2 Pius XII.: Ein Papst nach Ansage 31
2.3 Johannes XXIII.: Ach, Venedig! 50
2.4 Paul VI.: Hamlet oder nicht? 59
2.5 Johannes Paul I.: Ein Lächeln von 33 Tagen 66
2.6 Johannes Paul II.: Ein politischer Coup 83

3. Wie wird man Papst? 103
3.1 Sedisvakanz: die Zeit ohne Papst 105
3.2 Die Einberufung eines Konklaves 110
3.3 Die Geschichte der Konklaven seit Perugia und Viterbo . 115
3.4 Der Konklavemarschall 124
3.5 Die Wahlregeln 125
3.6 Die neue Konklaveordnung 130

4. Habemus Papam! 139
4.1 Der weiße Rauch, die Römer und der neue Papst 139
4.2 Der erste Auftritt eines neuen Papstes 142
4.3 Die große Stunde der Familie Gammarelli 143
4.4 Beruf: Papst – ein Anforderungsprofil 149

5. Die Papstmacher 155
5.1 Die Institution des Kardinalats 156
5.2 Schlüsselfigur beim Konsistorium 2001:
Kardinal Lehmann 169

5.3 Einflussreiche Kurienkardinäle 174
5.4 Wichtige Kardinäle aus aller Welt 189
5.5 Bedeutende italienische Kardinäle 216
5.6 Sechs deutsche Kardinäle als Papstwähler 226
5.7 Die Jesuitenkardinäle 234
5.8 »Pressure Groups« bei der Papstwahl? 239
5.9 Die Gruppe der »Märtyrerkardinäle« 249

6. Das Leben der Päpste einst und jetzt 253
6.1 Der Alltag eines Papstes 253
6.2 Der Papst ist ein Team 261
6.3 Die Sixtinische Kapelle – der Wahlort 266
6.4 Die unaufhaltsame Karriere des Papamobils 273
6.5 Die Schweizergarde – Geheimnisse und Traditionen . . . 278

7. Und wenn der Papst nicht mehr kann? 287
7.1 Kann ein Papst zurücktreten? 291
7.2 Cölestin V. stellte die Rücktrittsnorm auf 294

8. Auch Päpste sind Menschen 297
8.1 Liebenswerte Geschichten und Anekdoten
rund um das schwerste Amt der Welt 297
8.2 Die Schuhe der Päpste 301
8.3 Die Päpste und der Sport 303
8.4 Johannes Paul II. und der Humor 305

Nachwort 309

Wichtige Literatur 313

Vorwort

Er sei in seinen letzten Stunden heiter gewesen und habe sich aus der Bibel vorlesen lassen. Johannes Paul II., der Papst, der seit 1978 der katholischen Kirche vorstand, ist gestorben. Noch ist die Welt erschüttert vom unerhörten öffentlichen Todesleiden dieses Papstes.

»Was einer ist, was einer war – beim Scheiden wird es offenbar«, hat der Dichter Hans Carossa einmal formuliert. Selten hat ein Wort so sehr ins Schwarze getroffen wie bei Johannes Paul II. Bis in die Apriltage des Jahres 2005 leitete der Mann aus Polen die Geschicke der katholischen Kirche. Wie kein Papst vor ihm trat er bewusst in das Rampenlicht der Medien und machte das Amt des Stellvertreters Christi auf Erden zu einem Glashaus. Wie kein Papst vor ihm suchte er den Kontakt zu den Menschen. Wie keiner vor ihm reiste er in die entlegensten Gebiete der Erde, um die Menschen im Glauben zu bestärken und ihnen vor Ort Mut zu machen – auch da, wo sie sich wegen der gesellschaftlichen und politischen Rahmenbedingungen in scheinbar aussichtsloser Lage befanden. Wie kein Papst vor ihm suchte Johannes Paul II. das Minenfeld der Politik auf. Er reiste in das kommunistische Polen, und selbst ein Mann wie Gorbatschow würdigte die entscheidenden Verdienste dieses Mannes beim Fall des Eisernen Vorhanges. Heute kann man sagen: Johannes Paul II. hat das Angesicht der Erde verändert. Die Armen und Unterdrückten waren die Ersten, die seine universale Väterlichkeit erkannten.

Im Inneren der Kirche formierte sich auch Widerstand gegen die konservative Linie des Papstes, der darunter litt, dass eine von der permissiven Gesellschaft infizierte Theologie die Botschaft des Evangeliums und die großen Werte des Christentums in Frage stellen könnte. Man stieß sich an seiner Haltung zur Geburtenkontrolle, zur Abtreibung, zum Zölibat, zum Priestertum der Frau. In all diesen Fragen entfernte sich Johannes Paul II. um keinen Millimeter von der Linie seiner Vorgänger. Progressive Theologen wurden zur Ordnung gerufen, die Bischofsstühle in der ganzen Welt mit Männern seines Vertrauens besetzt. Eine Weile schien es so zu sein, als habe dieser Papst ein Janusgesicht: radikal progressiv in seinem politischen Engagement und rückwärtsgewandt in seinen theologischen und kirchenpolitischen Optionen. Je mehr der Papst innerhalb der katholischen Kirche auf Widerstand stieß, desto nachdrücklicher wurde die Welt auf diesen großen Gerechten aufmerksam, der sich nicht davor scheute, auch vermeintlichen Sympathisanten ohne Furcht und Tadel ins Gewissen zu reden. Die Welt staunte, als es ausgerechnet Johannes Paul II. war, der sich an die Spitze des internationalen Widerstandes gegen Bushs Irakkrieg setzte. Erst in den letzten Jahren entdeckte seine eigene Kirche die aufrechte Größe des Papstes wieder – nachdem sie gewissermaßen von außen darauf gestoßen wurde.

Im Kontext einer vaterlosen Gesellschaft, einer vaterlosen Welt, wuchs allen Menschen guten Willens der so schmerzlich vermisste *Vater* zu – ein Mensch, der *paternitas,* Väterlichkeit neu für das 21. Jahrhundert definierte. Gestorben ist nicht irgendein Kirchenführer – gestorben ist der Mann, der quer über die Konfessionen, ja sogar die Religionen hinweg die Vatergestalt schlechthin war. Er hinterlässt ein Loch, dessen Ausmaß heute noch nicht zu ermessen ist. Das werden die Historiker beschreiben.

Unauslöschlich in die Herzen der Menschen hat sich Papst Johannes Paul II. aber vor allem in den letzten Monaten und Wochen geschrieben, als er, vom herannahenden Tod gezeichnet, sein Leiden öffentlich machte. Weinende Menschen auf dem Petersplatz und vor den Bildschirmen in aller Welt sahen einen heroischen Sterbenden, der ohne Stimme, nur noch mit zitternden Segensgesten, seine Liebe zu den Menschen zum Ausdruck brachte. Der Diener der Diener Gottes – so ein alter Ehrenname für den Papst – wollte nach dem Vorbild Christi *allen alles* werden. Und so wurde er zuletzt noch den Leidenden und Kranken ein Leidender und Kranker. Der Papst trat nicht ab, zog sich bis zum letzten Atemzug nicht zurück. Sein Dienst kostete ihn das Leben. Er wollte zum Zeichen der unverbrüchlichen Treue Gottes werden, einer durch nichts zu brechenden Treue, die alle Passionsgeschichten der Erde ins Licht der österlichen Auferstehungshoffnung rückt. »Ich biete euch meine Leiden an, damit das Projekt Gottes verwirklicht werden kann und damit sein Wort einen Weg zu den Menschen finden kann«, hatte der Papst die Gläubigen am Karfreitag 2005 wissen lassen.

Dies war seine letzte, stumme Predigt.
Und die Welt verstand sie.

Ein anderer wird an die Stelle dieses Papstes treten, wird in Schuhen gehen müssen, die wahrscheinlich zunächst viel zu groß für ihn sind. Noch hat die Welt den Verlust eines einzigartigen Papstes nicht begriffen, und schon rüstet sich die Kirche, um einen neuen Papst zu wählen. Papst? Was ist das für ein merkwürdig singulärer Beruf, den seit 2000 Jahren jeweils nur ein einziger Mensch ausübt? Es gibt keine Ideallaufbahn, kein Personalprofil, keine Stellenbeschreibung. Nicht einmal in den Evangelien wird man fündig, wenn man nach dem Wort »Papst« sucht. Es kommt aus dem Griechischen und findet sich in Rom erstmals auf einem Grabstein aus der zweiten Hälfte des 4. Jahrhunderts (»sub Liberio papa«). Dennoch: Dies ist ein Buch vom Papstwerden. Bis zum heutigen Tag hat es 263 Päpste gegeben. Kein einziger ist vom Himmel gefallen. So entrückt die Berufsbezeichnung Papst auch sein mag und sosehr dabei Dinge zwischen Himmel und Erde eine Rolle spielen mögen, die sich menschlicher Beurteilung entziehen: Menschen haben andere Menschen zum Papst »gemacht«. Die »Papstmacher«, das sind die Kardinäle der katholischen Kirche. Paladine des Papstes hat man sie genannt. Wenn sie in ihrem vornehmen Purpur in den Petersdom einziehen, umweht sie eine geheimnisvolle Aura. Gezeichnete, markante Gesichter – jedes einzelne ein Stück Kirchengeschichte. Manche Menschen halten die Kardinäle für eine Art Geheimbund, ein Netzwerk päpstlicher Machtentfaltung. Nüchtern betrachtet handelt es sich um eine Gruppe von etwa 110 bis 120 Bischöfen aus aller Welt, denen vom Papst die besondere Würde des Kardinalats verliehen wurde. Natürlich sind besonders viele Italiener darunter, aber auch Franzosen, Amerikaner, Schwarzafrikaner, Asiaten, Osteuropäer, Deutsche. Manche dieser Kardinäle sind aktiv in der Leitung der katholischen Kirche tätig; andere leben aufgrund ihres Alters und ihrer Gebrechlichkeit zurückgezogen. Was immer sie sonst tun – ihre große Stunde kommt spätestens, wenn ein Papst stirbt und die Wahl eines neuen Papstes ansteht: Hinter den ehrwürdigen alten Herren fallen die mächtigen Bronzetüren ins Schloss, hinter denen ein Konklave stattfindet. Und sie werden sich nicht wieder öffnen, bevor weißer Rauch aus dem Rohr aufsteigt, das von der Sixtinischen Kapelle in den Himmel ragt.

Wenn ein Papst stirbt, verwandeln sich Rom und der Vatikan in eine erregte und zugleich planmäßig ablaufende Maschinerie. Sie mündet in der Papstwahl, bei der die Kardinäle unter strengster Geheimhaltung einen aus ihrer Mitte zum Papst wählen. »Wer als Papst in das Konklave geht, kommt als Kardinal wieder heraus«, weiß der Volksmund. Sprich: Wer davon überzeugt ist, Papst zu werden, der wird es meistens gerade nicht. Der weiße Rauch, der seit alten Zeiten zum Zeichen der erfolgten Wahl aus dem Vatikan aufsteigt, ist nur eines der denkwürdigen Rituale, die ein Konklave begleiten. Dann weiß man, dass die Purpurträger einen aus dem Kreis der ihren mit dem erschreckenden Auftrag betraut haben, der »Stellvertreter Christi auf Erden« zu sein.

Was moderne Strategen der Kommunikation nicht mysteriöser und damit öffentlichkeitswirksamer inszenieren könnten, verdankt die Welt wahrscheinlich weniger der klugen Psychologie der katholischen Kirche als vielmehr den wackeren Bür-

gern der mittelitalienischen Stadt Perugia. Die fragten im Jahre 1216 nicht lange danach, ob es den Kardinälen gefallen könnte oder nicht: In bester Absicht schlossen sie die »Papstmacher« einfach weg. Zu lange hatten ihre Wahlgespräche gedauert, zu groß war der Druck auf sie; man musste die Kardinäle vor Zuflüsterungen, gar Erpressung von außen schützen: Das so genannte »Konklave« war geboren. Gregor X., der dann das Konklave offiziell in der Kirche einführte, machte eine Tugend aus der Tatsache, dass es Zeiten gab, in denen man um das Petrusamt schamlos, würdelos und endlos schacherte. Zur Wahl Cölestins IV. (1241) brauchte man zwei Monate, für Innozenz IV. (1243) ließ man sich 20 Monate Zeit – und für Gregor X. brauchten die zerstrittenen Kirchenfürsten gar 36 Monate. Bei dem längsten Konklave der Kirchengeschichte führten nur einige drakonische Maßnahmen der Bürger Viterbos zur Wahl des nächsten Papstes. Erst entzogen sie den Kardinälen das Essen, dann umstellten sie den Raum der Papstwahl mit Waffenträgern, und schließlich deckten sie einfach das Dach ab, damit die Unbill der Witterung das ihre tun konnte.
Zuletzt mag es der Heilige Geist sein, der die strategischen Konzepte der Macher über den Haufen wirft. Vielleicht ist er es, der mit himmlischem Humor dafür sorgt, dass einer Papst wird, der so dick ist, dass für ihn nicht einmal eine geeignete Soutane aufzutreiben ist: Johannes XXIII. Die Geschichte der Papstwahlen ist eine kuriose Mischung: Das Heilige und das Banale, das Erhabene und das Kuriose, das Heroische und die Feigheit – es liegt ganz nahe beieinander. Menschlich ging es von Anfang an zu – und gleichzeitig rätselhaft darüber hinaus. Der unsichere Kantonist Petrus wäre von keinem modernen Personalberater in die nähere Auswahl für ein Leitungsamt genommen worden. Und doch hat sich über ihn und dann über Namen wie Linus, Anaklet, Clemens, Evaristus, Alexander und anderen eine ununterbrochene Kette von Trägern des Papstamtes hergeleitet. Unter diesen Männern gab es nicht wenige Heilige, viele Rechtschaf-

fene und Bemühte, aber auch eher Mittelmäßige und sogar den einen oder anderen, dem man kein Unrecht tut, wenn man ihn einen Verbrecher nennt. Päpste haben sich als Hirten der Kirche, aber auch als weltliche Fürsten, Diplomaten, Feldherren, Dichter, Mäzene und Philosophen ausgezeichnet. Manchmal lebte die Kirche wegen ihrer Päpste und manchmal trotz ihrer Päpste. Mit großer Dankbarkeit kann die Kirche dieser Tage feststellen, dass die Welt in den vergangenen zwei Jahrhunderten in allen Päpsten den Servus Servorum Dei, den Diener der Diener Gottes, erkennen konnte.

Wie wird der Papst des 21. Jahrhunderts aussehen? Lassen wir uns überraschen. Die Päpste, die man im 20. Jahrhundert wählte, waren Menschen mit besonderen Gaben und starken Eigenheiten. Nach dem souveränen Asketen Pius XII. dachte kein Mensch an das Charisma des übergewichtigen, gutmütigen alten Herrn, der als Johannes XXIII. in die Geschichte einging. Und nach dem subtilen Intellektuellen, dem an sich und der Welt leidenden Paul VI., hätte niemand die 33 Tage Frühling der Kirche erfunden, die Johannes Paul I. darstellte. Und wer hätte den Papst vorhergesagt, der wie kein anderer zum Zusammenbruch des Eisernen Vorhangs und zum Ende des Kommunismus beigetragen hat?

Crista Kramer von Reisswitz lebt seit mehr als 25 Jahren in Italien und ist seit 1982 als Korrespondentin aus Rom am Heiligen Stuhl akkreditiert. Sie ist mittlerweile eine echte »Romana di Roma« und schreibt von Rom aus für Zeitungen und Magazine in Deutschland und Amerika. Es gibt kaum einen Kardinal, den sie nicht gesprochen hätte, und zahlreiche der in Rom lebenden Kirchenfürsten kennen sie und ihre Arbeit. Ihr Buch »Die Papstmacher« ist ein Einblick in den innersten Kreis der Kirche, in ihre Schaltzentrale, ihr Herz. Crista Kramer von Reisswitz erzählt die Geschichte der Kardinäle und die Geschichte der Papstwahlen – dies ist ein wesentliches Stück Kirchengeschichte –, aber sie vergisst darüber das Menschliche nicht. Sie hat eine bislang nicht bekannte Fülle wissenswerter, oft genug auch kurioser Details und liebenswerter Geschichten zusammengetragen, die dieses Buch zu einer ebenso spannenden wie amüsanten Lektüre machen.

Bernhard Meuser
im April 2005

1. Einleitung

Glashaus Vatikan?

Zweitausend Jahre haben die Einwohner der Ewigen Stadt an sich vorübergehen sehen, ohne dass irgendetwas sie sonderlich gerührt hätte. Wenn es auch im Fall des Todes von Johannes Paul II. definitiv anders ist – in der Regel galt das Sprichwort: »Muore un Papa, se ne fa un altro« (»Wenn ein Papst stirbt, dann macht man eben einen anderen«). Die Römer gebrauchten es gerne, um zu beweisen, dass sie sich durch nichts aus der Fassung bringen lassen. Ihr Gleichmut ist nicht gespielt, sondern historisch gewachsen. Schließlich haben die großen römischen Familien wie die Fürsten Orsini und Colonna oder die Barberini viele Jahrhunderte lang die Päpste gestellt – und einander deshalb auch leidenschaftlich bekämpft. Das Papsttum lebt mit Rom, und Rom lebt mit ihm und von ihm. Doch die Gelassenheit der Römer ist nur Schau: Jede Papstwahl ist eine Sensation, die zur Einzigartigkeit der Ewigen Stadt gehört. Manch ein Römer kann von sich behaupten, sechs Päpste erlebt zu haben. Und die Erzählung, wie die Familie auf dem Petersplatz stand und dort Tage und manchmal auch Nächte im Gebet mit den dort wartenden Menschen aus aller Welt verbracht hat, bis endlich der weiße Rauch aufstieg, gehört zu den schönsten und wichtigsten Erinnerungen, die ein Römer seinen Enkeln vermitteln kann.

Als besonders denkwürdig im 20. Jahrhundert ist im Gedächtnis der Römer zweifellos das »Drei-Päpste-Jahr« 1978 eingraviert: Als Johannes Paul I. am 26. August 1978 zum Nachfolger Papst Pauls VI. gewählt wurde, waren die Römer überzeugt, es beginne eine neue Epoche der Menschlichkeit in der Kirche. Doch als nur 33 Tage später die Nachricht vom plötzlichen Tod Johannes Pauls I. verbreitet wurde, wollten sie ihren Ohren nicht trauen. Dass der Papst, der aus

Venedig kam, sich im Vatikan nicht wohl gefühlt hatte, war allgemein bekannt. Die Formalitäten hatten ihn erdrückt.
Gleich nach der ersten morgendlichen Rundfunkmeldung über den plötzlichen Tod Albino Lucianis am 29. September 1978 hatten die Römer das Gefühl, dass etwas verschleiert werden sollte. Wie war der Papst wirklich gestorben? Nur 24 Stunden nach seinem Tod gab es bereits mehrere verschiedene Versionen. War er im Bett gestorben oder nicht? Wer hatte ihn wirklich gefunden? Was hielt der tote Papst in der Hand? Eine Liste mit den Veränderungen, die er innerhalb der Kurie vornehmen wollte, oder eine Ansprache, die er für einen der nächsten Tage vorbereiten musste? Oder nur einen frommen Text? Die Gerüchteküche begann zu brodeln.
Die Verschleierungstaktik des Vatikans forderte Spekulationen über einen unnatürlichen Tod des Papstes geradezu heraus. Der englische Schriftsteller David Yallop sammelte alle Stimmen, die für einen Gifttod des Papstes sprachen, und gab fünf Jahre später ein Buch mit dem Titel »Im Namen Gottes« heraus. Ein Kriminalknüller, gespickt mit vielen Halbwahrheiten, Unterstellungen und Verleumdungen, ging um die Welt. Das Buch wurde zum Bestseller. Es wurde in elf Sprachen übersetzt und schürte die antirömische Stimmung nördlich der Alpen. Der Papsttod war ein gefundenes Fressen für Vatikan-Gegner und all jene, die der Meinung sind, der Vatikan habe nicht anderes zu tun, als ständig irgendwelche Dinge zu verbergen. Yallops spannend geschriebene Kriminalgeschichte brachte eine Verbrecherclique um den Großmeister der italienischen Freimaurerloge P 2, Licio Gelli, ins Spiel und bezichtigte den Kardinalstaatssekretär Jean Villot als angeblichen Täter.
Erst anlässlich des zwanzigsten Jahrestages des Todes Johannes Pauls I. gestand einer der Hauptdarsteller im Drama um die falsche Darstellung des Papsttodes die Wahrheit. In einem Interview mit dem italienischen Staatsfernsehen RAI Ende September 1998 erklärte der damalige Zeremonienmeister des Papstes, der irische

Monsignore John Magee, der inzwischen in seiner Heimat zum Bischof geweiht worden war: »Nicht ich habe den toten Papst gefunden, sondern Schwester Vincenza, die Nonne, die seinen Haushalt führte.« Die Version des Vatikans war demnach falsch. Der Vatikan hatte nicht zugeben wollen, dass eine Frau Zutritt zu den persönlichen Gemächern des Papstes hatte, und verstrickte sich deshalb in Unwahrheiten. Hinzu kam, dass es für einen so plötzlichen Tod des Papstes keinerlei Verhaltensvorschriften gab. Der noch nicht da gewesene Fall hatte Panik in den hohen Rängen des Vatikans ausgelöst. Die Verwandten des Papstes beklagen heute noch, dass damals keine Autopsie des Papstes zugelassen worden war, die völlige Aufklärung über die Todesursache und darüber hätte geben können, wie krank Papst Johannes Paul I. war und welche Zusammenhänge bei seinem Tod eine Rolle spielten. Nach neuesten Erkenntnissen starb er entgegen allen Mutmaßungen von Verschwörung eines natürlichen Todes.
Geheimniskrämerei hinter verschlossenen Türen ist das Erste, was vielen Menschen gerade in deutschsprachigen Ländern in den Sinn kommt, wenn das Wort Vatikan fällt. 1985 wünschte Papst Johannes Paul II. sich die Kurie als ein »Glashaus«. Die erwünschte volle Transparenz für neugierige Blicke von außen steht jedoch auch jetzt zum Ende des Pontifikats noch aus. Das »Glashaus« ist Wunschdenken geblieben. Dies ist ein Grund dafür, dass die Fantasie der Menschen regelmäßig beflügelt wird, wenn vom Vatikan und seinen angeblichen »Machenschaften« die Rede ist. Doch wer Tag für Tag mit dem Vatikan zu tun hat, der hat gelernt, dass Diskretion nun einmal oberste Richtschnur ist. Schließlich ist der Vatikan nicht nur die Zentrale der größten funktionierenden internationalen Organisation der Welt, sondern er ist auch ein Staat und hat daher bestimmten Regierungsmechanismen zu folgen, die vielen Menschen in ihrem eigenen Land oft als Buch mit sieben Siegeln erscheinen. Monsignori und Bischöfe sind Mitarbeiter des Papstes, die über bestimmte Vorgänge in ihren Büros Stillschweigen bewahren müssen. Letztlich geht es ihnen damit nicht viel an-

ders als jedem Angestellten, der sich vertraglich verpflichtet hat, keine Betriebsgeheimnisse auszuplaudern. Der Status des Vatikan-Staates als solcher verlangt Geheimhaltung. Dass es Machtspiele innerhalb der Leoninischen Mauern, die den Vatikan einschließen, gibt, steht außer Frage. Wer wird Bischof und wer nicht? Wer wird Kardinal, und wer hofft vergeblich? Wer wird wo Apostolischer Nuntius (Vatikan-Botschafter), und wer leitet die wichtigsten Vatikanischen Kongregationen? Karrieredenken ist auch im Vatikan zu Hause; doch es ist kein so beherrschendes und umfassendes Thema, wie allgemein behauptet wird.

In ihrem Enthüllungsbuch »Via col vento in Vaticano« (deutsch: »Wir klagen an«), das im antiklerikalen Mailänder Kaos-Verlag erschienen ist, schreiben selbst die 23 Vatikan-Monsignori, die in einem aufsehenerregenden Akt der Selbstreinigung den Vatikan an den Pranger stellen wollten, dass nur ein geringer Prozentsatz der Kurienmitarbeiter als »karrieresüchtig« einzuordnen seien, während der Rest seine Arbeit im Dienst des Papstes unauffällig und manchmal geradezu demütig versehe. Der als Hauptautor des Buches »geoutete« römische Monsignore Luigi Marinelli ist übrigens wenige Monate vor Ende des Heiligen Jahres 2000 im Alter von 73 Jahren gestorben, ohne vor dem Obersten Verfassungsgericht der Kirche, der »Römischen Rota«, Aufschluss über seine Mitautoren gegeben zu haben, die sich hinter dem Pseudonym »I Millenari« verbargen.

Papst zu werden – das strebt heute wohl niemand mehr bewusst an. Zu schwer ist das Amt des Nachfolgers Petri in der heutigen Zeit geworden. Zu schwer ist es, der Nachfolger von Johannes Paul II. zu werden. Und wenn Vatikan-Journalisten – nachdem sie sich vergewissert haben, dass kein Fremder mithört – über eine eventuelle Nachfolge Johannes Pauls II. flüstern, ihnen aber eigentlich keiner der Kandidaten für das Papstamt wirklich ideal erscheint, dann sagen sie unter sich: »Zum Glück gibt es den Heiligen Geist« – vielleicht in der Hoffnung, dass ein Mann erkoren wird, der in der Öffentlichkeit noch eine unbekannte Größe ist.

Der Papst ist heute die vielleicht einzige von fast allen Staaten in der Welt akzeptierte moralische Autorität. Seine Aufgabe ist es, neutrales staatsmännisches Engagement mit den vorrangigen pastoralen Aufgaben des obersten Hirten der katholischen Kirche in Einklang zu bringen und die immer weiter auseinander strebende Masse der Gläubigen in aller Welt zusammenzuhalten. Ein Nachfolger dieses Papstes wird es auf jeden Fall schwer haben. Er wird am Charisma von Papst Johannes Paul II. und seiner unvergleichlichen Art, auf die Menschen zuzugehen, gemessen werden, aber auch an dem ungeheuren Prestige, das der Papst aus Polen auf internationaler Ebene erreicht hat.

Aufgrund der Tapferkeit, mit der Johannes Paul II. Altersbeschwerden wie auch die Auswirkungen des Attentats vom 13. Mai 1981 und die Parkinson-Krankheit ertrug, ist er zum Ende seines Pontifikats eine Art »Ikone« geworden, die so gut wie unantastbar ist und Katholiken wie Nichtkatholiken Bewunderung abringt. Nach seinem Tod steht die Bestandsaufnahme an: Was für eine Kirche hinterlässt Johannes Paul II.? Ist es eine Kirche, die sich in Europa und Nordamerika in einer Sackgasse befindet und in einer inneren und äußeren Krise steckt? Oder geben die »jungen Kirchen« wie in Lateinamerika der Kirche einen neuen Denkanstoß zu weniger Bürokratie und mehr »Mysterium«? Johannes Paul II. hat in seinem Apostolischen Schreiben zum Ende des Heiligen Jahres 2000 »Novo Millennio Ineunte« eine positive Linie vorgegeben und zur Verbreitung des Christentums aufgerufen: »Gehen wir voll Hoffnung voran! Ein neues Jahrtausend liegt vor der Kirche wie ein weiter Ozean, auf den es hinauszufahren gilt.«

Im Vatikan gilt es als unangebracht, solange ein Papst lebt, anders als hinter vorgehaltener Hand über seine Nachfolge zu sprechen. Doch im 20. Jahrhundert war sich jeder Papst von einem gewissen Alter an bewusst, dass er am besten selbst seine Nachfolge vorbereitete und regelte. Johannes Paul II. hat sein 75. Lebensjahr gewählt, um wie seine Vorgänger einige Neuerungen in der Papstwahl zu erlassen. Wenn die katholische Kirche weiterbestehen will, muss die bisher ununterbrochene Kette der Nachfolger des Apostels Petrus fortgeführt werden. Deshalb wird nach dem 263. Papst und Bischof von Rom der 264. kommen. Revolutionär neu ist, dass anders als noch beim letzten Konklave kein Kompromisskandidat mehr gesucht werden muss. Hat nach 30 Wahlgängen noch immer kein Kandidat die Zweidrittelmehrheit erreicht, können die Kardinäle die absolute Mehrheit entscheiden lassen.

Wer der nächste Papst werden könnte, weiß derzeit niemand – ja nicht einmal, woher er kommen könnte. Fast alle in den vergangenen Jahren genannten »papabili« – wie die aussichtsreichsten Kandidaten auf die Nachfolge Petri genannt werden – sind in der Zwischenzeit zu alt oder aus Krankheits- oder anderen Gründen nicht mehr verfügbar. Und wer sich als Papstkandidat zu weit vorgewagt hat, wie der Genueser Kardinal Dionigi Tettamanzi, könnte gerade deswegen im Hintertreffen sein. Vielleicht könnte nach einem »Übergangspapst« aus Italien oder einem anderen europäischen Land die Zeit reif sein für einen Kandidaten aus Lateinamerika – die Tendenz weist darauf hin. Für einen Papst aus Schwarzafrika oder Asien scheint es vielen noch zu früh zu sein.

Sicher ist, dass die »großen Papstwähler« wie der als »Kardinal super partes« geltende Präfekt der römischen Glaubenskongregation, Kardinal Joseph Ratzinger, der Bischofsvikar von Rom, Kardinal Camillo Ruini, Kardinal-Staatssekretär Angelo Sodano, der Präfekt der Vatikanischen Bischofskongregation, Kardinal Giovanni Battista Re, sowie der amerikanische Kurienkardinal Francis James Stafford (für die amerikanischen Kardinäle) oder die Lateinamerikaner Kardinal Dario Castrillon Hoyos und Kardinal Alfonso Lopez Trujillo (für die Kardinäle ihres Kontinents) eine wichtige Beratungsfunktion in den neun Tagen vor dem Konklave und während des Konklave innehaben werden. Sie sind die eigentlichen Papstmacher.

Rom, im April 2005
Crista Kramer von Reisswitz

2. Papstwahlen im 19. und 20. Jahrhundert

Wer von den Papstmachern spricht, müsste eigentlich ganz vorne anfangen, bei der Geschichte jenes Fischers, der sich folgenschwer auf einen reisenden Rabbi namens Jesus einließ. In der Perspektive der Geschichte ist Petrus der erste Papst. Daran ist so viel wahr, dass der »Felsenmann« Petrus, den die Evangelien merkwürdig zwiegespalten schildern, ein wichtiges Leitungsamt in der Urkirche innehatte und dazu von Jesus ermutigt und ermächtigt wurde. Petrus war nicht gemeinhin der »Chef«; er wurde auch nicht in einer Art »Apostelkonklave« gewählt. Und das Wort »Papst« gab es für das, was Petrus für die Gemeinden tat, noch nicht. Erst das 4. Jahrhundert schrieb einem Petrusnachfolger namens Liberius die Bezeichnung »Papst« ins Rollenbuch der Kirche. Und dann dauerte es noch einmal Jahrhunderte – nämlich bis ins 11. Jahrhundert –, ehe es zu Papstwahlen durch das Kollegium der Kardinäle kam.

Dieses Buch ist nicht der Ort, eine Papstgeschichte unter besonderer Berücksichtigung ihrer jeweiligen Wahlen darzubieten. Beginnen wir mit der Gegenwart der Geschichte, mit den letzten beiden Jahrhunderten. Wie wurden die großen Päpste der Neuzeit in ihr Amt berufen? Wer waren sie? Woher kamen sie? Was zeichnete sie aus? Wer hat sie gewählt? Unter welchem Einfluss standen sie? Und welche Menschen haben sie in ihre Nähe, den innersten Kreis, geholt? Wie haben diese Kardinäle wiederum Einfluss genommen? Handelt es sich bei der Kurie um eine sich selbst generierende Elitetruppe? Eine Art »Geheimorden«, der die Geschicke der Kirche hermetisch verwaltet? Gehen wir in medias res; schauen wir auf die handelnden Personen.

Favoriten und nicht gesetzte Kandidaten ...

Die Geschichte der Papstwahlen im 19. und 20. Jahrhundert war fast immer für Überraschungen gut: Nicht immer wurde der Favorit auch Papst. Selbst wenn einer zum Papst geboren zu sein schien, hatte er oft das Nachsehen. Ein anderer wieder, auf den noch wenige Tage vor der Papstwahl beim »Papa-Roulette«, dem althergebrachten Ratespiel um die Nachfolge auf dem Stuhl Petri, niemand einen müden Heller gesetzt hätte und der selbst im Traum nicht an eine Papstwahl für sich selbst gedacht hätte, war dann der Auserwählte. Oft genug hat sich in der jüngeren Vergangenheit die Wahrheit des italienischen Sprichworts erwiesen: »Wer als Papst ins Konklave hineingeht, kommt als Kardinal wieder heraus.« Das heißt: Die Favoriten vor und in einem Konklave sind oft diejenigen, die letzten Endes bei der Papstwahl das Nachsehen haben. Für die »Papstmacher« ist die Papstwahl oft schwer vorhersehbar. Das wissen die wenigen noch lebenden Kardinäle, die im historischen »Drei-Päpste-Jahr« 1978 an zwei Konklaven teilgenommen haben. Das absolute Schweigegebot über die Vorgänge während eines Konklaves hat sich mit der Zeit gelockert, auch wenn der genaue Hergang und Ausgang der Wahlgänge nach wie vor als großes Geheimnis gilt.

Kardinal Franz König, vor nicht allzu langer Zeit verstorbener Alt-Erzbischof von Wien, großer alter Mann der katholischen Kirche, Brückenbauer zwischen Ost und West und ausschlaggebend für die Wahl Papst Johannes Pauls II., enthüllte anlässlich dessen 80. Geburtstag am 18. Mai 2000 einige Einzelheiten aus dem zweiten Konklave 1978. In einem Interview mit der »Welt am Sonntag« am 14. Mai 2000 erinnerte der inzwischen verstorbene Kardinal König aus der Warte des Papstwählers an diese aufregenden Stunden und Tage des Konklaves, in dem Karol Wojtyla nur als Kompromisskandidat ins Rennen gegangen war.

Wie man sich ein Konklave vorstellen soll? »Ganz sicher nicht als eine Art von Wahlkampfveranstaltung«, sagte der Kardinal. Außenstehende glaubten immer, in einem Konklave laufe viel Geheimnisvolles ab. Doch in Wirklichkeit gehe es eher nüchtern zu: »Einige, meistens diejenigen, die die gleiche Sprache sprechen, diskutieren in kleinen Gruppen. Andere gehen in den Gängen spazieren. Die anderen wieder trinken Kaffee«, so König. Was zu Beginn eines Konklaves gefragt werde? »Also ein soziologisches Anforderungsprofil, wie man das heute so sagt, gibt es nicht«, meinte der Wiener Alt-Erzbischof. Die Fragen, welche die Kardinäle sich stellten, seien eher allgemeiner Natur: Wer kommt überhaupt in Frage? Von wem wird erwartet, dass er die Fähigkeiten zum Papst hat? Wem kann man das Amt zutrauen? Welche Fähigkeiten bringt der Kandidat mit, welche nicht? Hat er eine lupenreine Vergangenheit?

König erinnerte sich, dass er einige Wochen vor dem Konklave mit dem polnischen Primas, Kardinal Stefan Wyszynski, über einen möglichen Kandidaten gesprochen habe. Wyszynski habe ihm damals gesagt: »Du, ich kenn die Leute zu wenig. Ich weiß nicht. Ich warte auf die erste Abstimmung, dann sieht man, in welche Richtung es geht.« König sagte darauf etwas zurückhaltend: »Na ja, und was ist mit Polen?« Und Wyszynski, der dem Papst später zu Beginn seines Pontifikats prophezeite: »Du wirst die Kirche ins dritte Jahrtausend führen«, bezog diese Bemerkung auf sich. »Was fällt dir ein! Du glaubst doch nicht, dass ich nach Rom gehe. Das wäre doch die größte Freude für die Kommunisten, mich loszuwerden.« Und König antwortete: »Ich meine ja auch nicht dich, sondern den Kardinal von Krakau.« Wyszynski entgegnete: »Aber der ist doch viel zu jung und unbekannt.« König fügte hinzu, schon damals sei die Frage gewesen: Wird es wieder ein Italiener oder diesmal ein Nichtitaliener. Falls der Papst nicht aus Italien kommen sollte, woher dann? Niemand habe 1978 an den Ostblock gedacht. Der sei eine Welt für sich gewesen, verriegelt und verschlossen.

Gegen Ende der ersten Abstimmungen sei beim zweiten Konklave 1978 dann erstmals der Name »Karol Wojtyla« aufgetaucht. Nach acht Wahlgängen war der Papst aus Polen dann auf den Thron Petri berufen worden. »Wojtyla saß schräg hinter mir im Konklave«, so König. Als der Vorsitzende auf ihn zuging und ihm die entscheidende Frage stellte: »Nehmen Sie die Wahl an?«, da habe Wojtyla ganz ruhig und gelassen – so als würde er dies als göttliche Fügung empfinden – geantwortet: »Ich nehme an.« Welchen Namen? »Johannes Paul II.« Ob er selbst je habe Papst werden wollen? »O nein«, sagte Kardinal König. Selbst wenn er zwanzig Jahre jünger wäre, hätte er sich das nicht antun wollen. Eine so große Kirche wie die heutige bringe kaum zu bewältigende Probleme mit sich. Außerdem stehe man ständig einer kritischen Presse gegenüber.

Spannend wird es bei dem jetzt anstehenden Konklave sein, welchen Namen der neue Papst für sich auswählt, nachdem die Namenskombination aus Johannes und Paul der bisher letzten Päpste, die diese als Zeichen der Kontinuität mit den Pontifikaten von Johannes XXIII. (1958–1963) und Paul VI. (1963–1978) gewählt hatten, ausgedient haben dürfte.

2.1 Pius IX.: Das Papstamt in die Wiege gelegt

Die Abneigung gegen den Kommunismus verband zwei Päpste, die in zwei verschiedenen Jahrhunderten wirkten und beide in eine Zeit des politischen Umbruchs hineingeboren waren. Es lohnt sich daher, vor der Betrachtung der Papstwahlen im 20. Jahrhundert einen Blick zurück ins 19. Jahrhundert zu werfen.

Ähnlich wie bei der dramatischen Wahl Papst Johannes Pauls II. im zweiten Konklave 1978 war auch die Berufung des bedeutendsten Papstes des 19. Jahrhunderts zum Nachfolger Petri mit der Sehnsucht der Papstwähler nach einem radikalen Wechsel verbunden: Kaum 48 Stunden dauerte das Konklave im Jahre 1846, das den letzten »Papst und König des Kirchenstaates«, Pius IX. (1846–1878), auf den päpstlichen Thron hob. Dem als letztes von neun Kindern des Grafen Mastai-Ferretti in der Adria-

Stadt Senigallia am 13. Mai 1792 geborenen Giovanni Maria schien das Papsttum in die Wiege gelegt worden zu sein. Bis zu seiner Papstwahl hatte er eine kirchliche Laufbahn wie aus dem Bilderbuch zurückgelegt. Nach seiner Priesterweihe 1819 wurde er 1827 Erzbischof von Spoleto und 1832 Bischof von Imola. Die im Konklave am 16. Juni 1846 versammelten Kardinäle wollten einen liberalen Papst haben, der sich im Gegensatz zu seinen reaktionären Vorgängern auf die moderne Zeit verstand. Keiner der Papstwähler ahnte damals, dass in diesem Augenblick das längste Pontifikat in der Kirchengeschichte begann: Bis zum Tod von Papst Pius IX. am 7. Februar 1878 sollten 31 Jahre, sieben Monate und 22 Tage vergehen.

Wie dramatisch und erschütternd das Pontifikat Pius' IX. war, wurde erst bei seiner Seligsprechung 122 Jahre nach seinem Tod klar. In der Vatikanischen Selig- und Heiligsprechungskongregation liefen im Vorfeld der gemeinsamen Seligsprechung von Papst Pius IX. und Johannes XXIII. am 3. September 2000 die Telefondrähte heiß. Warum denn der Papst der Öffnung zur Welt hin, Johannes XXIII., ausgerechnet mit diesem Papst, der mit seinen scharfen Attacken gegen den Liberalismus weltweites Aufsehen erregt hatte, selig gesprochen werden müsse, wollten Journalisten aus aller Herren Ländern wissen.

Der »Syllabus«: ein Katalog »moderner Irrtümer«

Immer wieder musste der Präfekt der Vatikanischen Kongregation für die Selig- und Heiligsprechungen, Kardinal José Saraiva Martins, gegenüber den Vertretern der am Vatikan akkreditierten Weltpresse zugeben, dass die beanstandeten Thesen des »Syllabus«, eines Katalogs »moderner Irrtümer«, mit den heutigen Augen und im Kontext der heutigen Kultur gesehen sicherlich Unwillen erregen müssen. Und immer wieder musste der Präfekt gleichzeitig darauf hinweisen, dass die antiliberalen Aussagen von Papst Pius IX. historisch eingeordnet werden müssen: Während des Pontifikats Pius' IX. gab es starke antiklerikale Strömungen. Die Beziehungen zwischen Staat und Kirche mussten völlig neu definiert werden. Auf Wunsch vieler Bischöfe habe Papst Pius IX. Widerstand gegen die allgemeinen Zeitströmungen geleistet, die Gott und die Kirche in Frage stellten, und vor modernen Irrtümern gewarnt. Der historische Hintergrund war das Revolutionsjahr 1848. Es hatte nachhaltig an den Grundfesten der politischen Systeme in Europa gerüttelt. Auch der Kirchenstaat war davon nicht ausgenommen. In den Gesellschaften Europas waren Ideen und Ideologien entstanden, die sich immer weiter von den Traditionen aller Kirchen entfernten. Nur wenige Monate nach seiner Wahl wies der Papst im November 1846 in seiner ersten Enzyklika »Qui pluribus« Zeitirrtümer zurück. Zu ihnen gehörte auch der Kommunismus, den Papst Pius IX. als »abscheuliche, dem natürlichen Recht zutiefst entgegengesetzte Lehre« bezeichnete. Unermüdlich sammelte Pius IX. die »modernen Irrtümer« und veröffentlichte sie dann 1864 in den 80 Sätzen des »Syllabus«, der seit seinem Erscheinen die liberale Welt in Empörung versetzt hat. Der »Syllabus« setzte sich aus Stücken von Ansprachen, Predigten und aus Sätzen der Enzykliken des Papstes zusammen. Das Unfehlbarkeitsdogma und den absoluten Primat des Bischofs von Rom hatte der Papst übrigens viel später – am 18. Juli 1870 – während des von ihm einberufenen Ersten Vatikanischen Konzils und gegen heftigen Widerstand auch von deutscher Seite durchgesetzt.

Einsatz für die Juden Roms

Ein zu Unrecht gegen Papst Pius IX. erhobener Vorwurf ist der des Antisemitismus. Im Gegenteil: In der Osternacht 1848 hatte der Papst die beiden Schranken am römischen Ghetto entfernen lassen und so freien Zutritt und Weggang aus dem Ghetto ermöglicht. Diese Maßnahme löste jedoch einen Volksaufstand in Rom aus, durch den der Papst gezwungen wurde, das Ghetto wieder zu schließen. Pius IX. erweiterte während seines Pontifikats die Bür-

gerrechte der Juden und befreite sie vom bisherigen Jahrestribut. Als ein Jude aus Livorno dem Papst 30 000 Scudi schenkte, gab dieser sie unverzüglich an die Armen des Ghettos weiter.
Wenig historisches Fingerspitzengefühl bewiesen einige Kritiker, die im Vorfeld der Seligsprechung die Aktionen des Papstes in fast 32 Jahren Pontifikat am Fall eines jüdischen Kindes messen wollten, das seinen Eltern weggenommen worden war. Gemäß den Gepflogenheiten seiner Zeit hatte Pius IX. 1858 den siebenjährigen Edgar Mortara seinen jüdischen Eltern wegnehmen und christlich erziehen lassen, nachdem aufgekommen war, dass das christliche Dienstmädchen der Familie den in Todesgefahr befindlichen Säugling heimlich hatte taufen lassen. Der Junge, um den der Papst sich persönlich kümmerte, wurde Priester und legte im bereits kurz nach dem Tod des Papstes begonnenen Seligsprechungsprozess für Pius IX. ein dankbares Zeugnis ab.
Für die Seligsprechung des Papstes am 3. September 2000 war lediglich dessen persönliches, heiligmäßiges Leben ausschlaggebend. Dass die äußeren Umstände seines Pontifikats im Seligsprechungsprozess unmaßgeblich waren, bestätigte auch die Großnichte von Papst Pius IX., Prinzessin Patricia Torlonia, im Gespräch mit der Verfasserin. Ihr Taufkleid war aus den liturgischen Gewändern von Papst Pius IX. gearbeitet worden, der in ihrer Familie schon seit seinem Tod um Fürbitte bei Gott angerufen wird.

Das Ende des Kirchenstaates

Von Tragik überschattet wurde das Pontifikat Pius' IX. durch einen einschneidenden Verlust: Als am 20. September 1870 Rom von den piemontesischen Truppen besetzt wurde, war das Ende des Kirchenstaates und damit der realen weltlichen Macht der Päpste gekommen. Der Kirchenstaat wurde dem italienischen Nationalstaat einverleibt, der daraufhin von den Alpen bis nach Sizilien geeint war. An diesen Tag erinnert noch heute eine wichtige Straße in Rom, die Via XX. Settembre. Papst Pius IX. zog sich aus Schmerz über den endgültigen Verlust des »Patrimonium Petri« und aus Protest gegen die Enteignung in den Vatikan zurück und erklärte sich selbst zum »Gefangenen im Vatikan«. Auch seine Nachfolger verließen das Areal um den Petersdom niemals. Erst Papst Pius XI. (1922–1939) löste die durch den Zusammenbruch des Kirchenstaates entstandene so genannte »römische Frage« mit der Unterzeichnung der Lateran-Verträge zwischen dem Heiligen Stuhl und Italien und der Schaffung des Vatikanstaates am 11. Februar 1929.

Auslösender Faktor für das Ende des 1870 noch bestehenden Rest-Kirchenstaates war der Deutsch-Französische Krieg gewesen, der die traditionelle französische Schutzmacht des Papstes zum Abzug ihrer Truppen aus Rom gezwungen hatte. Dies erleichterte das Einfallen der italienischen Truppen. Am 20. September 1870 waren die italienischen Truppen durch eine von der Artillerie geöffnete Bresche in der Aurelianischen Stadtmauer in der Nähe der Porta Pia eingedrungen. Der Papst wollte unnötige Gewalt vermeiden. So wurden nach einem eher symbolischen Widerstand 16 Opfer gezählt. Die italienischen Truppen hatten den Befehl erhalten, an den Leoninischen Mauern, die den Vatikan umgeben, Halt zu machen. Doch die bedrohliche Stimmung unter den Einwohnern des vor dem Vatikan gelegenen Borgo-Viertels überzeugte Kardinalstaatssekretär Antonelli, die Truppen bis zum Vatikanpalast vordringen zu lassen, wo sich der Papst eingesperrt hatte. Nach einer Volksabstimmung am 2. Oktober 1870, die Rom an Italien angliederte, hörte der Kirchenstaat auf zu existieren.

Wie die übrigen italienischen Staaten wurde der Kirchenstaat Ende des 18. Jahrhunderts abhängig von den Großmächten, die um die Vorherrschaft in Italien kämpften. Napoleon gliederte das Gebiet in sein Königreich Italien ein, der Wiener Kongress stellte 1815 den alten Zustand wieder her. Allerdings schwanden Macht und Machtbereich der Päpste immer mehr. Als Pius IX. 1846 sein Amt antrat, gärte es bereits: Der Kirchenstaat war von Wirtschafts- und Sozialproblemen heimgesucht. Revolutionäre wie die »Carbonari« verstärkten die Spannungen. Beim Angriff 1870 brach der vom Kirchenstaat übrig gebliebene Rest zusammen. An seine Stelle trat der Vatikanstaat – aber nicht als Instrument von Machtpolitik, sondern als Rahmen, der dem Oberhaupt der katholischen Kirche Unabhängigkeit ermöglichen sollte.

2.2 Pius XII.: Ein Papst nach Ansage

Pius XII. gehört zu den Kandidaten, die sozusagen als Papst geboren wurden. Der asketische Brillenträger, der vor seiner Wahl Eugenio Pacelli geheißen hatte, galt lange Zeit als der Papst schlechthin.

Am Abend des 1. März 1939 hatten sich 63 Kardinäle ins Konklave zurückgezogen. 44 Prozent der Wähler gehörten der Kurie an, der einzige Nichtitaliener unter den Kurienkardinälen war der Franzose Eugène Tisserant. Nie wieder wird es ein Konklave geben, bei dem die Kurie und die Italiener – 35 war die Zahl der italienischen Papstwähler – so dominieren können. Zum ersten Mal seit Papst Benedikt XIII. (1724–1730), der aus der römischen Prinzenfamilie Orsini stammte, hoben die Kardinäle wieder einen echten Römer auf den Papstthron. Nur einem so exzellenten und außerordentlichen Mann wie Eugenio Pacelli hatten es die im Konklave 1939 versammelten Kardinäle vergeben können, dass er ein Kurialer – also ein Mann der Kurie und der vatikanischen Diplomatie ohne jegliche Erfahrung als Diözesanbischof – war, vertraute Kardinaldekan Granito Pignatelli di Belmonte, der das Konklave leitete, nach der Papstwahl einem Freund an. Über diese Anekdote berichtete der international bekannte italienische Politiker Giulio Andreotti in seinem Buch »Meine sieben Päpste«.

Weißer Rauch nach dem dritten Wahlgang

Während früher die Diplomaten und die Juristen unter den Kardinälen vorherrschten, sind es heute die Hirten an der Spitze der katholischen Diözesen. Nach dem plötzlichen Tod von Papst Pius XI. erschien es 1939 angesichts drohender Kriegswirren allen Papstwählern sinnvoll, den kurienerfahrenen engsten Mitarbeiter des Papstes zu seinem Nachfolger zu wählen. Allerdings wurde Papst Pius XII. nicht durch Akklamation (durch Zuruf ohne Wahl) zum Papst, wie manchmal irrtümlich berichtet wird. Er wurde in einem kurzen Konklave am 2. März 1939 beim dritten Wahlgang am Nachmittag des ersten Konklave-Tages gewählt, nachdem zwei Wahlgänge am Vormittag erfolglos geblieben waren. Um 17.25 Uhr stieg weißer Rauch aus dem Rauchfang der Sixtinischen Kapelle auf. Pacelli soll mit 48 von 63 Stimmen gewählt worden sein. Sein Gegenspieler war der damalige Erzbischof von Florenz, Elia della Costa, ein guter Seelsorger.

Giulio Andreotti erinnerte in seinem Päpste-Buch »A ogni morte di Papa« an die Krönungszeremonie im Petersdom und stellte heraus, dass die großen Massen von heute zu jener Zeit völlig unbekannt gewesen seien. Während im Inneren der Basilika viele Gläubige an der Zeremonie teilgenommen hätten – unter ihnen eine große Anzahl Adliger und königlicher Prinzen –, hätten die Lautsprecher die Feierlichkeiten völlig umsonst auf den Petersplatz übertragen, da dieser menschenleer gewesen sei.

Vom römischen Kardinalvikar Marchetti Selvaggiani ist folgende ironische Aussage über dieses Konklave überliefert: »Wenn die Engel abgestimmt hätten, hätten sie della Costa gewählt, wenn die Dämonen abgestimmt hätten, hätten sie mich gewählt. Unglücklicherweise haben aber Menschen die Wahl getroffen.«

Als Pacelli am 9. Oktober 1958 die Augen schloss, hinterließ er ein völlig internationalisiertes Kardinalskollegium: Es gab 55 Kardinäle, unter denen 38 die Weltkirche repräsentierten. Von den 17 Italienern, die zur Papstwahl berechtigt waren, gehörten elf der Kurie an.

Was die Papstwahl anbelangt, so hat Papst Pius XII. die Kontrolle darüber, ob ein Kandidat im Konklave die eigene Stimme für sich selbst verwendet, abgeschafft. Er bestimmte in seiner am 8. Dezember 1945 herausgegebenen Apostolischen Konstitution »Vacantis Apostolicae Sedis« (Über die Vakanz des Heiligen Stuhls), dass für eine gültige Wahl künftig zwei Drittel der Stimmen plus eine weitere notwendig sein sollten. In seinem Schreiben legte er auch die Aufgaben des Kardinaldiakons fest, der nach einem Konklave der Welt den Namen des neuen Papstes verkünden darf.

Von Nationalsozialisten und Kommunisten unerwünscht

Als Kardinalstaatssekretär verfügte Pacelli über ausgezeichnete Kontakte zu den Kardinälen aus aller Welt über Nordamerika bis nach Budapest, wohin er als Päpstlicher Legat entsandt worden war. Von den Westmächten war seine Wahl gewünscht worden, den Nationalsozialisten und den Kommunisten dagegen war Pacelli als Papst unerwünscht. So vorsichtig er auch als Diplomat in einer Krisenzeit gewesen sein mag: Wäre Papst Pius XII. persönlich tief in seinem Inneren davon überzeugt gewesen, dass Protest gegen die Nationalsozialisten etwas genutzt hätte, hätte er protestiert. Mit dem Drama »Der Stellvertreter«, in dem die für viele Außenstehende rätselhafte Zurückhaltung Papst Pius' XII. angeprangert wird, hatte der Schriftsteller Rolf Hochhuth eine Diskussion ausgelöst, die bis heute das Bild von Eugenio Pacelli verdunkelt und den Papst, der zur Zeit des Dritten Reichs wirkte, in der breiten Öffentlichkeit als ängstlichen Schweiger abstempelt. Trotz Polemik und Protesten wird die Seligsprechung Papst Pius' XII. auf Anordnung von allerhöchster Stelle im Vatikan so zügig wie möglich vorangetrieben und ist keineswegs auf die lange Bank geschoben, wie amerikanische Zeitungen wie die »New York Times« wissen wollten. Das Verhalten Pius' XII. während des Zweiten

Weltkriegs – so meinen die vatikanischen Spezialisten für Zeitgeschichte – sei von absolut integren Motiven getragen gewesen. Pius XII. habe Dinge getan und Dinge gelassen aus dem einzigen Motiv, die Lage der Verfolgten nicht noch weiter zu verschärfen.
»Wer die Wahrheit über Pius XII. wissen will, sollte Pater Blet lesen«, riet Papst Johannes Paul II. einmal während seiner zahlreichen Auslandsreisen den ihn begleitenden Vatikanjournalisten. Blets letztes aus dem Französischen auch ins Deutsche übersetzte Buch trägt den Titel: »Pius XII. und der Zweite Weltkrieg. Aus den Akten des Vatikans.« Der französische Zeitgeschichtler Pater Pierre Blet SJ hatte zu dem vierköpfigen Expertenteam gehört, das in den siebziger Jahren im vatikanischen Auftrag die Akten und Dokumente des Heiligen Stuhls über den Zweiten Weltkrieg von 1939 bis 1945 aufarbeitete und publizierte. Die vorzeitige Veröffentlichung der »Actes et documents du Saint Siège relatifs à la Seconde Guerre mondiale« mit französischen Vorworten war nach dem internationalen Echo notwendig geworden, das Rolf Hochhuths Drama »Der Stellvertreter« ausgelöst hatte. In Auftrag gegeben hatte sie Papst Paul VI. im Jahre 1963. Er betraute vier Historiker aus dem Jesuitenorden mit einer Untersuchung der Tatsachen. Außer Pater Blet gehörten dem Gremium der Amerikaner Robert A. Graham, der Italiener Angelo Martini und der Deutsche Burkhart Schneider an. In 15 Jahren schufen die vier Jesuiten ein Werk von 7664 Seiten. Pater Blet hebt immer wieder hervor, dass Papst Pius XII. ein Freund der Deutschen, aber nicht des Nazi-Regimes war.
In ihren Erinnerungen an Papst Pius XII. schreibt Schwester Pascalina: »Eines bedrückte den Nuntius bei seinem Weggang aus Deutschland sehr: der ständige Aufstieg des Nationalsozialismus ... Ich fragte den Nuntius einmal, ob dieser Mann (Hitler; Anm. d. Red.) nicht doch auch sein Gutes haben und wie Mussolini einst Italien, so nun er dem deutschen Volke aufhelfen könnte. Da schüttelte Exzellenz den Kopf und sagte: ›Ich müsste mich sehr, sehr täuschen, wenn dies hier ein gutes Ende nehmen sollte.

Dieser Mensch ist völlig von sich selbst besessen, alles, was nicht ihm dient, verwirft er; was er sagt und schreibt, trägt den Stempel seiner Selbstsucht, dieser Mensch geht über Leichen und tritt nieder, was ihm im Weg ist – ich kann nur nicht begreifen, dass selbst so viele von den Besten in Deutschland dies nicht sehen oder wenigstens aus dem, was er schreibt und sagt, eine Lehre ziehen.‹«

Aus den Zeugenaussagen während der Nürnberger Prozesse geht hervor, dass das vorsichtige Verhalten von Papst Pius XII. begründet war. Dr. Robert Kempner, der stellvertretende Hauptankläger der amerikanischen Regierung in Nürnberg, habe das Verhalten von Pius XII. während des Zweiten Weltkriegs voll gerechtfertigt und verteidigt, erinnert sich der in Rom lebende Historiker Pater Peter Gumpel SJ. Eine Stellungnahme Pius' XII. zu den Gräueltaten der Nazis hätte mehr geschadet als genützt. Hätte Pius XII. das Wort »Juden« bei seinen öffentlichen Anklagen gegen die Verfolgung von bestimmten Rassen ausdrücklich genannt, hätte Hitler wohl Repressionsakte gegen getaufte Juden und Katholiken angeordnet.

So hatte Pius XII. in seiner berühmten Radiobotschaft an Weihnachten 1942 zwar den Holocaust angeprangert, die Juden dabei jedoch unerwähnt gelassen. Er hatte bezüglich der Zahl der Opfer von »Hunderttausenden« gesprochen. Pater Gumpel erklärte gegenüber der Verfasserin, dass in der damaligen Zeit jeder verstanden habe, dass die Juden gemeint seien, wenn von »wegen ihrer Rasse Verfolgten« die Rede gewesen sei. Die Enzyklika »Mit brennender Sorge« hatte der Hitler-Gegner Pius XI. gegen die nationalsozialistische Ideologie in engster Zusammenarbeit mit seinem Kardinalstaatssekretär Eugenio Pacelli erstellt. In der am 14. März 1937 veröffentlichten Enzyklika, die in deutscher Sprache verfasst war und in allen deutschen Kirchen verlesen wurde, hatte Papst Pius XI. ohne Reserve Rassenwahn und Führerkult sowie Staats- und Volksvergötzung verurteilt und um Frieden gefleht. Die Antwort des Regimes war eine noch stärkere Kirchenverfolgung in Deutschland gewesen. Dazu Historiker Pierre Blet: »Die härtesten

Aussagen über die von Hitler verfolgte Unterdrückungspolitik wurden auf Veranlassung von Pacelli in die Enzyklika eingefügt.«

Weder Antisemit noch Nazi-Freund

Pater Pierre Blet wiederum versicherte, Papst Pius XII. sei weder ein Antisemit noch ein Nazi-Freund gewesen. Wäre er antisemitisch eingestellt gewesen, hätte er den römischen Juden sicher nicht geholfen, jene fünfzig Kilogramm Gold zusammenzubringen, die der deutsche Kommandant in Rom, Kappler, ihnen abgefordert hatte. Wäre er den Nazis wohlgesinnt gewesen, hätte er sicher nicht den Plan des deutschen Widerstands, Hitler zu ermorden, an die Engländer weitergegeben und die amerikanischen Katholiken dazu bewegt, die antideutsche Allianz Roosevelts mit Stalin nicht zu behindern.

Bezüglich des 1933 zwischen der deutschen Regierung und dem Heiligen Stuhl abgeschlossenen Konkordats widerspricht Blet der allgemeinen Auffassung, Eugenio Pacelli habe das Konkordat gewollt, um die deutschen Katholiken mit ihrer Zentrumspartei aus der Politik zu vertreiben. Blet: »Das ist eine vom historischen Gesichtspunkt aus unhaltbare These.« Im Gegenteil sei das Konkordat der katholischen Kirche von Hitler nahezu aufgezwungen worden. Verfolgung habe bereits in der Luft gelegen, und deshalb wäre eine Ablehnung unmöglich gewesen, zumal vom Nationalsozialismus begeisterte Katholiken kein Verständnis dafür gehabt hätten. Es sei aber damals schon klar gewesen, dass das Konkordat nicht eingehalten werden würde, was sich später bewahrheiten sollte.

Blet verteidigte auch die Entscheidung Papst Pius' XII., die noch unter Pius XI. erarbeitete Enzyklika »Humani generis unitas«, in der die Judenverfolgung verurteilt wurde, nicht zu veröffentlichen. In dem Text sei nämlich auch davon die Rede gewesen, dass der Staat das Recht habe, »Maßnahmen zu ergreifen, um die Gesellschaft vor den Irrtümern des Judentums zu schützen«.

Gegen Judenverfolgung intervenieren – Vatikan-Brief an Nuntius in Berlin vom 4. April 1933

Jetzt gibt es einen Beweis dafür, dass die römischen Instanzen schon wenige Monate nach der Machtergreifung Hitlers etwas gegen die Judenverfolgung unternommen haben: In den seit dem 15. Februar 2003 geöffneten Deutschland-Akten des Pontifikats Pius' XI. (1922–1939) ist auch ein Brief aus dem Vatikanischen Staatssekretariat an die Nuntiatur in Berlin vom 4. April 1933 enthalten. Die Verfasserin veröffentlicht den Text aus dem Vatikanischen Geheimarchiv exklusiv für ihre Leser. Die wenigen Zeilen genügen, um die »schwarze Legende« vom angeblich antisemitisch eingestellten späteren Papst Pius XII. und den Vorwurf, Papst Pius XI. und sein Staatssekretär Eugenio Pacelli hätten Hinweise auf die Judenverfolgung ignoriert, vorerst zu entkräften.
Doch was geschah damals in den höchsten Rängen des Vatikans? Im Auftrag von Papst Pius XI. formulierte Kardinalstaatssekretär Eugenio Pacelli ein Expressschreiben an den Nuntius in Berlin, Erzbischof Cesare Orsenigo. Datum: 4. April 1933. Die Anweisung lautet, alle Möglichkeiten abzuwägen und zu nutzen, um gegen die in Deutschland beginnende Judenverfolgung zu intervenieren:

Hochwürdigste Exzellenz,
hoch stehende israelitische Persönlichkeiten haben sich an den Heiligen Vater gewandt und ihn angefleht, doch gegen die Gefahr antisemitischer Ausschreitungen in Deutschland zu intervenieren.
Da es zu den Traditionen des Heiligen Stuhls gehört, seine universale Mission des Friedens und der Nächstenliebe gegenüber allen Menschen unabhängig von ihrer sozialen Kondition und Religionszugehörigkeit zu verrichten, und auch wo es notwendig ist, seine wohltätigen Organe tätig werden zu lassen, beauftragt der Heilige Vater Eure Hochwürdigste Exzellenz, zu sehen, ob und wie es eine Möglichkeit gibt, sich in dem erwünschten Sinn zu verwenden.

Ich nutze gerne die Gelegenheit, um Sie, Euer Exzellenz, meiner hochachtungsvollen und aufrichtigen Wertschätzung zu versichern.

Stempel des Vatikanischen Staatssekretariats

Was genau der Nuntius nach Erhalt des Briefs aus dem Vatikan unternahm, ist nicht dokumentiert, denn bei einem Brand in der Nuntiatur in Berlin 1943 wurde ein Großteil der Akten aus der Zeit zwischen 1922 und 1939 vernichtet.

Zum Brand der Nuntiatur erklärte der Leiter des Vatikanischen Geheimarchivs, Pater Sergio Pagano, im Gespräch mit der Autorin: Ob er meint, dass Geheimnisse über das Pontifikat Pius' XII. verborgen werden, die der Heilige Stuhl nicht der Öffentlichkeit zugänglich machen will? Nein, meint Pater Sergio Pagano. Dieser Vorwurf, der des Öfteren von jüdischer Seite geäußert wird, sei ungerechtfertigt. Der Leiter des Geheimarchivs: »Wir besitzen die Briefe des Nuntius Orsenigo aus Berlin, der den Heiligen Stuhl zu Beginn des Jahres 44 darüber informiert, dass die gesamte Nuntiatur verbrannt ist – nicht nur –; er berichtet, dass sie mit Phosphorbomben zerstört wurde. So wurde zum Beispiel der Panzerschrank, in dem die Gehälter für das an der Botschaft tätige Personal aufbewahrt wurden, völlig in Stücke zerfetzt. Und als es gelang, ihn zu öffnen, wurden von den Geldscheinen nur noch Brösel vorgefunden. Dies bezeugt, wie unglaublich stark die Explosion war, die alle Dokumente aus den Jahren 1929 und 1930 vernichtet hat. Diese sind zwar aus dem Fonds der Nuntiatur Berlin unwiederbringlich verloren gegangen, doch alle Briefe und Dokumente aus diesen Jahren, die von Berlin an den Vatikan geschickt wurden, sind hier im Archiv aufbewahrt.« Pagano verwies darauf, dass es sinnvoll und auch üblich ist, die Archive erst nach sechzig oder siebzig Jahren zu öffnen. Die »privacy« noch lebender Personen müsse aus Sicherheits- und sozialen Motiven oder aus Gründen der »Bewahrung des guten Rufs« geschützt werden, die durch das Erscheinen von Archivmaterial kompromittiert werden könnte. Die Entscheidung, das Archivmaterial nach Pontifikaten der Öffentlichkeit zugänglich zu machen, liege allein beim Papst, hob er hervor. Pagano kann sich vorstellen, dass in etwa zehn Jahren das gesamte Archivmaterial über das Pontifikat Pius' XII. für Forscher zugänglich wird – doch erst muss noch das Pontifikat Pius' XI., von dem bisher nur die Deutschland-Akten einzusehen sind, vollständig katalogisiert und dann Historikern zur Verfügung gestellt werden.

Ob Nuntius Orsenigo im Hauptquartier vorsprach oder eine schriftliche Eingabe machte, ist nicht mehr nachzuvollziehen. Überliefert ist, dass sich der 1929 als Nachfolger Pacellis an die Nuntiatur nach Berlin berufene Orsenigo überfordert fühlte. Er war kein ausgebildeter Diplomat und besaß in schwierigen Missionen nicht die Erfahrung und das Durchsetzungsvermögen seines Vorgängers. Orsenigo stand zwischen zwei Feuern – der Papst forderte energische Maßnahmen, während Hitler jegliche Kritik an seiner Politik abschmetterte und begann, nicht nur die Juden, sondern auch die Katholiken in Deutschland zu verfolgen. Der Heilige Stuhl konnte Orsenigo nicht abberufen, denn er fürchtete, Hitler könnte sich weigern, einen neuen Nuntius zu akkreditieren. Dokumentiert ist, dass Orsenigo – Papst Pius XI. kannte ihn aus seiner Zeit als Erzbischof von Mailand und hatte ihn als »Quereinsteiger« in den diplomatischen Dienst berufen – 1943 zu Hitler auf den Obersalzberg fuhr, um mit ihm über seine Schandtaten in Polen und die Judenverfolgung zu sprechen. Obwohl Hitler ihn nicht empfangen wollte, wurde Orsenigo schließlich doch vorgelassen. Schockiert berichtete der Nuntius später nach Rom, als von seiner Seite das Wort »Juden« fiel, habe Hitler ein Glas zu Boden geworfen und sei ausgesprochen wütend geworden. Dazu der italienische Historiker Matteo Luigi Napolitano: »Die großen und kleinen Staaten in Europa protestierten bei Hitler nicht gegen die einsetzende Judenverfolgung, denn die Zeit damals war antisemitisch geprägt. Antisemitismus gab es in den 1930er und 1940er Jahren nicht nur in Deutschland, sondern auch in Frankreich, Großbritannien, Italien, Österreich und in einem beträchtlichen Teil von Osteuropa.« Man habe die Judenverfolgung als interne Angelegenheit Deutschlands betrachtet, erinnert Napolitano. Umso bedeutsamer war nach Meinung des Historikers der Auftrag des Vatikans an Nuntius Orsenigo vom 4. April 1933, sofort etwas gegen die Judenverfolgung zu tun. Der Brief der Philosophin Edith Stein war nur einer von vielen Hinweisen aus aller Welt – auch von jüdischer Seite – auf die Vorgänge in Deutschland gewesen. Heute werde oft vergessen, dass die ausländische Presse – angefangen von Europa über die USA bis nach Australien – nach dem Krieg voll des Lobes war für die unzähligen Hilfsaktionen von Papst Pius XII. und der katholischen Kirche insgesamt für Flüchtlinge, ob Juden oder nicht.

Sofortige Antwort des Vatikans auf Edith-Stein-Brief

Die Veröffentlichung eines Briefs der heiligen Karmelitin Edith Stein an Papst Pius XI. vom April 1933 im Zuge der neuesten Archivöffnung hat die Diskussion in Deutschland um das angebliche Einverständnis von Papst Pius XI. und Papst Pius XII. mit dem Nazi-Regime neu angeheizt. Die meisten deutschen Medien verbreiteten den Inhalt des Briefs, ohne auf den geschichtlichen Zusammenhang einzugehen.

Die Autorin fand bei ihren Recherchen Folgendes heraus: In dem undatierten Schreiben, das vom Erzabt des Benediktinerklosters Beuron, Raphael Walser, an den Vatikan mit einem Begleitbrief vom 12. April 1933 weitergeleitet worden war, fordert die 1922 konvertierte Jüdin Edith Stein, die katholische Kirche möge gegen den »Missbrauch der Nazi-Regierung« mit der christlichen Terminologie und gegen die beginnende Judenverfolgung ihre Stimme erheben. Der Brief wurde im deutschen Blätterwald so hingestellt, als ob die einzige Antwort des Papstes auf die Bitte von Edith Stein ein handschriftlicher Brief mit dem apostolischen Segen des Papstes gewesen sei und als ob Pius XI. den Rest des Briefs in den Wind geschlagen hätte. Wenn Edith Stein in ihrem Brief schreibt: »Die Verantwortung fällt auch auf die, die schweigen«, bezieht sie sich auf die Boykotterklärung gegen die Juden sowie auf fünf Fälle von jüdischen Freunden, die aus Verzweiflung Selbstmord begangen hatten, und nicht auf den Holocaust, der erst 1942 begann. Edith Stein war damals Dozentin am Institut für wissenschaftliche Pädagogik in Münster.

Gegenüber der Verfasserin stellt der deutsche Historiker Pater Peter Gumpel SJ klar: »Schon am 20. April 1933 antwortete der Vatikan in einem Brief an Erzabt Walser auf das Schreiben von Edith Stein und stellte diesem frei, ob und wie er den Inhalt des Antwortbriefs Edith Stein übermittelte.« In dem Brief des Vatikanischen Staatssekretariats unter Pacelli an den Benediktinerabt heißt es: »Mit Ihnen bete ich zu Gott, dass Er in diesen schwierigen Zeiten Seine hl. Kirche in Seinen besonderen Schutz nehme und allen Kindern der Kirche die Gnade des Starkmuts und großherziger Gesinnung verleihe, welche die Voraussetzungen des endlichen Sieges sind.« Es stimmt nicht, dass Edith Stein den Papst in ihrem Brief um das Verfassen einer Enzyklika gegen die Judenverfolgung gebeten hatte, wie fälschlicherweise jahrzehntelang behauptet worden war. Und es stimmt wohl auch nicht, dass sie vom Papst »nur den apostolischen Segen« als Antwort auf ihr Schreiben erhalten hat, wie die Philosophin in ihren Aufzeichnungen von 1938 behauptet. Ihr geistlicher Vater, Erzabt Walser, habe sie sicher von dem Papstschreiben an ihn als Antwort auf den von ihm an den Vatikan weitergeleiteten Brief unterrichtet, meint Gumpel.

Zur Geschichte

Hitler wurde am 30. Januar 1933 von Hindenburg zum Reichskanzler ernannt, und zwar ohne jede Zustimmung der Katholischen Zentrumspartei. Heute ist zu wenig darüber bekannt, ob die deutschen Bischöfe die Katholiken immer wieder davor gewarnt hatten, Hitler zu wählen. Die ersten Anzeichen für die sich anbahnende Judenverfolgung gab es gleich nach der Machtergreifung Hitlers. Der Holocaust begann dann 1942 und dauerte bis Kriegsende. Der Boykottaufruf gegen Juden vom 1. April 1933 hatte auch die Familie Edith Steins getroffen, die in Breslau ein Geschäft führte. Was kaum einer weiß: Der Boykott dauerte nur einen Tag. Er war die Folge eines Aufrufs von amerikanischen und englischen Juden zu einem Boykott deutscher Waren gewesen. Als Gegenmaßnahme war am 1. April 1933 von den Nationalsozialisten der Boykott gegen die Juden verordnet worden. Daraufhin ließen die amerikanischen und englischen Juden ihre Bemühungen um einen Boykott deutscher Waren sofort fallen, intervenierten bei ihren Regierungen zugunsten der deutschen Juden und schrieben gleichzeitig auch an den Papst, er möge etwas zugunsten der deutschen Juden unternehmen.

Am 20. Juli 1933 unterzeichnete der Heilige Stuhl das Konkordat mit dem Reich, obwohl im Vatikan schon damals klar war, dass dieses von Seiten der Nationalsozialisten gebrochen werden würde. Ziel des Konkordats war es nach Überzeugung des Vatikans, eine Rechtsgrundlage für den Schutz der Katholiken in Deutschland zu schaffen, da katholische Beamte im Vorfeld der Unterzeichnung reihenweise von ihren Arbeitsplätzen vertrieben worden waren. Dazu Pater Gumpel, Experte für Pius XI. und Pius XII., im Gespräch mit der Verfasserin: »Das Konkordat wird oft fälschlicherweise so hingestellt, als habe der Vatikan damit Hitler-Deutschland als Einziger anerkannt. Es war aber keineswegs eine Anpassung an das Regime, wie der damalige Staatssekretär Pacelli am 26. und 27. Juli 1933 sofort nach Abschluss des Konkordats in zwei Aufsätzen in der Vatikan-Zeitung ›Osservatore Romano‹ dargelegt hat.« Nach der Machtergreifung Hitlers seien 44 völkerrechtliche Verträge der Staatengemeinschaft mit dem nationalsozialistischen Regime geschlossen worden. Hitler sei aber selbst am 14. Oktober 1933 aus der Staatengemeinschaft ausgetreten.

Erinnerungen von Pascalina Lehnert

Die Ordensschwester Pascalina Lehnert, die insgesamt 41 Jahre und auch während seines gesamten Pontifikats den Haushalt von Papst Pius XII. geführt hatte, galt als enge Mitarbeiterin des Papstes und stellt eine Art Kronzeugin für das Verhalten des Papstes gegenüber den Nationalsozialisten dar.

Die im Alter von 89 Jahren am 13. November 1983 in Wien verstorbene Pascalina Lehnert war mit 23 Jahren in den Orden der Kreszentia-Schwestern in Mentzingen (Schweiz) eingetreten. Ein halbes Jahr nach ihrer Ordensprofess im März 1918 hatte sie den Auftrag erhalten, im Haus des Apostolischen Nuntius in München, Erzbischof Eugenio Pacelli, den Haushalt zu führen. »In zwei Wochen bin ich wieder zurück«, hatte sie bei ihrem Weggang zu den Mädchen gesagt, denen sie Handarbeitsunterricht erteilte. Doch sie sollte für immer fortbleiben und den künftigen Lebensweg von Eugenio Pacelli teilen, der nach seiner Münchner Zeit (1917–1925) bis 1929 in Berlin als Apostolischer Nuntius für ganz Deutschland wirkte. Als er von Papst Pius XI. aus Berlin abberufen wurde, um im Vatikan als Kardinalstaatssekretär zu dienen, folgte Pascalina Lehnert ihm nach Rom.

Mit Rührung erinnerte sich Mutter Pascalina in ihren Memoiren, dass der Papst in seiner Privatkapelle das »Magnificat« angestimmt hatte, nachdem ihn die Nachricht erreicht hatte, dass die Deutschen nach der Besetzung »sein« Rom verlassen hatten. Wie viel

Pacelli während des Zweiten Weltkriegs und danach für die Bedürftigen in Italien und in vielen Ländern Europas getan hatte, wusste niemand besser als Mutter Pascalina: Schließlich hatte sie die Leitung des päpstlichen Privatmagazins inne und brachte Tausende von Waggons mit Lebensmitteln, Kleidern, Schuhen, Wäsche und Medikamenten zum Versand.
Mutter Pascalina berichtete auch über ein Ereignis, das heute nur wenige wahrhaben wollen, die Pius XII. der Feigheit bezichtigen und ihm sein Schweigen gegenüber den Gräueltaten der Nazis vorwerfen: Der Papst verbrannte eigenhändig seinen vierseitigen, in italienischer Sprache verfassten Protestbrief gegen die Internierung Zehntausender Menschen in Konzentrationslagern, nachdem er die Nachricht erhalten hatte, dass nach der Veröffentlichung eines ähnlich kritischen Hirtenbriefs der niederländischen Bischöfe 40 000 Menschen, vor allem Katholiken jüdischer Herkunft, von den Nationalsozialisten verhaftet und in Lager gebracht worden waren. Zu ihnen hatte auch die konvertierte Jüdin und spätere Karmelitin Edith Stein gehört.
Wörtlich erklärte Pascalina Lehnert: »Von diesen grausamen Folgen auf den Protest der niederländischen Bischöfe hin war der Papst erschüttert. Er, der selbst eine Protesterklärung vorbereitet hatte, kam eines Tages zu mir in die Küche und bat mich, nachdem er mir erklärt hatte, worum es sich handelte, die Herdflamme anzuzünden, um die Erklärung zu verbrennen.« Als Mutter Pascalina Bedenken anmeldete, soll der Papst geantwortet haben: »Eigentlich wollte ich diese Protestnote heute Nachmittag im ›Osservatore Romano‹ (Vatikan-offizielle Tageszeitung) veröffentlichen lassen. Aber ich dachte, wenn schon aufgrund der Worte der niederländischen Bischöfe 40 000 Unschuldige in Lager verschleppt wurden, dann könnte Hitler wegen der Worte eines Papstes wenigstens 200 000 Menschen internieren. Das kann ich nicht zulassen.«

Furcht vor Kirchenverfolgung aus Rache

Pacelli war sich während seines Pontifikats stets bewusst, dass eine offene Verurteilung des Nationalsozialismus und seiner Wahnsinnstaten als Rache von Hitler eine noch stärkere Kirchenverfolgung nach sich gezogen hätte. Als er die polnischen Bischöfe fragte, ob er ein Schreiben gegen das Hitler-Regime veröffentlichen solle, rieten sie ihm dringend davon ab. Auch der umstrittene Abschluss des Reichskonkordats von 1933 zwischen dem Heiligen Stuhl und dem Hitler-Regime mit unsicheren Zusagen für die Freiheit des katholischen Bildungs- und Vereinswesens war nur unterzeichnet worden, um eine gesetzliche Grundlage gegen die Übergriffe Hitlers gegen die Katholiken zu haben. Diese Übergriffe hatten sich zum Zeitpunkt der Unterzeichnung des Konkordats bereits abgezeichnet.

Auch die Angst vor einer Kirchenspaltung bewog Pius XII. zu großer Vorsicht. Er blieb unparteiisch, um die Einheit der Kirche und der Katholiken in aller Welt nicht aufs Spiel zu setzen. Jeder der Kriegsteilnehmer hatte jederzeit Zutritt zum Vatikan. Vielleicht war es eine schicksalhafte Fügung, dass die Leitung der Kirche in dieser schwierigen Zeit einem vorsichtigen Diplomaten zufiel, der sich unter den Schutz der Muttergottes gestellt hatte. Er hatte instinktiv gehandelt – und was kaum einer weiß: Er fürchtete die Teufeleien Hitlers derart, dass er im Vatikan Exorzismusriten gegen den Führer vornahm, um diesen von seiner Besessenheit zu befreien.

Der langjährige Vatikan- und Italien-Korrespondent der Frankfurter Allgemeinen Zeitung, Heinz-Joachim Fischer, schrieb in einem Beitrag zur Einsetzung der gemischten jüdisch-katholischen Untersuchungskommission über das angebliche Schweigen Pius' XII. zum Holocaust (20. 1. 2000), von den Historikern müsse sich niemand so oder so belehren lassen. Bei den Fragen gehe es nur vordergründig um geschichtliche Fakten: »Ob Pius XII. genug gegen die Vernichtung der Juden durch die Nationalsozialisten während des Kriegs getan habe? Ob er nicht flammende Proteste gegen

Hitlers Massenmord in die Welt hätte hinausschreien müssen? Ob nicht für ihn und die einzige Ehrenrettung für das Papsttum vor der Geschichte gewesen wäre, selbst im Konzentrationslager Auschwitz inmitten der Juden zu sterben – als allein glaubwürdiges Fanal der Kirche für die Menschenrechte im 20. Jahrhundert?«
Fischer weiter: »Wer noch von weiteren möglichen Enthüllungen spricht, wird von Historikern kaum ernst genommen. Man streitet vielmehr um ein moralisches Urteil: Wäre es nicht schön – fast zu viel des Guten –, wenn der Papst aus Solidarität in Auschwitz umgekommen wäre? ... Alles andere gilt kaum ...«

Hilfsaktionen statt flammender Proteste

Die renommierte italienische Jesuitenzeitschrift »Civiltà Cattolica« hat Anfang 2000 alle Gründe zusammengefasst, die für das Schweigen des Papstes zum Holocaust sprechen: Durch den Verzicht auf »flammende Proteste« und durch einzelne Hilfsaktionen habe Pius XII. mehr Juden retten können, als bei einer Verurteilung des Nationalsozialismus denkbar gewesen wäre, schrieb der Historiker Blet. Dafür hätten auch viele Juden dem Papst nach dem Krieg gedankt. Allerdings wolle sich daran heute wohl keiner mehr erinnern. Beispielhaft für diese Danksagungen seien die warmen Worte der späteren israelischen Ministerpräsidentin Golda Meïr und des später zum Katholizismus konvertierten römischen Rabbi Zolli für Papst Pius XII. nach dessen Tod am 9. Oktober 1958 gewesen. Damals habe Golda Meïr als Repräsentantin Israels bei den Vereinten Nationen erklärt, während der zehn Jahre des Nazi-Terrors habe der Papst seine Stimme erhoben, um die Verfolger zu verurteilen und ihre Opfer zu bedauern.
Der römische Großrabbiner Elio Toaff habe hervorgehoben, die italienischen Juden hätten mehr als irgendein anderer die Möglichkeit gehabt, die große Freundlichkeit, erfüllt von Mitleid und Großherzigkeit, zu schätzen, die der Papst während der schrecklichen Jahre von Verfolgung und Terror für die Juden an den Tag ge-

legt habe. Die »New York Times« veröffentlichte das Lob der Großrabbis in New York über Pius XII., und auch die jüdische Presse in den USA stimmte in das positive Urteil ein. Die »Jewish Post« in Winnipeg schrieb zum Tod Pius' XII., keiner habe den Juden in der Stunde ihrer größten Tragödie so sehr geholfen wie der Papst. Am 11. Oktober 1945 schrieb die »New York Times«, der Jüdische Weltkongress habe dem Vatikan sogar in Anerkennung der Arbeit des Heiligen Stuhls, Juden vor der Verfolgung der Faschisten und der Nationalsozialisten zu retten, 20 000 Dollar geschenkt (siehe amerikanische Zeitschrift »First Things« Oktober 2000, S. 77).

Über die Hilfe Pius' XII. berichtete der damalige römische Oberrabbiner Israel Zolli (Heinz-Joachim Fischer, »Die Nachfolge«, S. 86): »Der Heilige Vater sandte ein Handschreiben an alle Bischöfe, in dem er sie anwies, die Klausur in den Klöstern und Konventen aufzuheben, damit sie Zufluchtsstätten für die Juden werden konnten ... Kein Held in der Geschichte hat ein solches Heer befehligt; ein Heer von Priestern arbeitet in großen und kleinen Städten, um Brot für die Verfolgten und Pässe für die Flüchtlinge zu beschaffen. Nonnen gehen in Feldküchen, um weiblichen Flüchtlingen Gastfreundschaft gewähren zu können. Ordensobere gehen nachts aus, um deutsche Soldaten aufzuhalten, die Opfer suchen ... Alle folgen Pius XII. mit der Inbrunst jener Nächstenliebe, die den Tod nicht fürchtet.« Als Zeichen seiner dankbaren Verehrung für Pius XII. nahm Zolli nach seiner Konversion den Namen Eugenio an.

Vatikanische Archive öffnen sich vorzeitig

Am 15. Februar 2003 war es so weit: Das Vatikanische Geheimarchiv öffnete auf besonderen Wunsch von Papst Johannes Paul II. vorzeitig Teile seiner Deutschland-Archive und bereitete sich auf den Ansturm von Wissenschaftlern aus aller Welt vor. Doch wer Material sucht, das Aufschluss über das angebliche Schweigen von

Papst Pius XII. (1939–1958) zu der Schoah (1939–1945) gibt, wird enttäuscht sein, denn nur die Dokumente bis zum Tod von Pius XI. am 10. Februar 1939 stehen zur Verfügung. Der Holocaust hat erst im Jahre 1942 begonnen, und im jetzt zur Verfügung gestellten Archivmaterial dürften kaum weltbewegende Neuigkeiten über das Verhalten von Pius XII. als Nuntius in München und Berlin gegenüber Hitler-Deutschland zu finden sein, meinen die Experten auf vatikanischer und jüdischer Seite. Es handelt sich um begrenztes Material, das Johannes Paul II. freigibt, um dem von jüdischer Seite immer wieder in der Öffentlichkeit geäußerten Verdacht entgegenzutreten, der Vatikan halte kompromittierendes Material über das Verhalten des Heiligen Stuhls während des Zweiten Weltkriegs zurück. Bei der vorzeitigen Öffnung des Archivmaterials handelt es sich um eine Geste des guten Willens von Seiten des Vatikans nach dem Scheitern einer jüdisch-katholischen Dialog-Kommission im Jahre 2000. Die Kommission war nur zwölf Monate nach ihrem Bestehen aufgrund von provokatorischen Indiskretionen der jüdischen Seite, die immer wieder Material an die Presse weitergeleitet hatte, aufgelöst worden.

Die Praxis des Heiligen Stuhls sieht in der Regel eine Freigabe der Dokumente nach Pontifikaten vor. Normalerweise wartet der Vatikan damit, bis die Hauptakteure und deren direkte Nachkommen verstorben sind. Bisher wurden die Akten über die Pontifikatsjahre von Benedikt XV. (1914–1922) der Öffentlichkeit zugänglich gemacht. In die Pontifikatszeit seines Nachfolgers Pius XI. (1922–1939) fielen das Erstarken des Nationalsozialismus, die Machtergreifung Hitlers (30. Januar 1933) und die Vorbereitung auf den Zweiten Weltkrieg. Doch welche Akten werden überhaupt herausgegeben? Können allesamt im Vatikanischen Geheimarchiv eingesehen werden, auch wenn sie aus anderen vatikanischen Archiven wie dem des Vatikanischen Staatssekretariats stammen? Es handelt sich um zehn Mappen über Bayern (1922–1939), rund 100 Mappen über Deutschland (1922–1939), rund 430 Mappen aus dem Archiv der Nuntiatur in München (1922–1934) und 100 Mappen aus dem Archiv der Nuntiatur in Berlin (1922–1930). Letzeres wurde während des Zweiten Weltkriegs teilweise zerstört und ausgeraubt; die meisten Dokumente aus den Jahren von 1931 bis 1942 verschwanden oder wurden vielleicht auch bewusst zerstört, bevor sie an das Vatikanische Diplomatenarchiv weitergeleitet werden konnten. Im Vatikanischen Geheimarchiv ist auch seit kurzem eine Publikation mit Daten über die Kriegsgefangenen und andere Opfer des Zweiten Weltkriegs zur Einsicht freigegeben worden, aus der das große Werk der Hilfe und Nächstenliebe von Papst Pius XII. für Verfolgte verschiedenster Nationen, Religionen und Rassen hervorgeht.

Doch vorläufig müssen sich die Spezialisten noch in Geduld üben. Wie lange werden die Historiker warten müssen, bis die vollständigen Archive über das Pontifikat Pius' XI. und die mit Spannung erwarteten Akten des Pontifikats Pius' XII. (1939–1958) eingesehen werden können? Alle vatikanischen Unterlagen bis 1939 können aller Voraussicht nach in etwa drei Jahren eingesehen werden, meint der Untersuchungsrichter im Seligsprechungsverfahren für Papst Pius XII., Pater Peter Gumpel SJ, im Gespräch mit der Verfasserin. Ein technisches Problem stellen die etwa drei Millionen Schriftstücke über das Pontifikat Pius' XII. dar, die vor ihrer Freigabe geordnet, katalogisiert und eingebunden werden müssen. Gumpel: »Kein Archiv der Welt würde Material zugänglich machen, das nicht katalogisiert und eingebunden ist.« Man hofft, dass mit Hilfe einer Aufstockung des Vatikanischen-Archiv-Personals Wissenschaftlern in fünf oder sechs Jahren die Deutschland-Akten aus dem Pontifikat von Papst Pius XII. zur Verfügung gestellt werden können.

In der Zwischenzeit haben bedeutende internationale Historiker ihr Bedauern darüber ausgesprochen, dass nicht gleichzeitig mit den Deutschland betreffenden Dokumenten auch die über Italien und den Heiligen Stuhl publiziert werden. Man erhofft sich Aufschluss darüber, inwieweit der Vatikan bei seinen diplomatischen Bemühungen, auf Hitler einzuwirken, die italienische Regierung um Vermittlung gebeten hat. So soll über den damaligen italienischen Staatschef Mussolini versucht worden sein, Hitler zum Verzicht auf den Polenfeldzug zu bewegen.

2.3 Johannes XXIII.: Ach, Venedig!

Dass nach dem Tod des strengen und distanzierten Pius XII. ein völlig weltoffener Papst wie Johannes XXIII. folgen würde, hätte sich zu jener Zeit niemand träumen lassen. »Die Kirche ist kein Museum, sondern ein blühender Garten des Lebens, dem eine ruhmreiche Zukunft bestimmt ist«, sagte der Patriarch von Venedig, Angelo Roncalli, als er die Nachricht vom Tod Pius' XII. erhielt (Geistliche Tagebücher 1958–1963). Vielleicht ahnte er in diesem Augenblick dunkel, dass es seine Aufgabe sein würde, der Kirche durch die Einberufung des Zweiten Vatikanischen Konzils einen neuen Weg zu weisen. Der Privatsekretär Johannes' XXIII., Erzbischof Loris Capovilla, berichtete in seinen Erinnerungen, der Papst habe ihm gegenüber schon 48 Stunden nach seiner Wahl erstmals die Idee erwähnt, ein Konzil einzuberufen.
9. Oktober 1958: Der Papst war tot. Das Kardinalskollegium zählte zum Zeitpunkt des Todes von Papst Pius XII. nur 55 Purpurträger. In der kurzen Zeit der Sedisvakanz starben zwei Kardinäle. Also blieben 53 potenzielle Papstwähler, darunter 17 Italiener. Sechs von ihnen hatten das 80. Lebensjahr bereits überschritten. Zwei Kardinäle aus Osteuropa – der ungarische Primas Jozef Mindszenty und der kroatische Kardinal Alojsije Stepinac – durften zum Konklave nicht ausreisen. Über eine mögliche Nachfolge von Pius XII. herrschte absolute Unklarheit.

Abschied von Venedig

Keine einzige Zeitung hatte den Namen des Patriarchen von Venedig als möglichen Nachfolger von Eugenio Pacelli ins Spiel gebracht. Am 12. Oktober 1958 verabschiedete sich der Patriarch von Venedig von seinen Mitarbeitern. Niemand wagte es, Vorhersagen zu machen oder ihm etwa Glück zu wünschen. Man war sich sicher, Roncalli würde nach Venedig zurückkehren.

Erst Ende 1957 hatte er das Angebot Papst Pius' XII., ihn zum Präfekten der damaligen Bischofskongregation zu machen, höflichst abgelehnt. Der frühere Vatikan-Diplomat wollte nicht nach Rom zurück, auch wenn er sich das Bischofsmotto »Gehorsam und Frieden« ausgesucht hatte ... Alle Glocken von Venedig läuteten, als der Patriarch von Venedig mit dem Motorboot über den Canal Grande zum Bahnhof Santa Lucia fuhr. Dort wurde er vom Bürgermeister verabschiedet.

Parallelen zu Papst Pius X.

Einige der Venezianer, die dem Zug nachwinkten, erinnerten in prophetischer Weise an die Abreise eines anderen Patriarchen zum Konklave vor über fünfzig Jahren, der nicht mehr aus Rom zurückkehren sollte – und zwar an Kardinal Giuseppe Sarto. Dieser war nach dem Tod von Papst Leo XIII. (1878–1903) am 26. Juli 1903 zum Konklave aufgebrochen. Wie Johannes XXIII. war der aus dem norditalienischen Treviso stammende Sarto ein Mann aus dem Volk gewesen. Patriarch Sarto hatte sich zum Konklave noch eine Hin- und Rückfahrkarte nach Venedig gekauft und war unwillig in die moderne Eisenbahn gestiegen. Eine Dame im Zug, die ihm seine Wahl wünschte, wies er zurecht, sie habe eine geringe Meinung vom Heiligen Geist. Doch es sollte anders kommen, als er erwartet hatte: Als Pius X. (1903–1914) leitete Giuseppe Sarto mit großem Organisationstalent und fester Hand die Geschicke der katholischen Kirche. Er wurde bereits 1954 heilig gesprochen.

»Beten Sie für mich …«

Es war allgemein bekannt, dass Roncalli den Erzbischof von Mailand hätte zum Papst wählen wollen, wäre dieser schon Kardinal gewesen. Doch der spätere Paul VI. war nicht wählbar, weil er zwar den prestigereichen Sitz des Erzbischofs von Mailand innehatte, aber eben noch nicht zum Kardinal kreiert worden war. Johannes XXIII. erzählte später im Vertrauen, dass er seine Stimme während des Konklaves immer Kardinal Valerio Valeri, seinem Vorgänger als Vatikan-Botschafter an der Apostolischen Nuntiatur in Paris, gegeben habe.

Nach der Beisetzung Pius' XII. am 13. Oktober 1958 war Roncalli tief erschüttert. Nachdem er am selben Tag an der Generalkongregation im Konsistoriumssaal teilgenommen hatte, wusste er, dass sein Name auf der Kandidatenliste stand und er ganz offen als »papabile« gehandelt wurde. Als der Erzbischof von Florenz, Kardinal della Costa, ihm nach einer Versammlung auf den Kopf zusagte: »Sie könnten der neue Papst sein«, antwortete Roncalli: »Eure Eminenz vergessen, dass ich 77 Jahre alt bin.« Antwort: »Dann sind Sie immer noch zehn Jahre jünger als ich. Außerdem: Zehn Jahre Pontifikat genügen.« Als ein eilfertiger Bischof sich im Gästehaus »Domus Mariae«, wo Roncalli in den neun Tagen der Trauer vor dem Konklave Unterkunft gefunden hatte, an ihn wandte und sagte: »Eminenz, Glückwünsche, Glückwünsche, ad majora« – antwortete der Patriarch von Venedig ihm fast barsch: »Monsignore, Sie kennen mich. Sie wissen, dass mich außer dem Namen Gottes, dem Reich Gottes und dem Willen Gottes nichts interessiert. Beten Sie für mich und nichts weiter.«

Erzbischof Capovilla erinnert sich in seinem Interview-Buch mit dem Roncalli-Neffen Marco Roncalli, dass Johannes XXIII. mehrere Konkurrenten gehabt habe: Einer davon war der mächtige Chef der damaligen Glaubenskongregation, Alfredo Ottaviani. Der zweite Kandidat soll der Kämmerer der Kirche, Kardinal Benedetto Aloisi Masella, gewesen sein, der vom Kardinalstaatssekretär Pius' XII., dem einflussreichen Domenico Tardini, unterstützt wurde. Doch der stärkste Konkurrent für den Patriarchen von Venedig sei auf jeden Fall der Armenier Kardinal Gregorio Pietro Agagianian gewesen.

Zu Beginn des Konklaves am Samstag, 25. Oktober, bezog Roncalli seine Zelle Nummer 15, die im Appartement der Päpstlichen Nobelgarde errichtet worden war. In diesem Augenblick wurde die Nachricht vom plötzlichen Tod des Erzbischofs von Detroit, Edward Mooney, bekannt gegeben. Mehr als einer der Kardinäle murmelte, während er sich in die Sixtinische Kapelle begab: »Na, das fängt ja gut an.« Roncalli hatte die Klingel nicht gehört und kam als letzter Kardinal herein. In der Zwischenzeit hatten der Konklave-Marschall und der Konklave-Gouverneur die Anweisungen der Statuten gemäß der Norm »Vacantis Apostolicae Sedis« von Pius XII. erfüllt.

Die erste Konklave-Begegnung in der Sixtinischen Kapelle dauerte zwei Stunden. Danach zogen sich die Kardinäle in ihre Zellen zurück. Am Abend erinnerte Capovilla den Patriarchen daran, dass man in Venedig für ihn bete, und da rief dieser traurig aus: »Ach, Venedig, Venedig! Besser nicht an Venedig denken.« Am Sonntag, 26., und Montag, 27. Oktober 1958, kam es zu acht Wahlgängen, die mit schwarzem Rauch – also ohne Ergebnis – ausgingen. Am 28. Oktober folgten zwei weitere Wahlgänge mit schwarzem Rauch.

Erzbischof Capovilla meinte, die Papstwähler hätten einen Übergangspapst gesucht, der das Terrain für einen Papst bereiten sollte, der den Herausforderungen der zeitgenössischen Epoche entgegentreten würde. Offensichtlich hielt man die Zeit für einen nichtitalienischen Papst noch nicht für gekommen. Zweifellos hätten die Papstwähler Kardinal Agagianian viele Sympathien entgegengebracht, da dieser mehr als Römer denn als Orientale angesehen worden sei. Als dessen Kandidatur jedoch nicht weiterverfolgt wurde, seien sich die Nichtitaliener einig gewesen, ihre Stimmen keinem »Kurialen« zu geben.

Im Rennen blieben die Erzbischöfe von Genua und Palermo, der

52-jährige Siri und der 70-jährige Ruffini, die beide wegen ihres autoritären Charakters gefürchtet waren. Man suchte aber einen vom Charakter her milden und dialogbereiten Papst. Einen, der ähnliche Eigenschaften hatte wie der von Mythen umgebene Giuseppe Sarto, Papst Pius X. (1903–1914): gutherzig, ein heiligmäßiger Mann, ein guter Hirte, kein Berufstheologe und kein Kirchenrechtler. Die Kardinäle wollten mehr beim Oberhaupt der Kirche gelten und sich häufiger mit dem Papst treffen und beraten als bisher. Man hielt Roncalli für einen traditionsverbundenen, konservativen Mann, der durchaus in der Lage war, den Dialog mit der modernen säkularisierten Welt zu beginnen und neue Wege einzuschlagen.

Auf die Wahl vorbereitet

In seiner programmatischen Ansprache »De eligendo Pontifice« (Über den zu wählenden Papst) hatte Monsignore Bacci deutlich einen Papst gewünscht, der ein offenes Ohr für die Erfordernisse des Episkopats hatte. Johannes XXIII. war auf seine Wahl vorbereitet gewesen. Während sein Vorgänger als Patriarch von Venedig und Papst, Pius X., auf die Frage des Kardinaldekans, ob er das Amt annehmen wolle, geantwortet hatte: »Accepto in crucem« (»Ich nehme es als Kreuz an«), hielt Johannes XXIII. als Antwort eine Art Predigt. Auch für die Wahl des Namens hatte er sich präpariert. Seinen Sekretär Capovilla bat er am Morgen des 28. Oktober, ihm das Päpstliche Jahrbuch zu besorgen. Er wollte nämlich kontrollieren, ob 22 oder 23 Päpste in der Geschichte den Namen Johannes gewählt hatten …

Kurz vor 17 Uhr am Dienstag, 28. Oktober, stimmte Roncalli seiner Wahl zu. Als sein Sekretär ihn suchte, fand er ihn schon im weißen Papsttalar gekleidet vor. Johannes XXIII. empfing ihn wie immer, so als ob gar nichts geschehen sei. Er ließ zu, dass Capovilla ihm die Hände und die Füße küsste, und sagte zu ihm: »Zwischen uns ändert sich nichts. Aber hier gibt es Anforderungen, die völlig verschieden von denen in Venedig sind. Wir sind im Zentrum des Katholizismus. Viele Dinge werden unser Leben verändern.«

Erst am nächsten Morgen wurde die völlige Abgeschlossenheit von der Welt aufgehoben, und die verriegelten Türen und Fenster wurden wieder geöffnet. Der Kardinaldekan hatte es so entschieden. Und nach einem einfachen Abendessen, das er alleine eingenommen hatte, und der Vorbereitung der Radiobotschaft für den nächsten Tag mit seinen ranghöchsten Mitarbeitern ging der neue Papst mit dem Rosenkranz in der Hand ruhig auf den Gängen des seit vielen Jahren nur zur Papstwahl geöffneten Appartements auf und ab.

Seine erste Amtshandlung war die Bestätigung von Kardinalstaatssekretär Domenico Tardini in seinem Amt. Tardini, der in der fast dreißigjährigen Dienstzeit des Papstes als Vatikan-Diplomat sein nicht immer gnädiger Vorgesetzter gewesen war, fragte bei seiner Ernennung: »Und muss ich Ihnen jetzt gehorchen?« – und der Papst nickte. Manche Kurien-Insider waren enttäuscht, dass Johannes XXIII. nicht den Erzbischof von Mailand, Montini, als seinen Kardinalstaatssekretär nach Rom zurückgerufen hatte. Doch Montini, so argumentierte er, besetzte immer noch »den Sitz der ersten Diözese in der Welt, nämlich den der Heiligen Ambrosius und Karl Borromäus«.

Wie einfach Papst Johannes XXIII. war, zeigte er gleich in den ersten Tagen seines Pontifikats. Sofort nach seiner Wahl in der Sixtinischen Kapelle hatte er es geschehen lassen, dass die Kardinäle ihm sich auf den Knien näherten und ihm erst die Füße und dann die Hände küssten, bevor sie den neuen Papst umarmten. Johannes XXIII. sagte mit großer Entschlossenheit: »Morgen früh will ich keine Fußküsse mehr.« Capovilla entgegnete: »Aber vielleicht ist es besser, Heiligkeit, das Protokoll erst einmal so zu lassen, wie es ist. Hinterher könnt Ihr es immer noch ändern.« Aber der Papst war sich völlig sicher: »Diesen Ritus will ich einfach nicht«, wiederholte er und schaffte so den Fußkuss ein für alle Mal ab.

Fürsprecher bei Kinderwunsch

Für die einfachen Leute in Italien war Papst Johannes XXIII. schon längst vor seiner Seligsprechung am 3. September 2000 in Rom durch Papst Johannes Paul II. ein Heiliger. Sie pilgern bereits seit seinem Tod am 3. Juni 1963 in Scharen zu seiner Geburtsstätte in Sotto il Monte, einem Ort in der Nähe der norditalienischen Metropole Mailand, und bitten den verstorbenen Papst um Gnadenerweise. Was viele Gläubige und Verehrer des Papstes im Ausland nicht wissen: Papst Johannes XXIII. gilt als Helfer in Sachen Kindersegen. Im Museum des Geburtshauses von »Papa Giovanni« gibt es ein ganzes Zimmer, das vom Boden bis zur Decke mit blauen und rosa Schleifen ausdrapiert ist und Hunderte von Danksagungen von Eltern enthält, die geglaubt hatten, ihre Wiegen müssten leer bleiben. Andächtig stehen die Pilger vor einer Bronzestatue des »gütigen Papstes«, deren Hand von unzähligen Berührungen völlig abgegriffen ist.

»Für uns war Johannes XXIII. nicht nur Papst, sondern auch ein Vater«, sagte eine alte Bauersfrau im Gespräch mit der Verfasserin beim Besuch in Sotto il Monte. Ein anderer Besucher meinte, Papst Johannes sei es gewesen, der den Päpsten nach ihm die große Lust am Reisen beigebracht habe: »Immerhin war er der erste, der aus dem Vatikan heraus und direkt zu den Menschen hinging.«

Warum Angelo Roncalli, der als viertes von dreizehn Kindern eines Tagelöhners in dem Dorf Sotto il Monte geboren worden war, eine so außerordentliche Popularität genießt, erklärte sein ehemaliger Sekretär, Erzbischof Loris Capovilla, gegenüber der Verfasserin so: »Auch wenn er von ganz unten nach ganz oben gelangt ist, blieb er dem Volk immer nahe und ließ es deshalb in gewisser Weise an seinem Erfolg als Papst teilhaben.«

Das am Fuß eines Berges gelegene Dorf Sotto il Monte war bis zur Papstwahl des damaligen Patriarchen von Venedig, Angelo Roncalli, am 28. Oktober 1958 auf keiner Landkarte zu finden. Heute steht es auf den Ausfahrtsschildern der Autobahn und hat den Papstnamen sogar mit auf das Ortsschild setzen lassen.

Capovilla ist eine Art Hüter aller Erinnerungen von Johannes XXIII. Er war es, der nur ein Jahr nach dem Tod des Papstes dessen geistliches Tagebuch (»Il Giornale dell'Anima«) in vielen Sprachen veröffentlichte. Das Tagebuch ist seiner Ansicht nach das Dokument, das die Einfachheit und Demut des Papstes im Denken und Handeln am besten widerspiegelt. Capovilla: »Wer wissen will, warum Johannes XXIII. 37 Jahre nach seinem Tod selig gesprochen worden ist, der sollte sein geistliches Tagebuch lesen.« Der frühere Papstsekretär verweist darauf, dass es auch Einwände gegen die Seligsprechung von Johannes XXIII. gegeben habe. War es vielleicht unklug von ihm gewesen, aus göttlicher Eingebung heraus, wie er selbst sagte, in seinem hohen Alter ein Zweites Vatikanisches Konzil einzuberufen? Nein, sagte Capovilla. Denn der Papst habe nichts getan, nicht einmal wenn es um kleine Dinge wie Spenden ging, ohne seine Mitarbeiter zu konsultieren. Nicht umsonst galt »Papa Giovanni« als Symbol der Öffnung der Kirche gegenüber der Welt, als Symbol für die Kollegialität unter den Bischöfen, für mehr Demokratie in der Kirche und für einen neuen Stil der Ausübung des Papsttums.

Ein Papst mit Menschlichkeit und Humor

Johannes XXIII. war sozusagen der erste »Papst zum Anfassen«. Er hatte Sinn für Humor, sah sympathisch aus und nahm die Herzen der Menschen im Flug für sich ein. Im Gespräch mit der Autorin in Rom anlässlich der Seligsprechung von Papst Johannes XXIII. erklärte Franziskanerpater Luca de Rosa, Postulator des Seligsprechungsverfahrens von Angelo Roncalli: »Seine Öffnung hin zum Dialog mit den anderen Konfessionen und anderen Religionen hat ihren Ursprung in seiner langen diplomatischen Tätigkeit im Dienst des Heiligen Stuhls unter anderem in Bulgarien, in der Türkei und in Griechenland.« Als Roncalli Bulgarien nach zehnjähriger Tätigkeit verließ, habe er den Bulgaren gesagt: »Ihr seid alle meine Brüder. Meine Tür ist für euch immer offen, gleich ob ihr Orthodoxe oder Katholiken seid. Ich werde immer für euch da sein.«

Anekdoten über die Bescheidenheit und Menschenfreundlichkeit Papst Johannes' XXIII. gibt es auch heute noch mehr als genug. Eine seiner ersten Amtshandlungen nach seinem Dienstantritt als Papst war es, den päpstlichen Sesselträgern das Gehalt mit der Begründung zu erhöhen, er wiege viel mehr als sein Vorgänger Pius XII. In der Tat können die Gläubigen sich beim Besuch im Geburtshaus des Papstes, wo in einer gläsernen Vitrine eines seiner Papstgewänder ausgestellt ist, ein Bild von seiner beträchtlichen Leibesfülle machen. Sogar das Bett der Eltern des Papstes ist in dessen Geburtszimmer zu besichtigen.

Von den acht Enzykliken Papst Johannes' XXIII. ist die bekannteste »Pacem in Terris« (»Friede auf Erden«). Die in zwei Machtblöcke gespaltene Welt bereitete Johannes XXIII. so große Sorge, dass er in der Zeit des Kalten Kriegs und der Eiszeit zwischen dem Vatikan und Moskau Kontakt mit Chruschtschow suchte. Zu seinem 80. Geburtstag am 25. November 1961 erhielt der Papst überraschend ein Glückwunschtelegramm von Chruschtschow. Gelassen ließ er es sich von Monsignore Capovilla vorlesen und kommentierte: »Vielleicht ist dies ein Versuch der Manipulation und der hinterlistigen Umgarnung. Aber vielleicht ist es auch ein Faden, den die göttliche Vorsehung gesponnen hat und den man nicht zerreißen darf …«

Papstaudienz für Chruschtschows Tochter

Als am 7. März 1963 die Tochter und der Schwiegersohn des damaligen Kremlchefs Nikita Chruschtschow von Papst Johannes XXIII. zu einem 18-minütigen Gespräch empfangen wurden, war dies eine Sensation ohnegleichen. »Adschubej zum Opiumraucher geworden?«, fragte eine deutsche Zeitung ironisch unter Anspielung auf Lenins Parole »Religion ist Opium fürs Volk« anlässlich der Papstaudienz für die Journalistin Rada Chruschtschowa und ihren Ehemann Alexej Adschubej, den Chefredakteur des Regierungsblattes »Iswestija«.

In einem im Juli 1990 veröffentlichten Interview mit der römischen Tageszeitung »Il Tempo« erinnerte Rada Chruschtschowa, die bei der Audienz 30 Jahre alt gewesen war, an den denkwürdigen Tag im Vatikan: »Papst Johannes XXIII. machte einen großen Eindruck auf mich. Er hatte so viel mit meinem Vater gemeinsam. Beide waren bäuerlicher Abstammung und ähnelten einander äußerlich und in ihrer Art zu sprechen.« Dass einmal ein sowjetischer Parteichef direkt mit einem Papst zusammentreffen könnte, hätte sich damals niemand träumen lassen.

Nach dem Tod von Johannes XXIII. aufgrund seiner schweren Krankheit schlug die große Stunde des damaligen Erzbischofs von Mailand, Kardinal Montini. Er sollte mit seinem Außenminister Agostino Casaroli die Eiszeit in den Beziehungen zwischen dem Heiligen Stuhl und dem Kreml aufweichen.

2.4 Paul VI.: Hamlet oder nicht?

Papst Paul VI. gehört zu den wenigen Kardinälen, die »als Papst« ins Konklave hineingingen und – entgegen dem gängigen römischen Sprichwort – auch als Papst wieder herauskamen: Nach einem unerwartet kurzen Konklave konnte der rangälteste Kardinaldiakon, Alfredo Ottaviani, am Freitag, 21. Juni 1963, am Tag des Sommeranfangs, den wartenden Gläubigen auf dem Petersplatz verkünden: »Habemus Papam.« Und das Beifallsklatschen setzte schon nach der Verkündung nur des Vornamens durch Ottaviani ein: »Eminentissimum et Reverendissimum Dominum, Dominum Joannem Baptistam« (»den sehr hervorragenden und sehr ehrwürdigen Herrn, Herrn Johannes Baptist«). Noch ehe der Familienname Montini ausgesprochen war, wusste die Welt, wer der Nachfolger Papst Johannes' XXIII. geworden war. Vor dem sonnenüberfluteten Platz erschien dann die schlanke

Gestalt des neuen Papstes, der zur Fortführung des Friedenswerks seines Vorgängers und zur Fortführung des Zweiten Vatikanischen Konzils berufen worden war, zum ersten Segen für die Stadt Rom und den Erdkreis.
Sein italienischer Biograph, Pater Carlo Cremona, schrieb über Montini, er habe sich während der ersten Konzilsperiode (wohl auch auf Rat Johannes' XXIII. hin) sehr zurückgehalten. Montini hatte als einziger Nicht-Kurienkardinal im Vatikan wohnen dürfen, da Johannes XXIII., der ihn sich als Nachfolger wünschte, ihn in seiner Nähe haben wollte. Der erste Kardinal, den Johannes XXIII. kreiert hatte, war Montini gewesen.
Julius Kardinal Döpfner schrieb im Vorwort eines von Wilhelm Sandfuchs 1963 herausgegebenen Büchleins über Paul VI., nach dem Tod Johannes' XXIII., der auch in Deutschland in ergreifender Weise betrauert worden sei, habe es unter den Katholiken wie unter den evangelischen Christen nur eine Sorge gegeben: Es möge ein Nachfolger gewählt werden, der das von Roncalli begonnene Werk fortführte: So sei die Freude in Deutschland und in der Welt über die Wahl Montinis, der sich selbst als »glühender Sachwalter« des Erbes Johannes' XXIII. verstand, groß und spontan gewesen. Seine außerordentlichen Geistesgaben, seine große Frömmigkeit und seine reichen Erfahrungen an wichtigen Kurienposten hatten ihn zu einem idealen Papst in der verantwortungsvollen Periode des Umbruchs während des Konzils und in der Folgezeit gemacht.

Für Weltfrieden und Ökumene

Die internationale Presse begrüßte den neuen Papst mit Enthusiasmus. Doch die Wahl Pauls VI., der sogar schon von Papst Pius XII. als Papst vorgesehen worden sein soll, verlief unter dramatischen Umständen, die niemand vorhersehen konnte. Giancarlo Zizola berichtete dies in seinem Buch »Der Nachfolger«: Mit 29 der insgesamt 80 Kardinäle hätten die Italiener wieder mehr Gewicht gehabt als fünf Jahre zuvor. Gegen ihre Entscheidung habe niemand ankommen können. Die Kurie habe 22 Wähler gestellt, die großenteils gegen Montini votiert hätten. Bei der Wahl sei es ihnen und den anderen konservativen Kardinälen, die im Konzil in der Minderheit gewesen seien, nur darum gegangen, den von Papst Johannes XXIII. und den Konzilsvätern eingeleiteten Reformkurs zu stoppen. Also habe der als Reformer im Sinne Johannes' XXIII. geltende Montini nicht ihr Mann sein können.

Von Seiten der Kurie habe der Präfekt der Vatikanischen Kongregation für die Glaubensverbreitung, Kardinal Gregorio Pietro Agagianian, als »papabile« gegolten. Nachdem seine ebenfalls in Rom im armenischen Kolleg lebende Schwester in den Tagen vor dem Konzil verleumdet worden sei, mit dem sowjetischen Geheimdienst zu tun zu haben, seien die Chancen des Kardinals gesunken. Trotz seiner armenischen Herkunft sei Agagianian mehr Römer als Ausländer und unter den Römern sehr beliebt gewesen.

Konklave mit dem Konzil verbunden

Zum ersten Mal seit dem Konzil von Trient sei ein Konklave wieder so eng mit einem Konzil verbunden gewesen, dass man es als eine Art Variante des Konzils habe sehen können, so Zizola. Die Kardinäle Mitteleuropas, die während des Konzils für die Thesen der Erneuerung plädiert hatten, hätten sich entschlossen, die Kandidatur Montinis mit einem Wahlprogramm zu unterstützen, das eine sofortige Wiederaufnahme und Fortführung des Zweiten Vatikanischen Konzils garantierte. Die Wahl ihres Kandidaten hätten sie jedoch nur mit Hilfe der römischen Kardinäle erreichen können.

Bei einem geheimen Treffen im Kapuzinerkonvent in Frascati am 18. Juni 1963 in Anwesenheit von Montini sei ein Programm entworfen worden. Dieses habe unter anderem besagt, dass die konziliaren Reformen auf weniger ehrgeizige Ziele reduziert werden

müssten. Der belgische Primas, Kardinal Suenens, habe die Aufgabe erhalten, die Kurialen für Montini zu gewinnen. Laut Zizola, der am Konzil als vatikanischer Berichterstatter teilgenommen hat, machte sich der Erzbischof von Köln, Kardinal Frings, große Sorgen über eine mögliche Spaltung im Lager der Neuerer.
Auch der Erzbischof von Bologna, Giacomo Lercaro, der im Konzil vorgeschlagen hatte, die Kirche möge zur evangelischen Armut zurückkehren, und der die Liturgiereform unterstützte, sei von einer Anzahl ausländischer und auch italienischer Wahlkardinäle unterstützt worden. Montini suchte in den Tagen vor dem Konklave Lercaro auf und erfuhr von ihm, dass seine Kandidatur von wichtigen Kardinälen wie Francis Spellman aus New York und dem römischen Vikar, Kardinal Clemente Micara, unterstützt wurde. Der konservative Flügel, der den mit Johannes XXIII. eingezogenen »Frühling in der Kirche« laut Zizola so schnell wie möglich beenden wollte, reagierte auf die Kandidatur von Montini und Lercaro, indem er einen weiteren Kandidaten ins Spiel brachte: Ildebrando Antoniutti aus Friaul, der als der katholischen Laienorganisation Opus Dei nahe stehend galt. Der Präfekt der Institute für das gottgeweihte Leben soll während seiner Tätigkeit als Nuntius in Madrid Sympathie für das Opus Dei gefasst haben.
Am Abend des 19. Juni 1963 ziehen sich 80 Kardinäle ins Konklave zurück. Unter ihnen sind 29 Italiener, die demnach 35 Prozent der Wähler ausmachen. 57 Kardinäle kommen aus Europa. Zur Wahl sind 54 Stimmen erforderlich. Eines der bewegtesten Konklave der jüngeren Kirchengeschichte beginnt. Es endet am 21. Juni am späten Morgen mit der Wahl des Erzbischofs von Mailand im sechsten Wahlgang. Montini soll 57 Stimmen erhalten haben, nur drei mehr als die erforderlichen zwei Drittel.
Der Widerstand der Kurie war von den Kardinälen Giuseppe Siri (Erzbischof von Genua) und Alfredo Ottaviani, dem mächtigen Präfekten des heute in Glaubenskongregation umbenannten Heiligen Offizium, gelenkt worden. Bei den ersten Abstimmungen

sollen Montini 30, Antoniutti und Lercaro jeweils 20 Stimmen erhalten haben. Bei der dritten Abstimmung erst fielen die Stimmen Lercaros Montini zu, der 50 Stimmen erhalten haben soll.
Zusätzlich entstand plötzlich an der Seite des konservativen Kandidaten die Kandidatur von Kardinal Francesco Roberti, einem Juristen der Kurie. Obwohl eine solche Initiative eigentlich verboten war, wurde am Nachmittag des 20. Juni der Kardinal aus Bergamo, Gustavo Testa, ein Freund des verstorbenen Johannes XXIII. aktiv, um die Blöcke zu überwinden. Der Präfekt der Ostkirchenkongregation schlug seinen Kollegen Carlo Confalonieri und Alberto di Jorio vor, eine gütliche Einigung zustande zu bringen, obwohl während der Wahlvorgänge eigentlich Schweigen verordnet war. Die Kurienkardinäle Siri und Tisserant erhoben sofort Einspruch gegen die Initiative. Gedemütigt durch den Gang der Dinge wollte Montini daraufhin aufstehen und sich aus dem Rennen zurückziehen. Aber der venezianische Kardinal Giovanni Urbani, der neben ihm saß, soll ihn mit einem Ellbogenstoß zurückgehalten und am Sprechen gehindert haben.
Beim vierten Wahlgang erhielt Montini noch einige Stimmen zusätzlich, die aber wegen der unbeugsamen rund 30 Gegner Montinis nicht für die Wahl ausreichten. Beim Verlassen der Sixtinischen Kapelle begleitete der Wiener Kardinal König Montini. Beide gingen zu ihren Zellen, die aneinander grenzten. »Ich hoffe, die Stimmen gehen nicht mehr in die Richtung meiner Wahl«, soll Montini zu König gesagt und hinzugefügt haben: »Ich befinde mich jetzt in der Dunkelheit. Ich befinde mich in der Nacht. Aber ich bin sicher, derjenige, der gewählt werden wird, wird dem Weg von Papst Johannes folgen müssen.«
Am Tag darauf zerfielen die Blöcke. Kardinalstaatssekretär Amleto Cicognani besuchte Montini in seiner Zelle, und dieser versprach für den Fall seiner Wahl, Cicognani im Amt zu belassen. Die Gruppe um di Jorio beschloss daraufhin, ins Lager Montinis zu wechseln. Als dieser am 21. Juni endlich gewählt wurde, soll er immer noch 22 Gegner gehabt haben. Trotz aller Bereitschaft zur

Aussöhnung von Seiten des Papstes sollten die Narben, welche das Konklave geschlagen hatte, nie verheilen.
Immer war der Papst auf Ausgleich bedacht, was ihm den Ruf eines Zögerers und eines »Hamlet auf dem Papstthron« eintrug. In Wirklichkeit war Papst Paul VI. keineswegs ein Hamlet, schrieb der Schweizer Theologe Hans Urs von Balthasar in seinem Büchlein »Der antirömische Affekt« (Untertitel: »Wie lässt sich das Papsttum in der Gesamtgeschichte integrieren«). Das Attribut »Hamlet« sei Montini, als er noch Primas von Mailand gewesen sei, vom späteren Johannes XXIII. und damaligen Patriarchen von Venedig, Roncalli, zugeschrieben worden. Beide, Hamlet und Paul, seien durch die äußeren Umstände gezwungen worden, ihre Taktik zu ändern. Während Hamlet aber seine entscheidende Aktion immer wieder hinausgeschoben habe, habe Paul VI. in Wirklichkeit »unablässig und zielstrebig« gehandelt, hebt der weltbekannte Theologe von Balthasar hervor.

Reizthemen Familienplanung und Zölibat

Durch die Veröffentlichung seiner Enzyklika »Humanae Vitae« über das Verbot von künstlichen Verhütungsmitteln und sein Schreiben »Sacerdotalis Coelibatus« über die Einhaltung der priesterlichen Ehelosigkeit wusste Paul VI. vom Zeitgeist angefochtene Werte zu wahren, machte sich aber gleichzeitig viele Feinde und verlor seine Popularität unter den Gläubigen. Beide Themen hatte Paul VI. bewusst aus der Diskussion während des Zweiten Vatikanischen Konzils herausgenommen. Sie sind bis heute niemals in einer großen Versammlung von Bischöfen wie beim Konzil diskutiert worden, weil auch die Nachfolger Pauls VI. die Diskussion dieser beiden heißen Themen immer wieder verschoben wissen wollten. Ein neuer Papst wird, wenn er aus den Reihen der Reformer um den Mailänder Erzbischof Carlo Maria Martini kommen sollte, nicht umhinkönnen, sich dieser Themen anzunehmen.

Paul VI., der sich bis zur Erschöpfung in dem Bemühen um Ausgleich aufgerieben hatte, wurde nach seinem Tod extrem widersprüchlich beurteilt. Die Traditionalisten sahen in ihm einen Papst, der die Tradition der Kirche über Bord geworfen hatte. Die Reformer betrachteten ihn als einen Reaktionär, der mit dem fortschrittlichen Geist des Konzils nicht Schritt gehalten und ihn verraten hatte.

Und doch hat sich der ungeliebte Intellektuelle, der als einsamer Reformer in die Geschichte eingehen wird, große Verdienste erworben: Er bewahrte das Konzil vor dem Scheitern und setzte es fort. Er verankerte mit seiner weitsichtigen Entwicklungsenzyklika »Populorum Progressio« (»Der Fortschritt der Völker«) die Sorge um die Zukunft der Dritten Welt als vorrangiges Anliegen der Kirche. Sein Wille zum Dialog mit den anderen wurde ihm oftmals als Schwäche ausgelegt. Es ging so weit, dass man an der Kurie sagte, man könne das Wort Dialog einfach nicht mehr hören. Papst Paul VI. hatte weiter die undankbare Aufgabe, den nachkonziliaren Aufbruch in der Kirche in Bahnen zu lenken, die nicht mit den Traditionen in der Kirche wie dem Verbot der Übernahme politischer Ämter und offenes politisches Engagement von Priestern brachen.

Was kaum jemand weiß: Als Montini kurz nach seiner Ernennung zum Erzbischof von Mailand mit dem Auto die Grenze seiner ersten Diözese erreichte, stieg er aus und küsste den Boden. Der Bodenkuss, den die Welt damals als unverständliche Geste der Sentimentalität abtat, sollte später zum Markenzeichen für das Pontifikat von Papst Johannes Paul II. werden.

Nach dem Tod des intellektuellen und vom Volk distanzierten Papstes Paul VI. gab es einen radikalen Bruch, wie schon so oft in der Geschichte der Päpste. Der Nachfolger Montinis wurde ein Mann, der mit seiner Menschlichkeit und Volksnähe das Gegenteil von Papst Paul VI. war und den idealen Vorläufer für die Ausübung des Papstamtes durch seinen Nachfolger Johannes Paul II. darstellte.

2.5 Johannes Paul I.: Ein Lächeln von 33 Tagen

Es war sommerlich schwül in Rom im August 1978, als die wahlberechtigten Kardinäle zum Konklave anreisten. Die internationale Presse begann sofort zu spekulieren. Die Buchmacher in London gaben großen Favoriten wie Kurienkardinal Sebastiano Baggio und dem Erzbischof von Florenz, Kardinal Giovanni Benelli, aber auch dem Bischofsvikar von Rom, Kardinal Ugo Poletti, hohe Quoten. Man setzte auf den großen Brückenbauer in der Ökumene und Präsidenten des Vatikanischen Einheitsrats, den niederländischen Kardinal Jan Willebrands, und auf die Kardinäle Pignedoli und Pironio. Der Wiener Erzbischof, Kardinal Franz König, wurde ebenso ins Gespräch gebracht wie der Erzbischof von Westminster, der Benediktiner Basil Hume, und der Lateinamerikaner Aloisio Lorscheider.

Nur ein Name tauchte nirgends in den Medien auf: Der des Patriarchen von Venedig, Kardinal Albino Luciani. Sicher war dies ein Vorteil für seine Wahl. Man erwartete ein langes Konklave. Man suchte einen Mann, der die Gläubigen die Auseinandersetzungen in der Kirche im Kielwasser des Zweiten Vatikanischen Konzils vergessen lassen würde, einen freundlichen guten Hirten. Am 26. August 1978 nahm das Konklave seine Arbeit auf.

Obwohl selbst Favorit im Konklave, soll der kluge Giovanni Benelli, langjähriger engster Mitarbeiter von Papst Paul VI., die Kardinäle bereits vor Beginn des Konklaves auf Luciani aufmerksam gemacht haben – wohl mit dem Hinweis, gegen diesen Kandidaten sei im Gegensatz zu fast allen anderen »papabili« nichts einzuwenden. Er sei ein sehr guter Priester, ein gerechter Mann und wisse mit den Menschen gut umzugehen. Da er an der römischen Kurie nur sehr selten gesehen worden war, wussten auch die normalerweise bestinformierten Vatikan-Internen nur wenig über ihn.

Und dann wurden die Papstwähler ebenso überrascht wie die Gläubigen in aller Welt: Noch am selben Abend wurde der Patriarch von Venedig, auch zu seiner völligen eigenen Überraschung,

zum Nachfolger von Paul VI. gewählt. Trotz seiner anfänglichen Verwirrung wusste er für sich sofort den richtigen Namen, der seinen Willen zur Fortführung des Erbes zweier großer Päpste symbolisieren sollte: Johannes Paul I.
Im wievielten Wahlgang Luciani gewählt wurde, enthüllte später sein Nachfolger, Papst Johannes Paul II. in einer Würdigung am Todestag des 33-Tage-Papstes: im vierten Wahlgang. Dies war ein Rekord an Schnelligkeit, der nur möglich war, weil die Kardinäle in den 15 Tagen zuvor erfolgreich totales Stillschweigen über Luciani als möglichen Kandidaten gewahrt und ihn aus den Schlagzeilen der Presse herausgehalten hatten. Im Gegensatz zu allen anderen Teilnehmern des Konklaves ist übrigens der Papst selbst nicht zur Geheimhaltung über den Hergang der Papstwahl verpflichtet und kann das Schweigegebot über ein Konklave für die Kardinäle aufheben.
Papst Johannes Paul I. soll mit einer Dreiviertelmehrheit gewählt worden sein. In den ersten zwei Wahlgängen soll, Indiskretionen aus dem Vatikan zufolge, der Erzbischof von Genua, Giuseppe Siri, mehr Stimmen als Luciani bekommen haben.
Mit seiner Konstitution »Romano Pontifici eligendo« vom 1. Oktober 1975 hatte Papst Paul VI. neue Möglichkeiten bei der Wahl des Papstes eingeräumt, zum Beispiel die einer nur noch absoluten Mehrheit – im Fall eines langen und schwierigen Konklaves ohne Zweidrittelmehrheit – und einer freien Diskussion unter den Wählern. In seinem Schreiben hatte Papst Paul VI. gleichzeitig bis auf weiteres allen demokratischen Möglichkeiten einer Papstwahl, die über die Beteiligung des Kardinalskollegiums hinausgehen, eine Absage erteilt.
Vor der Veröffentlichung der Konstitution war in progressiven Kirchenkreisen erwogen worden, ob nicht ausgesuchte Vertreter des Weltepiskopats oder »demokratische Vertreter des Volkes Gottes« an der Papstwahl teilhaben könnten. Papst Paul VI. forderte absolute Diskretion über den Hergang eines Konklaves, schloss jegliche Transparenz aus und sprach sich in diesem Zusam-

menhang auch gegen die Aufbewahrung von Dokumenten über ein Konklave für die Historiker aus.
Auch bei den machtbewussten Kurienkardinälen hatte sich Paul VI. mit zwei Verordnungen unbeliebt gemacht: 1968 gab es einen kleinen Aufstand unter den »Kurialen«, als Montini eine kleine Reform der römischen Kurie einleitete, in der unter anderem die Altersgrenze für das Innehaben vatikanischer Ämter auf 75 Jahre festgesetzt wurde. Protest unter den Kardinälen hatte zwei Jahre danach das Motuproprio »Ingravescentem aetatem« (»Mit lastendem Alter«) vom 21. November 1970 ausgelöst, mit dem den Kardinälen bei Vollendung des 80. Lebensjahres das Recht der Papstwahl abgesprochen wurde.
Die neue Wahlordnung war bei der Berufung des Patriarchen von Venedig als Stellvertreter Gottes auf Erden erstmals in Kraft gesetzt worden. Kardinäle, die am Konklave teilgenommen hatten, sprachen von einem »Fingerzeig Gottes«, und der Wiener Kardinal Franz König bezeichnete die Wahl Lucianis als ein Wunder. Vielleicht hatte auch sein Vorgänger schon geahnt, wer einmal sein Nachfolger werden würde: Bei einem Besuch in Venedig hatte sich Papst Paul VI. einmal spontan die päpstliche Stola abgenommen und seinem Gastgeber, dem Patriarchen von Venedig, als Zeichen seiner Wertschätzung um den Hals gelegt. An solche kleinen, aber bezeichnenden Anekdoten dachte man im Vatikan, als der neue Papst sich am 26. August 1978 gegen 19 Uhr erstmals den jubelnden Menschenmassen auf dem Petersplatz zeigte und sie mit seinem gewinnenden Lächeln sofort in seinen Bann schlug.

Ein Konklave »wie im Backofen«

Nach dem Konklave bei erstickend heißen Temperaturen wurde vom Kardinalskollegium mit lauter Stimme eine Verlegung der Wahl gefordert. Die Kardinäle scheuten sich nicht, über die unbequeme Unterbringung das Schweigen zu brechen. »Mein Zimmer war wie ein Backofen«, erinnerte sich der belgische Primas, Kardinal Leon-Joseph Suenens später. Es habe nur ein Fenster gegeben, das versiegelt gewesen sei. Unter Aufbietung aller seiner Kräfte habe er es aber geschafft, die Versiegelung aufzubrechen und das Fenster zu öffnen. »Welch göttliche Gnade, ein wenig frische Luft zu atmen. Man lief Gefahr, krank zu werden«, berichtete Suenens. Außerdem sei es ihm unangenehm gewesen, das Zimmer eines anderen Kardinals durchqueren zu müssen, um in sein eigenes zu gelangen.

Kurienkardinal Silvio Oddi, der unter den Vatikan-Journalisten dafür bekannt war, dass er kein Blatt vor den Mund nahm, wurde sogar noch deutlicher: »Wir starben fast vor Hitze. Ich meinte, ich müsse ersticken. Einige Kardinäle waren kurz davor, in Ohnmacht zu fallen.« Kraft seines Amtes als Mitglied des Überwachungskomitees ordnete Oddi an, die großen Fenster zu öffnen. Daraufhin hätten die bleichen Gesichter des Kardinalskollegiums wieder Farbe bekommen. Oddi bezeichnete es als Respektlosigkeit, über hundert ältere Männer unter unzumutbaren Bedingungen hermetisch einzuschließen.

Mit Erfolg kämpfte Kardinal Oddi danach dafür, die Residenz der Kardinäle während eines Konklaves aus dem Vatikanischen Palast zu verlegen. So werden die Kardinäle beim nächsten Konklave im restaurierten Gästehaus Santa Marta neben der Vatikanischen Audienzhalle Quartier beziehen. Die Sixtinische Kapelle als Sitz des Konklaves wie auch der traditionelle Rauch wurden nach einigen Debatten innerhalb des Vatikans gewahrt. Die Kardinäle hatten gewünscht, die Papstwahl möge mit dem »Jüngsten Gericht« von Michelangelo verbunden bleiben. Die Idee, die Synodenaula zum Platz eines Konklaves zu wählen, wurde diskutiert, aber wieder verworfen. Der Ort hätte zu sehr an die ebenfalls verworfenen Vorschläge des Theologen Karl Rahner erinnert, der 1963 zum ersten Mal öffentlich eine Beteiligung des Weltepiskopats am Konklave gefordert und damit eine weitgehende Diskussion unter den Theologen ausgelöst hatte.

Der plötzliche Tod des Papstes: Gerüchte und Tatsachen

Den meisten Gläubigen wird Papst Johannes Paul I. aber sicherlich nicht wegen der katastrophalen Bedingungen während des Konklaves, das ihn zum Papst machte, oder wegen seiner besonders freundlichen Art der Amtsausübung in Erinnerung bleiben, sondern wegen seines plötzlichen Todes nach einem Pontifikat von nur 33 Tagen. Verschwörungen haben in Rom eine bis in die Antike reichende Tradition. Doch dass die italienische Freimaurerloge P 2 im Vatikan eine Verschwörung angezettelt haben soll, um Papst Johannes Paul I. aus dem Weg zu schaffen, ist eine These, die nicht in die Annalen eingehen wird. Die »unerklärlichen Fakten« aus dem zweifellos gut geschriebenen Krimi des britischen Schriftstellers David A. Yallop in seinem 1984 erstmals in deutscher Übersetzung erschienenen Buch »Im Namen Gottes?« haben Leser in aller Welt zwar stark beeindruckt, sie lassen sich jedoch zum größten Teil sehr wohl erklären. Die Fähigkeiten Yallops als Spezialist für Kriminalfälle bleiben unbestritten, wenngleich sein Roman über den Tod Johannes Pauls I. als ein pfiffig gemachtes Stück Fiction zu bewerten ist.

Schützenhilfe bei der Klärung der angeblichen mysteriösen Vorgänge um den Tod Johannes Pauls I. gibt der langjährige Vatikan-Journalist und vatikanische »Finanzexperte« Benny Lai in seinem Buch »Die Geheimnisse des Vatikans«. Lai zitiert in seinem Buch mit deren Erlaubnis zahlreiche Kurienkardinäle und vatikanische Persönlichkeiten, die er zum Teil aus Konzilszeiten kennt. Merkwürdig erscheint schon die erste Behauptung Yallops, er habe zwei Jahre nach dem plötzlichen Papsttod mit seinen Nachforschungen begonnen, nachdem er angeblich von einer nicht identifizierten Person angesprochen wurde, die ihn mit »hohen vatikanischen Stellen« in Kontakt gebracht haben soll.

Tatsächlich hat Yallop auch mit zahlreichen Personen im Vatikan gesprochen, zum Beispiel mit dem päpstlichen Leibarzt, Dr. Renato Buzzonetti, der den Tod des Papstes durch Herzversagen am

28. September 1978 festgestellt – aber ihn während seines 33-tägigen Pontifikats niemals untersucht hatte. Dennoch ist die Behauptung Yallops, der Papst sei bis zu seinem überraschenden Tod »kerngesund« gewesen, nachweislich falsch. Seine Verwandten und auch seine persönlichen Mitarbeiter in Venedig wie wahrscheinlich auch die Kardinäle, die ihn wählten, kannten seine angeschlagene Gesundheit. Bei einer der wenigen Audienzen in seiner Amtszeit sagte er zu Kranken: »Wisst ihr eigentlich, dass euer Papst schon achtmal im Krankenhaus war und sich viermal operieren lassen musste?«

Seinem Tod war eine gesundheitliche Störung vorausgegangen, über die der Papst mit mehreren Personen im Vatikan gesprochen hatte, ohne dass jemand dem Bedeutung beigemessen hatte. In der Woche vor seinem Tod litt der Papst so stark an geschwollenen Beinen und Füßen, dass er nicht mehr in seine Schuhe kam – ein typisches Merkmal für Herz- und Kreislaufbeschwerden. Als auch Spaziergänge in den vatikanischen Gärten dem Übel nicht abhalfen, entschloss sich Johannes Paul I., seinen Vertrauensarzt in Venedig zu Rate zu ziehen, mit dem er für die erste Oktoberwoche einen Untersuchungstermin vereinbart hatte. Zu diesem Zeitpunkt war er aber schon tot. Weil er sich von den vatikanischen Ärzten aus Zeit- oder Vertrauensmangel niemals hatte untersuchen lassen, existierte im Vatikan kein Krankenblatt des Papstes.

Zu den »unerklärlichen Fakten«, mit denen Yallop seine Giftmordthese zu belegen suchte, zählte er auch die nicht vorgenommene Autopsie. Die Entscheidung, keine Autopsie vorzunehmen, fällte nicht, wie Yallop behauptet, Kardinalstaatssekretär Jean Villot im Alleingang, sondern das gesamte Kardinalskollegium. Dass dieser demokratische Beschluss falsch war, wissen heute sicher alle Beteiligten, auch wenn sie es nicht zugeben können. Obwohl sehr viele Kardinäle sich zugunsten einer Autopsie ausgesprochen hatten, hatte sich die Mehrheit letztendlich dagegen entschieden.

Der Vatikanarzt Buzzonetti gab als Todesstunde »gegen 23 Uhr des 28. September« an. Diese Angabe entsprach der Rekonstruk-

tion der letzten Stunden des Papstes: Einem in Anwesenheit seiner Sekretäre eingenommenes Abendessen, das von der Haushälterin Schwester Vincenza vorbereitet worden war – Giftbeimischung kann hier ausgeschlossen werden –, folgte ein langes Telefongespräch mit dem Erzbischof von Mailand, Giovanni Colombo. Danach zog der Papst sich mit dem Text für das Angelusgebet am nächsten Sonntag in sein privates Gemach zurück.
Benny Lai beschreibt, es sei notwendig gewesen, dem verstorbenen Papst die starren Fäuste zu öffnen, um die Blätter mit seiner gewundenen weitläufigen Handschrift aus seinen Händen zu lösen. Dass der Papst sich ausgerechnet mit diesem Text beschäftigte, ging nach Überzeugung des Vatikan-Experten Lai auf eine Episode vom 10. September zurück, nach der Johannes Paul I. sich vorgenommen hatte, seine Äußerungen in der Öffentlichkeit besser vorzubereiten: Ein von ihm selbst kaum beachteter Satz, in dem er Gott als »Mutter, die ihr Kind nicht vergisst« bezeichnet hatte, wurde zu seinem größten Erstaunen zum Auslöser einer theologischen Diskussion über die Geschlechtlichkeit Gottes.

Todesursache Herzinfarkt

Anfangs hatte es in den ersten Radionachrichten über den Papsttod geheißen, Johannes Paul I. sei mit dem Buch »De imitatione Christi« (»Die Nachfolge Christi«) in der Hand gestorben. Doch diese Aussage wurde bald zurückgezogen.
Aufgrund der Schwellungen, die der Leichnam des Papstes aufwies, gab Dr. Buzzonetti als Todesursache »Myokardinfarkt« (Herzinfarkt) an. Dieser sei so plötzlich gekommen, dass der Papst nicht mehr auf eine der beiden Klingeln auf seinem Nachtkästchen habe drücken können, hieß es. Wenn es aber wahr ist, dass der Papst gar nicht im Bett gestorben ist, wie der Vatikan der Welt weismachen wollte, sondern am Schreibtisch, wie die Papstnichte Pia Basso erklärt hat, ist klar, warum er es nicht schaffte, die Klingeln an seinem Bett zu erreichen.

Auch die Hypothese eines Hirnschlags ist laut Benny Lai nicht auszuschließen. Ein Hirnschlag kann als Folge übergroßer Erregung bei oder nach einem Streit auftreten. Luciani soll an jenem folgenschweren 28. September 1978 gegen Abend eine lange, nervenzermürbende Diskussion mit dem Präfekten der Bischofskongregation ausgetragen haben, bei dem es um seinen Nachfolger im Amt des Patriarchen von Venedig gegangen sein soll. Der Präfekt sei angeblich nicht bereit gewesen, den Wunschkandidaten des Papstes zu akzeptieren. Johannes Paul I. sei ob seiner augenscheinlichen Ohnmacht außer sich gewesen und habe absolut nicht verstehen können, warum seinem Wunsch nach einem ihm angenehmen Nachfolger nicht Rechnung getragen werden sollte – immerhin war er doch der Papst!

Verschwörung der Freimaurerloge P 2?

Laut Yallop handelte es sich bei den Papieren, die der Papst im Augenblick seines Todes in der Hand hielt, um eine Liste mit Umbesetzungen innerhalb der Kurie, an deren erster Stelle Kardinalstaatssekretär Jean Villot und an deren zweiter Stelle der Präsident der Vatikanbank (IOR), Erzbischof Paul Marcinkus, standen. Yallop behauptete in seinem Buch, die Absetzung von Marcinkus als Chef des IOR hätte aber verheerende Auswirkungen auf die Aktivitäten der Freimaurerloge P 2 gehabt – und so sei die Verschwörung in die Wege geleitet worden.

Der verstorbene Erzbischof von Florenz, Giovanni Benelli, einer der »großen Wähler« beim ersten Konklave 1978, aus dem der Patriarch von Venedig als Papst hervorging, bezeichnete es laut Benny Lai als Irrtum und Fehler des Papstes, die Leiter der hohen Kurienämter sofort nach seiner Wahl zu bestätigen. Nach Meinung Benellis, der Johannes Paul I. äußerst wohlgesinnt war und offenbar gehofft hatte, aufgrund seiner Kurienerfahrung sein Kardinalstaatssekretär zu werden, hätte der Papst sich Zeit lassen und seine engsten Mitarbeiter in aller Ruhe neu aussuchen sollen.

Fest steht, dass der amerikanische Haudegen Marcinkus – ein Amerikaner litauischer Herkunft, der bei Papst Johannes Paul II. auch als päpstlicher Reisemarschall auftreten sollte (und der sich nicht scheute, in diesem Amt später Fußtritte an vorwitzige Journalisten und Fotografen zu verteilen) – Johannes Paul I. unsympathisch war. Dies bestätigte Benny Lai unter Berufung auf den ihm gut bekannten Kurienkardinal Vagnozzi, der kurz nach Amtsantritt des Papstes geäußert habe: »Das Staatssekretariat hat sich wie ein Kokon um Johannes Paul I. geschlossen. Ich weiß aber, dass der Papst seine eigenen Ideen hat, die er verwirklichen will. Man hat mir gesagt, er liebe Marcinkus nicht.«

Als Albino Luciani einmal nach Rom gekommen sei, um sich beim IOR-Präsidenten Marcinkus über den Verkauf der »Katholischen Bank des Veneto« zu beschweren, habe dieser den Patriarchen von Venedig in brüsker Weise abfahren lassen. In der Tat soll Marcinkus Anteile dieser Bank, die früher den Bischöfen des Veneto gehört hatten, an die in spektakulärer Weise in Konkurs gegangene »Banco Ambrosiano« verkauft haben, deren Eigentümer Roberto Calvi am 18. Juni 1982 unter einer Londoner Brücke erhängt aufgefunden wurde. Mord oder Selbstmord? Der 62-jährige Bankchef, dessen Jackentaschen mit Backsteinen gefüllt waren, war seit 1975 Chef der Mailänder Bank gewesen und hatte diesen Posten sechs Tage vor seinem mysteriösen Tod verloren. Wegen dubioser Geldgeschäfte war Italiens damals größtes privates Geldinstitut in allergrößte Schwierigkeiten geraten und später mit einer Deckungslücke von umgerechnet mehr als 1,5 Milliarden Mark Bankrott gegangen.

Die Affäre hatte auch deshalb weltweit Aufsehen erregt, weil die Vatikanbank IOR und ihr Präsident, Erzbischof Paul Marcinkus, darin verwickelt waren. Den Vatikan kostete diese unfreiwillige Verwicklung am Ende 250 Millionen Dollar, die an die Gläubiger der Ambrosiano-Bank gezahlt werden mussten. Wegen der engen Verflechtungen der Vatikanbank mit dem »Banco Ambrosiano« war Roberto Calvi auch »der Bankier Gottes« genannt worden.

Calvi hatte außerdem eng mit dem sizilianischen Bankier Michele Sindona zusammengearbeitet, der als Finanzier der Mafia galt und 1986 im Gefängnis starb, nachdem er eine Tasse vergifteten Kaffee getrunken hatte.
Mit dem Tod des Papstes hatte sie nichts zu tun, aber in dem Banco-Ambrosiano-Skandal spielte auch die Freimaurerloge P 2 eine Rolle. Ihr Anführer Licio Gelli gehörte zu den 14 Angeklagten, die wegen krimineller Machenschaften in Verbindung mit dem Zusammenbruch der Mailänder Privatbank abgeurteilt wurden. Gelli erhielt eine Freiheitsstrafe von zwölf Jahren. Zu achteinhalb Jahren Gefängnis wurde ein Geschäftsmann namens Flavio Carboni verurteilt, der zusammen mit dem Mafia-Boss Pippo Calo beschuldigt wurde, den Mord an Calvi in London in Auftrag gegeben zu haben. Mehrere Mafia-Aussteiger hatten erklärt, Calvi habe seinerzeit Mafia-Gelder gewaschen und teilweise nicht zurückgegeben. Zudem sollen die Bosse der italienischen Unterwelt gefürchtet haben, Calvi könne Geheimnisse verraten.
Bis hierher handelt es sich um Tatsachen. Stoff für ein Kriminalspiel könnten alle Verwicklungen um die Freimaurerloge wohl liefern, dennoch ist das Buch Yallops ein Ausbund an kriminalistischer Fantasie. Dass die Freimaurerloge beim Tod Johannes Pauls I. ihre Hand im Spiel hatte, ist sicherlich ebenso an den Haaren herbeigezogen wie die These des Giftmordes mit Hilfe von Digitalis. Dass der Vatikan Kontakt mit Vertretern der Loge hatte und hat, ist unvermeidlich, da diese ihre Vertreter in hohen italienischen Regierungsämtern platziert. Wer aber zu dem Geheimbund gehört, ist kaum zu klären, da die Mitgliederlisten selbstverständlich geheim gehalten werden.
Yallop behauptet in seinem Buch, ein Schweizergardist habe Marcinkus am frühen Morgen des 29. September überraschend in der Nähe des Sterbezimmers gesehen. Als Kronzeugen ruft er Giovanni Roggen an – in Yallops Buch viermal falsch als »Roggan« bezeichnet. Der Wachtmeister der Schweizergarde erklärte aber gegenüber dem Autor des Anti-Yallop-Buches »Im Namen des Teu-

fels?«, Victor Willi, eine solche Auskunft habe er niemals erteilt. Wahr sei lediglich, dass Marcinkus sich tatsächlich manchmal kurz nach Sonnenaufgang im Vatikan habe blicken lassen.

Yallop übersieht nach den Recherchen Victor Willis in seinem Buch vollkommen die Hintergründe, die zum Versagen des Chefs der Vatikanbank geführt haben. Wie viele andere, schreibt er, sei Marcinkus von der Währungs- und Wirtschaftskrise der frühen Achtzigerjahre überrascht und überrumpelt worden. Im Anschluss daran habe er versucht, mit Rückzugsgefechten aller Art zu retten, was zu retten war. Tatsache war jedoch, dass der amerikanische Erzbischof in den Sechzigerjahren sehr erfolgreich spekuliert und dem Vatikan auf legale Weise große Gewinne verschafft hatte.

Papst Paul VI., der von Finanzgeschäften wenig verstand, hatte Marcinkus weitgehend freie Hand gelassen. Erst der Zusammenbruch der Mailänder Ambrosiano-Bank und die unfreiwillige Verwicklung des Vatikans in den Finanzskandal führten dazu, dass an die Spitze des IOR internationale Finanzfachleute als Aufsichtsrat eingesetzt wurden. Marcinkus war von lateinamerikanischen Spekulanten bei Geldanlagen für den Vatikan hinters Licht geführt worden, aber es können ihm keinerlei böse und betrügerische Ansichten in die Schuhe geschoben werden.

Spannungen zwischen Papst und Kardinalstaatssekretär

Was Yallops These über angebliche Mordabsichten von Seiten Kardinalstaatssekretär Villots anbelangte, so entspricht es sicher den Tatsachen, dass starke Spannungen zwischen Villot und dem Papst bestanden. Nicht nur für den Kardinalstaatssekretär, sondern für viele andere Kurienmitarbeiter war der neue, spontane und dem Protokoll nicht immer angepasste Stil des neuen Papstes eine Quelle ständigen Ärgers. Dass die Kälte und Distanziertheit Villots für den Papst deprimierend waren und dessen

ständige Belehrungen ihn irritierten und verunsicherten, steht außer Zweifel.
Villot und eine ansehnliche Gruppe innerhalb der Kurie trauerten Papst Paul VI. nach und konnten sich mit der völlig anderen Amtsführung Johannes Pauls I. nicht abfinden. So habe Villot des Öfteren den Überlegungen des Papstes zu den negativen Auswirkungen der »Pillenenzyklika« »Humanae Vitae« mit missmutiger Miene gelauscht, ohne der Tatsache Rechnung zu tragen, dass Luciani die Reaktion der Gläubigen auf die Verbote der Kirche in der Sexualmoral aus der Warte des Seelsorgers und nicht aus der des Vatikan-Bürokraten kennen gelernt hatte.
Als wahrscheinlich gilt jedoch heute im Gegensatz zu der These Yallops, Villot habe dem Papst aus Angst um seinen Posten den Garaus machen wollen, dass der erfahrene Kuriale dem Neuling in der Kurie mit seinen Erfahrungen zur Seite stehen und ihn vor Fehlern und Fettnäpfchen bewahren wollte. Das bestätigt auch ein Gespräch mit Villot, das Giulio Andreotti in seinem Sieben-Päpste-Buch wiedergegeben hat. Anlässlich des Begräbnisses von Papst Johannes Paul I. habe der Kardinalstaatssekretär ihm anvertraut, dass er dem Papst am 30. Tag nach seinem Amtsantritt gesagt habe, nun werde er aufhören, ihm Ratschläge und Anweisungen zu erteilen. Villot habe sich sogar beim Papst dafür entschuldigt, dass er ihn bisher habe lenken müssen. Die Antwort des Papstes sei jedoch voller Anerkennung und Sympathie für Villot gewesen.
Sollte Villot in der Aufregung nach dem Papsttod tatsächlich die Medikamente auf dessen Nachttisch entfernt haben – aus schlechtem Gewissen und aus Angst, der Papst könnte aus Verzweiflung tatsächlich eine Überdosis genommen haben –, so wäre dies menschlich sogar verständlich. Die Angehörigen von Papst Johannes Paul I. schließen jedoch eine Verzweiflungstat dieser Art kategorisch aus. Es sei nicht seine Art gewesen, vor irgendetwas davonzulaufen, erklären sie.
Zu Unrecht bleibt der Tod des Luciani-Papstes in der Meinung

vieler von dunklen Machenschaften umwittert. »Das ist der, den sie ermordet haben«, sagen Rom-Touristen aus aller Welt, wenn sie am Grab Johannes Pauls I. unter dem Petersdom vorbeigehen. Die These vom Giftmord des Papstes hat sich vor allem in den deutschsprachigen Ländern hartnäckig gehalten.

Auch der vom Vatikan unterstützte Autor John Cornwell, der die Giftmordthese Yallops widerlegen sollte, hat mit seinem Buch »Wie ein Dieb in der Nacht« einen Kassenschlager gelandet. Er behauptete, Johannes Paul I. sei aus Einsamkeit und aus Ohnmacht gegen den intriganten Machtapparat des Vatikans gestorben: Er habe eine Überdosis an Schlaftabletten genommen.

Seine schalkhafte Art hat Johannes Paul I. den Beinamen »der Papst des Lächelns« eingebracht, der wahrscheinlich genauso wenig der Realität entsprach wie der Beiname für Papst Johannes XXIII., »der gute Papst«, den dessen Neffe, Buchautor Marco Roncalli, anlässlich der Seligsprechung seines Onkels auch im italienischen Fernsehen mehrmals als nicht zutreffend zurückgewiesen hat.

Albino Luciani, Sohn eines Maurers aus der norditalienischen Region Venetien, wird als ein Papst in die Geschichte eingehen, der dem Bild des guten Hirten entsprach. Er war ein bescheidener Mensch, der selbst vom Augenblick seiner Ernennung an das Gefühl hatte, von seinem hohen Amt überfordert zu sein.

»Armer Albino!«

Angehörige erinnern sich

Hier nun einige Äußerungen von Familienangehörigen des Papstes im Gespräch mit der Verfasserin anlässlich des 20. Todestages von Papst Johannes Paul I.:

Antonia, die damals 80-jährige Schwester des Papstes, erinnerte sich, dass die ganze Familie in der Nacht vor der Wahl Albino Lucianis zum

Papst kein Auge zugetan habe. »Armer Albino!«, habe sie ausgerufen, als sie gemeinsam mit anderen Familienangehörigen des Papstes in dessen Geburtstort Canale d'Agordo am Samstag, 26. August 1978, vom Ausgang des Konklaves erfuhr.
Schon im Alter von zehn Jahren hatte die Schwester des Papstes gearbeitet, um einen Beitrag für die Ausbildung ihres Bruders im Priesterseminar leisten zu können. Am Tod ihres Bruders bedauerte sie am meisten, dass der Papst ganz alleine gestorben war. Er, der für seine vielköpfige Familie und für seine Mitbrüder jederzeit da gewesen sei, habe ohne geistlichen Beistand und ohne jemanden, der ihm die Hand beim Sterben hielt und den Rosenkranz betete, sterben müssen, klagte Antonia.
Auch ihre schönste Erinnerung vertraute sie der Verfasserin an: Mit ihrem ersten, bei einer Seidenfabrik in der nahen Schweiz verdienten Geld habe sie Luciani, damals Vizerektor des Priesterseminars in Belluno, eine Uhr und einen Umhang schenken können. Sie erinnerte sich weiter, dass ihr Bruder die Zimmer der Studenten immer habe heizen lassen, sich selbst jedoch, um Holz zu sparen, mit dem Umhang begnügt habe, den ihm seine Schwester Antonia geschenkt hatte. Ihr Bruder habe immer gesagt: »Ich weiß, was Hunger und Armut bedeuten«, erzählte sie weiter.
Lina Petri, Antonias Tochter, lebt heute in Rom. Die Papstnichte hat an der römischen Gemelli-Klinik Medizin studiert. Im Gespräch mit der Verfasserin dieses Buches gestand sie, sie habe den Onkel nach seiner Papstwahl nur noch einmal von weitem gesehen, nämlich als er die Lateran-Basilika in Besitz nahm. Damals hätten ihre Freunde sie auf die Schultern gehoben, damit ihr Onkel sie inmitten der Menge sehen konnte. Der mysteriöse Tod ihres Onkels habe sie in vielen Träumen verfolgt. Als Ärztin hätte sie natürlich gerne die Ergebnisse einer Autopsie begutachtet.
»Schwester Vincenza Taffarel, die Haushälterin des Papstes, wollte mich zu seinem Geburtstag am 17. Oktober in den Vatikan einladen«,

so Lina Petri. Doch dazu sei es nicht mehr gekommen. Wie es um die Gesundheit ihres Onkels wirklich gestanden habe? Er sei nicht eigentlich krank, aber auch nicht ganz gesund gewesen, erklärte die Papstnichte. Als absurd bezeichnete sie nach seinem plötzlichen Tod aufgetauchte Gerüchte, der Papst habe nur eine Niere gehabt. »Die Luft von Rom tut uns gut«, habe er noch kurz vor seinem Tod zu seiner Haushälterin gesagt. Doch er habe über einen Druck in der Brust – wohl wegen der Herzbeschwerden – und über geschwollene Füße geklagt.

Giovanni Rama, sein Leibarzt aus Venedig, habe Papst Johannes Paul I. während seines kurzen Pontifikats zwei- oder dreimal in Rom aufgesucht und ihm Medikamente verschrieben. Lina Petri erinnerte sich, dass ihr Onkel, wenn er zu Besuch kam, immer vor dem Essen einige bunte Pillen eingenommen und zu seiner Nichte und zu seinem kleinen Neffen gesagt habe: »Seht, ihr Kinder, wenn der Onkel seine Pillen nicht nimmt, dann geht es ihm bald ganz schlecht.«

Yallop erklärte in seinem Buch, Leibarzt Giovanni Rama habe ihm gegenüber erklärt, der Papst habe sehr empfindlich auf Medikamente angesprochen. Bekannt ist in Wirklichkeit nur, dass der Papst zum Zeitpunkt seines Todes Effortil, ein Mittel gegen niedrigen Blutdruck, eingenommen hatte. Welche anderen Mittel er am Todestag genommen hat, ist nicht bekannt.

Pia Basso, die erstgeborene Nichte und Lieblingsnichte Johannes Pauls I., hatte im Jahre 1991 das vom Vatikan verordnete Schweigen gebrochen und in einem Interview mit der Turiner Tageszeitung »La Stampa« erklärt, ihr Onkel sei nicht im Bett gestorben, sondern am Schreibtisch. Am Todestag habe der Sekretär des Papstes, Don Diego Lorenzi, in aller Frühe bei ihrer Familie angerufen und gesagt: »Der Papst ist gestorben. Schwester Vincenza hat ihn gefunden. Sie hatte seine unberührte Kaffeetasse im Atrium stehen sehen und war daraufhin ins Zimmer des Papstes gegangen. Wir werden aber sagen, dass er im Bett war und dass Pater Magee ihn gefunden hat, der sich Sorgen machte, nachdem der Papst nicht zur Frühmesse erschienen war.« Laut Pia Basso hielt es der Vatikan nicht für opportun, die Gläubigen in der Welt wissen zu lassen, dass eine Frau Zutritt zu den Gemächern des Papstes hatte.

Albino Luciani hatte für sich niemals hohe Kirchenämter angestrebt. Als er hörte, dass Papst Paul VI. ihm das Patriarchat von Venedig anvertrauen wollte, schrieb der damalige Bischof von Vittorio Veneto nach Rom: »Meine Stimme wird immer dünner, und mit der Gesundheit ist es nicht gut bestellt.« Papst Paul VI. antwortete darauf: »Was die Stimme betrifft, so haben wir Mikrofone, und die Gesundheit überlassen wir dem lieben Gott.«

Die Kurie und die Kardinäle hat Luciani mit seiner direkten Art von Anfang an schockiert – schon als er wenige Minuten nach der Annahme seiner Wahl verkündete: »Ich nenne mich Johannes Paul I.« Man verwies darauf, dass noch kein Papst in der Geschichte zwei Namen getragen habe und dass auch »der erste« nicht üblich sei. Doch das störte Luciani nicht.

Möglich ist, dass die einzige überlebende Seherin der drei Hirtenkinder von Fatima, Schwester Lucia, dem Papst bei einer Begegnung im Kloster Coimbra am 11. Juli 1977 seine Wahl zum Papst und seinen frühen Tod vorhergesagt hat. Luciani war damals mit Pilgern aus seiner Diözese in den portugiesischen Wallfahrtsort gereist, wo die Muttergottes im Jahre 1917 drei Hirtenkindern erschienen war und ihnen drei Geheimnisse anvertraut hatte. Kurz nach seiner Wallfahrt hatte der Patriarch von Venedig seinen Bruder Edoardo in seinem Geburtsort besucht. Dieser und seine Frau bemerkten, dass ihr Verwandter über irgendetwas sehr erschüttert war. Damals hatte der Bruder gedacht, Schwester Lucia habe ihm kommende Katastrophen vorhergesagt.

Seligsprechungsprozess für 33-Tage-Papst eingeleitet

Auch wenn die Spekulationen über seinen plötzlichen Tod von Mord bis Selbstmord reichten: Für den Papst des Lächelns wurde am 26. August 2002 auf Ortsebene ein Seligsprechungsverfahren eingeleitet. Dabei werden nicht die mysteriösen Umstände seines Todes neu aufgerollt, sondern sein Leben, denn nur ein beispielhaftes Verhalten ist für einen Seligsprechungsprozess ausschlaggebend. Wenn die in der Heimatdiözese des Papstes befragten Zeugen und die gesammelten Dokumente darin übereinstimmen, dass Luciani ein heiligmäßiges Leben geführt hat, steht der Weitergabe der Unterlagen nach Rom an die zuständige Vatikanische Kongregation nichts mehr im Weg. Am 24. Jahrestag seiner überraschenden Wahl zum Papst war der 33-Tage-Papst in die Schlagzeilen der Presse zurückgekehrt. Freude und Tränen unter den Gläubigen, als der Bischof von Belluno, Vincenzo Savio, bei der feierlichen Gedenkmesse im Geburtsort Johannes Pauls I. ankündigte: »Es steht außer Zweifel, dass Albino Luciani im Ruf der Heiligkeit steht. Ich habe 300 000 Unterschriften von Gläubigen mit der Bitte um die Einleitung eines Seligsprechungsverfahrens erhalten.« Hier in seinem Geburtsort, dem Bergdorf Canale d Àgordo in der norditalienischen Region Venetien (Veneto), betrachten die Einwohner Johannes Paul I. schon seit dem Tag seines Todes als einen Heiligen und Fürsprecher in der Not. Hier erzählt man einander von »grazie ricevute« – von erhaltenen Gnadenerweisen – und pilgert zum Geburtshaus des Papstes, um dort zu beten. Wichtig für die Seligsprechung des Papstes: Johannes Paul I., Sohn eines Maurers, ist als ein Papst in die Geschichte der Kirche eingegangen, der dem Bild des guten Hirten entsprach. Er war demütig und ein bescheidener Mensch. Bereits vom Augenblick seiner Papstwahl an hatte er das Gefühl, von seinem hohen Amt und den Gepflogenheiten am Vatikan überfordert zu sein.

Die Familienangehörigen des Papstes sind wichtige Zeugen im Seligsprechungsverfahren. Der Bischof von Belluno hatte zur Ein-

leitung des Prozesses auf Ortsebene sowohl das »Placet« der Priester seiner Diözese wie auch der Bischöfe von Venetien eingeholt. Nach Angaben des Mailänder »Corriere della Sera« hat Savio für seine Initiative auch grünes Licht aus dem Vatikan erhalten. Der Bischof hält insbesondere die Demut Johannes Pauls I. für vorbildhaft in der heutigen Zeit der Arroganz, des Machtbewusstseins und der Scheinheiligkeit. Interessant wird der Augenblick – sollte es wirklich zu einer Seligsprechung Lucianis kommen –, in dem der Sarg des Papstes geöffnet wird, wie es vor der Seligsprechung üblich ist. Wenn sein Körper aufgrund der Einbalsamierung gut erhalten ist, könnte nach Jahrzehnten noch Neues zu Tage kommen.
Ob eine eventuelle Seligsprechung von Johannes Paul I. auch ein Anlass für den Vatikan ist, sich für die damals verbreitete falsche Version über die Umstände seines Todes, die dann zu so vielen wilden Spekulationen geführt hat, zu entschuldigen? Und sogar eine Bitte um Verzeihung hinzuzufügen?

2.6 Johannes Paul II.: Ein politischer Coup

Während in der internationalen Gerüchteküche noch über angebliche Intrigen gegen Papst Johannes Paul I. innerhalb des Vatikans spekuliert wurde, bekam ein ausländischer Kardinal beim zweiten Konklave 1978 eine unerwartete Chance. Der erste Nichtitaliener seit 455 Jahren sollte dazu beitragen, das Gesicht der in zwei Blöcke gespaltenen Welt zu verändern.
Auch der »politische Papst« Karol Wojtyla hinterlässt der Welt ein ungelöstes Geheimnis: Wer waren die wirklichen Auftraggeber des Attentats auf dem Petersplatz am 13. Mai 1981, bei dem der Papst von dem Türken Ali Agca lebensgefährlich verletzt worden war? Wusste es der Papst, wird er über das Grab hinaus schweigen? Wenn über die Drahtzieher auch nach Öffnung der Archive nach dem Zusammenbruch des Kommunismus in Ost- und Mit-

teleuropa nichts an den Tag gekommen ist, nützt die Wahrheit aus politischer Taktik heraus heute keinem der Beteiligten mehr. Dass die östlichen Geheimdienste hinter dem Attentat standen, ist nicht erwiesen, liegt aber nahe.

Das dritte Geheimnis von Fatima

Apropos Attentat: Am 13. Mai 2000 bei der Seligsprechung von zweien der drei Seherkinder aus dem portugiesischen Marien-Wallfahrtsort Fatima hatte Johannes Paul II. enthüllt, dass das bestgehütete Geheimnis der jüngeren Kirchengeschichte seiner Ansicht nach ihn betreffe. Er habe sofort nach dem Attentat gewusst, dass sein Schicksal im dritten Geheimnis von Fatima vorausgesagt worden sei.

Am 26. Mai 2000 veröffentlichte der Präfekt der römischen Glaubenskongregation, Kardinal Joseph Ratzinger, den Wortlaut des dritten Geheimnisses von Fatima, das die Muttergottes am 13. Juli 1917 den drei Hirtenkindern anvertraut hatte. Es handelt sich um das Schicksal der Kirche im 20. Jahrhundert, um ihre Verfolgung durch die atheistischen Systeme und um den Kreuzweg der Päpste in dieser schwierigen Zeit, die mit den Schüssen des Attentäters Ali Agca nach der Auslegung der Kirche ihren Höhepunkt erreichte.

Der Vorhang vor der Zukunft wird jedoch entgegen den Spekulationen über das dritte Geheimnis nicht aufgerissen. Es gibt keine Enthüllungen über ein Weltende durch schreckliche Überflutungen und Millionen von Toten. Die mysteriöseste Aussage der Prophezeiung, die Johannes Paul II. auf sich bezogen hat, lautet: »Ein weiß gekleideter Bischof wird von einer Gruppe von Soldaten mit Schüssen aus Feuerwaffen und Pfeilen getötet.«

Nach der Enthüllung des dritten Geheimnisses von Fatima haben viele Gläubige gefragt: Ist das Opfer wirklich dieser Papst? Oder ist es vielleicht ein anderer aus der Zukunft, der tatsächlich von Soldaten getötet wird? Hat die Kirche etwa einen Teil des Geheimnisses verborgen, und warum hat sie – wenn der Inhalt gar nichts mit dem Weltuntergang zu tun hat – so lange mit der Veröffentlichung des Geheimnisses gewartet? Doch Kardinal Ratzinger hat auch das Original des von der Seherin Lucia erst 27 Jahre nach der Erscheinung aufgeschriebenen dritten Geheimnisses veröffentlichen lassen, um Unterstellungen vorzubeugen.

Glühender Marienverehrer

Johannes Paul II. war überzeugt, dass die Muttergottes ihm beim Attentat am 13. Mai 1981 das Leben gerettet hat. Nicht umsonst hatte der glühende Marienverehrer sein ganzes Pontifikat unter den Schutz der Muttergottes gestellt. Ein M für Maria und der Wahlspruch »Totus Tuus« (»Ganz dein«) im Wappen Johannes Pauls II. weisen darauf hin. »Fürchtet euch nicht! Öffnet die Tore für Christus!«, sagte Johannes Paul II. während der Einführungszeremonie am 22. Oktober 1978. Bei der Schließung der Heiligen Pforte des Petersdomes zum Abschluss des Heiligen Jahres 2000 hinterließ er der Welt eine Art vorgezogenes geistliches Erbe, als er während des Schlussgottesdienstes sagte: »Am Anfang meines Pontifikats und später noch einige Male habe ich den Söhnen und Töchtern dieser Welt zugerufen: Öffnet, ja reißt die Türen weit auf für Christus. Am Ende dieses Jubiläums möchte ich es wieder ausrufen – am Anfang dieses neuen Jahrtausends.«

Vielleicht hatte der alternde Papst am 6. Januar 2001 zum Abschluss des Heiligen Jahres, das er entgegen allen Unkenrufen mit Bravour durchgestanden hat, an den Tag seiner Wahl und seiner Amtseinführung gedacht und daran, wie er zum 264. Nachfolger Petri gewählt wurde? Innerhalb von fünf Wochen hatten die Kardinäle – glücklicherweise bei kühleren Temperaturen – im Drei-Päpste-Jahr 1978 ein zweites Mal zu einem Konklave nach Rom reisen müssen. Erneut mussten sie die Unbequemlichkeit schnellstens eingerichteter Zellen auf sich nehmen.

Der erste nichtitalienische Papst seit fast 500 Jahren

Der Eid der Geheimhaltung über die genauen Vorgänge während dieses Konklaves hat einige Risse erhalten. Schon vor dem zweiten Konklave des Jahres 1978 war von einigen Kardinälen ganz offen die Möglichkeit erwogen worden, erstmals seit fast 500 Jahren einen Nichtitaliener mit dem höchsten Amt in der Kirche zu betrauen. Die »Berliner Morgenpost« berichtete in einem Beitrag am 14. Mai 1995 zum bevorstehenden 75. Geburtstag des Papstes unter Berufung auf Enthüllungen der »New York Times«, Karol Wojtyla habe zwei große Befürworter innerhalb des wahlberechtigten Kardinalskollegiums gehabt: Außer dem Wiener Erzbischof, Kardinal Franz König, habe auch der polnischstämmige Erzbischof von Philadelphia, Kardinal John Krol (auch Krol heißt übrigens König), Wojtyla zu seinem Kandidaten erkoren.

Ob die Indiskretionen über den Hergang des Konklaves dem amerikanischen Journalisten von Krol höchstpersönlich weitergegeben wurden? Es könnte durchaus sein. Kardinal König glaubte an die Rettung der Kirche durch den »europäischen Osten« angesichts einer immer mehr zerfallenden westlichen Zivilisation. Krol, der mit Karol Wojtyla bei der gemeinsamen Kardinalskreierung in Rom am 26. Juni 1967 Freundschaft geschlossen hatte, war von der tiefen Spiritualität seines polnischen Mitbruders beeindruckt. Er gestand als einziger Kardinal später ein, dass auch der damalige Skandal um die geheime Freimaurerloge P 2 für die Wahl eines Nichtitalieners gesprochen habe.

Für Aufregung unter den Kardinälen und in der italienischen Welt sorgte ein – wie man inzwischen aus dem Enthüllungsbuch der »Millenari« (= Tausendjährigen) »Wir klagen an« sicher erfahren hat – gefälschtes Interview, das nur wenige Stunden vor Beginn des Konklaves am 14. Oktober in der Zeitung »Gazzetta del Popolo« erschien. In diesem angeblichen Interview stempelte der erzkonservative Siri, der nun schon zum dritten Mal als »papabile« in ein Konklave einzog, sich selbst als Gegner der Kollegialität unter den Bischöfen ab. Damit wurde er einmal mehr in Windeseile zum klassischen Fall dessen, der »als Papst ins Konklave hineingeht und als Kardinal wieder herauskommt«.

Gegenspieler von Kardinal Siri, der Restauration und Gegenreform auf seine Fahnen geschrieben hatte, war wie schon beim ersten Konklave des Jahres 1978 im August der mächtige frühere Substitut im Vatikanischen Staatssekretariat, Kardinal Giovanni Benelli aus Florenz. Der langjährige »Vatikanische Innenminister« wollte die Reformlinie von Papst Paul VI. weiterführen und verstand sich als Mann des Konzils.

Die Abstimmungen begannen am 15. Oktober und endeten am 16. Oktober abends mit dem achten Wahlgang. Am Ende des ersten Tages lag keiner der Kandidaten klar in Führung. Die notwendige Mehrheit von zwei Dritteln plus einer Stimme (75 von 111 Stimmen) lag für alle in weiter Ferne. Der Kandidat der »römischen Fraktion« war der 72-jährige Kardinal Siri, während die Reformergruppe Kardinal Benelli unterstützte, der sich auch für ein Engagement zur Stärkung der Synode als Entscheidungsorgan innerhalb der Kirche ausgesprochen hatte.

Das Gerücht geht um (siehe Zizola, »Der Nachfolger«), die einflussreichen deutschen Kardinäle, darunter auch Kardinal Josef Höffner, der Erzbischof von Köln, und Kardinal Joseph Ratzinger, damaliger Erzbischof von München, hätten sich eher auf die Seite Siris geschlagen. Ratzinger soll damals öffentlich von der Notwendigkeit gesprochen haben, einen starken Mann als Nummer eins der Kirche zu berufen, um dem schweren sowjetischen Druck auf Westeuropa standzuhalten. In einem Artikel in der »Frankfurter Allgemeinen Zeitung« (FAZ) vom 8. Oktober 1978 hatte Ratzinger in der Tat auf die politische Bedrängnis der Kirche zwischen Kapitalismus und Kommunismus hingewiesen.

Zahlreiche Lateinamerikaner, Afrikaner und Papstwähler aus Mitteleuropa sollen die Kandidatur von Benelli unterstützt haben, da ihnen dessen These einer Stärkung der Synode und einer stärkeren Einbeziehung der Bischöfe in römischen Fragen gefiel.

In der Nacht zum Montag wurde es den meisten Kardinälen klar, dass keiner der italienischen Kandidaten eine echte Chance hatte. Also blieb nur übrig, einen nichtitalienischen Kandidaten »aufzubauen«. Dafür sorgten außer den Kardinälen König, Krol und Wyszynski der Erzbischof von Mecheln und Brüssel, Kardinal Leo Suenens, und der brasilianische Kardinal Aloisio Lorscheider sowie der Erzbischof von Madrid, Enrique Tarancon, die wegen ihres Bekanntheitsgrades eigentlich selbst als ausländische Kandidaten hätten in Betracht gezogen werden können.

In kleinen Gesprächskreisen wurde ein Identitätsbild des neuen Papstes entworfen: Vor allem gesund sollte er nach dem plötzlichen Tod von Papst Johannes Paul I. sein. Und ein guter Seelsorger sollte er sein, damit die organisatorischen Kirchenreformen im Kielwasser des Zweiten Vatikanischen Konzils auf niedriger Kirchenebene glaubhaft gemacht und gut durchgeführt werden konnten. Seit dem Tod Pius' X. hatte es in der jüngeren Geschichte keinen eigentlichen »pastoralen Papst« mehr gegeben, denn auch Johannes XXIII. hatte lange Zeit als Diplomat im Dienst des Heiligen Stuhls gestanden. Papst Johannes Paul I. hatte keine Zeit gehabt, den seelsorglichen Charakter seines Pontifikats zu entwickeln.

Kardinal Enrique Tarancon, der Wojtyla schon vor dem Konklave kennen gelernt hatte, lobte vor allem das Talent des Polen, mit den Menschen Kontakt herzustellen, und meinte: »Wojtyla ist der Mann, den wir gesucht haben. Ein Humanist als Papst ist für die Kirche psychologisch gesund, weil er den Menschen nahe steht.«

Bei der Plenarsitzung am Morgen des 16. Oktober meldete sich Kardinal König zu Wort. Er erwähnte viele Briefe von Italienern, in denen immer wieder die Bitte auftauche: »Wählt keinen italienischen Papst, da das Land in einem Schlamassel steckt.« Dieses Argument erregte Staunen unter den Konklave-Teilnehmern. Die einen befanden den 58-jährigen Erzbischof von Krakau für zu jung – den anderen gefiel nicht, dass er aus einem osteuropäischen Land kam.

Der polnische Primas Wyszynski dagegen soll nach Aussage eines seiner Biographen zu denen gehört haben, die Furcht davor hatten, eine 455 Jahre andauernde Tradition zu unterbrechen. Gerade aber dieses System wollte Kardinal König ändern. Nach zwei Abstimmungen stieg wieder schwarzer Rauch aus dem Rohr, das von der Sixtinischen Kapelle aus auf den Petersplatz führt. Beim Mittagessen waren sich die Kardinäle einig, dass sie einen Ausländer wählen würden. Als die Nachmittagssitzung eröffnet wurde, kamen nur vier Nichtitaliener in Frage: Wojtyla, der am Sonntagnachmittag ein paar Stimmen erhalten hatte, Kardinal König, der es ablehnte, Papst zu werden, der argentinische Kardinal Eduardo Francisco Pironio (58) und der Niederländer Kardinal Johannes Willebrands (69), der wegen seines Einsatzes für die Ökumene allerseits geschätzt wurde.

Im sechsten Wahlgang war der Name Wojtyla dem Vernehmen nach bereits gut im Rennen. Im achten Wahlgang, am 16. Oktober gegen Abend, erhielt der Erzbischof von Krakau (Indiskretionen eines französischen Kardinals gegenüber dem früheren italienischen Ministerpräsidenten Giulio Andreotti zufolge) mehr als die erforderlichen 75 Stimmen, nämlich 99 Stimmen. Um 18.18 Uhr stieg weißer Rauch auf: »Habemus Papam.« Der erste Nichtitaliener seit 455 Jahren war gewählt. Wichtig für die Wahl war auch, dass der zweite Mann aus Polen hinter Kardinal Wyszynski bereits Rom-Erfahrung besaß und durch seine aktive Teilnahme am Zweiten Vatikanischen Konzil und bei Synoden Vertrauen unter den Kardinälen geweckt hatte.

Als der erste nichtitalienische Papst sich den auf dem Petersplatz wartenden Gläubigen zeigte und in italienischer Sprache sagte, er komme aus einem fernen Land und wenn er Fehler in der italienischen Sprache mache, möge man ihn doch bitte korrigieren, waren alle gerührt. Karol Wojtyla? Die erste Ankündigung des neuen Papstes durch den Protodiakon des Kardinalskollegiums von der Mittelloggia aus hatte unter den Menschen Verwirrung ausgelöst. Nur die wenigsten kannten den Namen. War es vielleicht gar ein

Schwarzer? Aber als Papst Johannes Paul II. zum ersten Mal auf der Loggia erschien, jubelten die Menschen ihm ebenso zu, wie sie es während seines langen Pontifikats immer tun sollten. Es gab keine Demonstrationen gegen den ersten Nichtitaliener auf dem Stuhl Petri seit so langer Zeit.

Der polnische Präsident Jablonski war gezwungen, alle Visa-Formalitäten für die Ausreise aufzuheben, denn seine polnischen Landsleute stürmten Flughäfen und Bahnhöfe, um zu »ihrem Papst« nach Rom zu reisen. Giulio Andreotti berichtet, der Papst habe sich bei seiner feierlichen Amtseinführung am 22. Oktober bereits als polyglotter Papst erwiesen und beim anschließenden Empfang für jeden Gratulanten ein Wort in seiner Sprache bereit gehabt. So habe das Oberhaupt der russischen Delegation, Botschafter Rijov, sich eines Lächelns nicht erwehren können, als der Papst sich in russischer Sprache an ihn wandte. Die bewegendste Szene spielte sich jedoch ab, als der polnische Primas Wyszynski Karol Wojtyla gratulierte – und ihm prophezeite, er werde die Kirche ins dritte Jahrtausend führen. Tief bewegt wie Vater und Sohn umarmten die beiden Widerstandskämpfer gegen den Kommunismus einander, während vielen Anwesenden die Tränen in die Augen stiegen und sich tosender Applaus für die Polen erhob. Vergeblich hatte Wyszynski zuvor versucht, vor dem polnischen Papst niederzuknien.

Und so hatte sich das Kardinalskollegium bei der Wahl Papst Johannes Paul II. zusammengesetzt: Von insgesamt 111 Wählern waren die 56 Nichteuropäer zum ersten Mal mit einem Wähler in der Überzahl. 19 Wähler kamen aus Latein- und 13 aus Nordamerika. Weiter gab es zwölf Afrikaner, neun Asiaten und drei aus Ozeanien stammende Wähler. 83 der Wähler leiteten ein Bistum. 28 unter ihnen gehörten der römischen Kurie an. Von den 55 europäischen Papstwählern waren 26 Italiener – weniger als ein Viertel des gesamten Kollegiums. Beim Konklave von 1963 waren noch 80 der Papstwähler Europäer gewesen.

Der politische Papst

Das Pontifikat von Johannes Paul II. wird als das wichtigste des 20. Jahrhunderts in die Geschichte eingehen, weil es wesentlich zum Fall der Mauern in Ost- und Mitteleuropa im Jahre 1989 beigetragen hat. Man mag es als einen Akt der göttlichen Vorsehung betrachten, dass zur gleichen Zeit Michail Gorbatschow an die Spitze der Sowjetunion kam, der Mann, der mit seiner Perestrojka- und Glasnost-Politik das Terrain für einen Umschwung ebnete. Es war ein einmaliges historisches Ereignis, als Gorbatschow am 1. Dezember 1989 als erster und einziger KPdSU-Generalsekretär vom Papst im Vatikan empfangen wurde und diesen zu einem Besuch in Moskau einlud.

Unter den Zeithistorikern ist umstritten, welchen Einfluss der Vatikan auf den Niedergang der kommunistischen Systeme in Ost- und Mitteleuropa ausgeübt hat. Der New Yorker Journalist Carl Bernstein und der römische Vatikan-Korrespondent Marco Politi sprachen dem Papst jedoch in ihrem gemeinsamen Buch »Seine Heiligkeit Johannes Paul II. und die Geheimdiplomatie des Vatikans« einen sehr großen Anteil daran zu.

Unbestrittener Wegbereiter für den Umbruch im Osten war nach Meinung der Journalisten auch US-Präsident Ronald Reagan. Die Wahl des Polen Karol Wojtyla war den Sowjets jedenfalls von Anfang an ein Dorn im Auge. Sie betrachteten ihn als »gefährlichen Staatsfeind«. Reagan nützte dies Bernstein und Politi zufolge aus, indem er seinen CIA-Chef Casey regelmäßig nach Rom schickte, um den Papst mit Geheimdienstmaterial über die Lage in Osteuropa zu versorgen.

Seine erste Auslandsreise führte den Papst am 25. Januar 1979 in die Dominikanische Republik, nach Mexiko und auf die Bahamas. Schon auf seiner zweiten Auslandsreise besuchte Johannes Paul II. im Juni 1979 seine polnische Heimat, in der es genau von diesem Augenblick an zu gären begann. Der Papst, der die kommunistische wie die nationalsozialistische Diktatur am eigenen Leibe kennen gelernt hatte, wusste die große Religiosität der Polen geschickt als Machtmittel gegen die kommunistische Vorherrschaft einzusetzen. Demonstrativ pflegte er gute Beziehungen zu dem Danziger Gewerkschaftsführer Lech Walesa und ließ der Gewerkschaft »Solidarität« Hilfe aus aller Welt zukommen. Die Opposition in Polen fühlte sich durch den Schutz der Kirche gestärkt und gedeckt. »Wie viele Divisionen hat denn der Papst?«, hatte Stalin einst spöttisch gefragt. Die Antwort darauf gaben die Ereignisse der Jahre 1989 und 1990.

Am bittersten enttäuscht zeigte sich der Papst gegen Ende dieses Pontifikats über den allgemeinen religiösen Niedergang nicht nur in Westeuropa, sondern insbesondere auch in den vom Kommunismus befreiten ost- und mitteleuropäischen Ländern. Die Rückkehr der Postkommunisten an die Macht in zahlreichen dieser Länder, die liberalisierte Abtreibungsgesetzgebung in seiner polnischen Heimat sowie die andauernden Kriege in der Welt, vor allem der neue Ausbruch von Gewalt im Nahen Osten, bedrückten Johannes Paul II. zutiefst. Doch bis an den Rand seiner Kräfte nutzte das Oberhaupt der katholischen Kirche seine international anerkannte moralische Autorität, um zu Frieden, Gerechtigkeit und Solidarität aufzurufen. Nur Uninformierte konnten erstaunt sein, dass Johannes Paul II. sich zum Wortführer der internationalen Gegner des Irakkrieges machte. Es entsprach ganz seiner Linie, sich von nichts und niemand von seiner evangeliumsgemäßen Friedenslinie abbringen zu lassen. Trotzdem mag es erstaunen, wie viele Freunde sich dieser aufrechte Papst ganz zum Ende seines Pontifikats in aller Welt noch einmal machte. Bis in die letzten Tage war dieser heldenhafte Papst und Humanist immer für eine Überraschung gut.

Historisches »mea culpa« im Heiligen Jahr

Nach 25 Jahren Pontifikat fürchtete Johannes Paul II., immer mehr zum Rufer in der Wüste zu werden. Doch je schwächer er wurde, desto mehr lag ihm offensichtlich daran, gerade die letzte

Zeit seines Pontifikats als eine besonders wichtige Epoche voller prophetischer Gesten hervorzuheben. Das bewies der Papst, als er während der von ihm so heiß ersehnten Reise ins Heilige Land im März 2000 wie alle anderen Pilger auch einen Zettel mit einem Gebetsanliegen zwischen die Quader der Klagemauer in Jerusalem steckte und als er sich entgegen dem Rat vieler seiner Mitarbeiter zur großen Vergebungsbitte für die Irrtümer und Verfehlungen der Kirche in der Vergangenheit am 12. März 2000 entschloss. Bei dem historischen persönlichen »mea culpa« ging es Johannes Paul II. um Glaubwürdigkeit und Versöhnung in der Kirche und in der Welt zur Jahrtausendwende.

Aber auch die Entschuldigung des Papstes am Vorabend des Jubiläums 2000 (im Dezember 1999) für die »grausame Tötung« des böhmischen Reformators Jan Hus bei einem Historikerkongress im Vatikan zeugte vom Willen des Papstes, nach der Rehabilitierung von Galileo Galilei durch die Kirche während seines Pontifikats weitere Zeichen der Demut zu setzen. Die Entschuldigung für die Hinrichtung von Jan Hus im Jahre 1415 möge zur Heilung der Wunden der Vergangenheit beitragen, wünschte Johannes Paul II.

Geradezu als »Jungbrunnen« für den alten und kranken Papst erwies sich im August 2000 das Weltjugendtreffen in Rom. Zu dem »Fest der Superlative« waren zwei Millionen Jugendliche aus aller Welt gekommen. An sie richtete Johannes Paul II. den Appell, »Brandstifter des Glaubens« zu sein. Wer Johannes Paul II. bei diesem Weltjugendtag kraftvoll wie nie in den Monaten zuvor erlebt hatte, ahnte nicht, ihn auch beim nächsten Weltjugendtreffen noch zu sehen: »Arrivederci a Toronto«, sagte er beim großen Abschlussgottesdienst des Weltjugendtages in Rom am Sonntag, 20. August. Und er machte es wahr. Seine große Sehnsucht, beim Weltjugendtag 2005 in Köln anwesend zu sein, erfüllte sich nicht. Die Jugendlichen aus aller Welt, denen Johannes Paul II. so viel Elan für einen weltweiten Aufbruch des Glaubens vermittelt hatte, werden auf den nächsten Papst blicken, werden ihn mit offenen Armen empfangen und das Vermächtnis »ihres Papstes« weitertragen.

Im Herzen jung

Auch im Alter war Papst Johannes Paul II. im Herzen jung geblieben. »Ich bin nicht alt«, sagte er einmal entschieden am Rande einer Heilig-Jahr-Audienz. Beim Jubiläum für die alten Menschen dagegen sprach er in seiner Predigt von »wir«. Als er zwölf Kranken, die auf ihren Tragen zum Altar gebracht wurden, persönlich das Sakrament der Krankensalbung erteilte, war der Papst tief gerührt. Die gesundheitlichen Folgen des Attentats vom 13. Mai 1981 auf dem Petersplatz machten sich im Alter stärker, zuletzt dramatisch bemerkbar. Die zitternde Hand und das Fortschreiten der Parkinson-Krankheit sowie die seit der Hüftoperation im April 1994 eingeschränkte Beweglichkeit behinderten den Papst immer mehr. Zuletzt versagte ihm sogar die Stimme. Trotzdem konnte ihn niemand davon abhalten, sich mit letzter Kraft zum Fenster zu bewegen und die weinenden Pilger aus aller Welt zu segnen. Bilder gingen um die Welt, die keinen fühlenden Menschen kalt ließen. Wohl im Gedenken an die polnische Märtyrer-Tradition wankte er nicht, auch als ihm sein gemarterter Körper für alle sichtbar den Dienst versagte.

Das hatte tiefe Wurzeln in seiner persönlichen Geschichte. Schon als im Untergrund studierender Seminarist zur Zeit der deutschen Besetzung Polens gab Karol Wojtyla nie auf. Leid zu ertragen war er von Jugend an gewöhnt. Er trug schwer am Tod seiner Mutter im Jahre 1929 – sie starb im Alter von 45 Jahren – und am frühzeitigen Tod seines als Arzt tätigen Bruders Edmund Wojtyla an einer Scharlach-Erkrankung im Jahre 1932.

Wojtylas Vater, ein früh pensionierter Leutnant, war so arm, dass er seine alten Armeeuniformen zu Anzügen für den Sohn umschneiderte. Er zog den späteren Papst groß und legte die Grundlage für dessen religiöse Toleranz, indem er ihn zur Freundschaft mit seinen jüdischen Mitschülern ermutigte. Einige dieser Mitschüler traf Karol Wojtyla nach 22 Jahren Pontifikat wieder, als er im März 2000 den jüdischen Holocaust-Gedenkort Yad Vashem besuchte. Am 13. April 1986 hatte er für den Dialog mit den Juden ein historisches Zeichen gesetzt, als er als erstes katholisches Kirchenoberhaupt eine Synagoge besuchte und von den Juden als »unseren älteren Brüdern« sprach.

Die Mitschüler des Papstes in seinem Geburtsort Wadowice bei Krakau erkannten seine Führungsqualitäten und seine große Frömmigkeit an. Seine außerordentlichen schulischen Leistungen ließen sich mit seiner Vorliebe für das Theaterspielen vereinen.

Wojtylas Weg zum Priestertum wurde entscheidend vom damaligen Erzbischof von Krakau, Kardinal Adam Sapieha, geprägt. Der aus einer polnischen Fürstenfamilie stammende Sapieha weihte schließlich auch am 1. November 1946 Karol Wojtyla in der Kathedrale von Krakau zum Priester. Die erste Begegnung zwischen Wojtyla und Sapieha hatte acht Jahre zuvor am Gymnasium in Krakau stattgefunden. Dem damals 18-jährigen Wojtyla war aufgetragen worden, im Namen der anderen Schüler eine Begrüßungsansprache an den Erzbischof zu halten. Beeindruckt von der Rede des Jungen wandte sich Sapieha danach an dessen Religionslehrer und fragte: »Was will denn dieser Schüler nach dem Abschluss am Gymnasium machen? »Lolek«, wie der Papst von seinen Kameraden genannt wurde, antwortete selbst, er wolle an der Jagellonen-Universität in Krakau Polonistik und Philosophie studieren. »Schade, dass er nicht Theologie studieren will«, meinte daraufhin der Erzbischof.

Ein damals 40-jähriger Asket und Mystiker aus Krakau, Jan Tyranowski, wurde dann im Jahre 1940 der eigentliche Lehrer Wojtylas auf religiösem und geistigem Gebiet. Über seine priesterliche Berufung wurde Karol Wojtyla sich erst in der Zeit nach dem Tod seines Vaters am 18. Januar 1941 bewusst, wie er selbst 1962 vor Seminaristen in Krakau erläuterte. Ins »geheime Priesterseminar« Kardinal Sapiehas wurde er im Oktober 1942 aufgenommen. Danach

hatte der spätere Papst seine Arbeit in einem Kalksteinbruch der Solvay-Werke fortgesetzt. Aus dieser Zeit stammte sein tiefes Verständnis für alle mit der Arbeit zusammenhängenden Probleme, die der Papst später in zwei Sozialenzykliken – die erste war »Laborem Exercens«, die »Bibel der katholischen Soziallehre« – darlegen sollte.
Im Jahre 1958 empfing der Papst die Bischofsweihe. Fünf Jahre später übernahm er die Leitung des großen Bistums Krakau. 1967 ernannte ihn Paul VI. zum Kardinal.

Öffnung gegenüber anderen Religionen

Nach außen hin war Johannes Paul II. von Anfang an ein Papst der Öffnung gegenüber den anderen Religionen, wie er beim ersten interreligiösen Friedenstreffen in Assisi im Oktober 1986 und durch politisch unvoreingenommene Gesten wie den Empfang des damaligen PLO-Führers Jasir Arafat im Vatikan am 15. September 1982 – als dieser von der Welt noch als Terrorist geächtet wurde – bewiesen hat. Am 25. Januar 1983 erschien das neue Kirchenrecht mit mehr Rechten für Laien und Frauen. Am 10. Januar 1984 nahmen die USA und der Vatikan nach 117 Jahren Pause wieder diplomatische Beziehungen auf. Am 17. Mai 1993 wurde erstmals seit 1566 wieder ein neuer Weltkatechismus veröffentlicht.
Auch als Johannes Paul II. am 9. Mai 1993 als erster Papst der sizilianischen Mafia mit erhobener Stimme den offenen Widerstand der Kirche entgegenrief, leitete er eine neue Epoche in Italien ein. Am 30. Dezember 1993 ließ er einen Grundlagenvertrag Israel–Vatikan unterzeichnen. Am 5. Oktober 1995 sprach er vor der UN-Vollversammlung. Am 21. Januar 1998 startete der Papst zu einer fünftägigen Reise nach Kuba. Weit über eine Million Gläubige besuchten die Gottesdienste mit Johannes Paul II. in der von den USA weiterhin boykottierten Zuckerrepublik.

Kompromissloser Einsatz für die Reinheit der Lehre

Doch so gütig seine Gesten der Öffnung nach außen auch waren – wenn es um die Einhaltung der kirchlichen Dogmen und die Reinheit der katholischen Lehre ging, war der Papst aus Polen kompromisslos. Gerade aber die Kontinuität der päpstlichen Haltung während seines gesamten Pontifikats, die sich nicht den Zeitströmungen anpasste, machte die persönliche Glaubwürdigkeit dieses Papstes aus. In der Bundesrepublik Deutschland herrschte nach einer anfänglichen Woge der Begeisterung während des ersten Deutschlandbesuchs am 15. November 1980 – als der Papst den Reformator Luther würdigte – eher kühle Distanz gegenüber Johannes Paul II., die sich nach und nach erst auflöste, als die Welt das Gigantenprofil des 264. Nachfolgers auf dem Stuhl Petri erkannte und so etwas wie eine zweite Konversion der eigenen Leute zu diesem Vater aller Menschen guten Willens, diesem aufrechten Propheten und großen Leidenden bewirkte. Zum Ende seines Pontifikats setzte sich auch bei distanzierten Katholiken so etwas wie Hochachtung über alles Trennende hinweg durch. Heute wissen selbst die Kritiker des Papstes, dass eine singuläre Persönlichkeit unserer Zeit von uns gegangen ist.

Eine erste Bilanz wird die ungelösten Fragen, die Johannes Paul II. hinterlassen hat, nicht unter den Teppich kehren: Ob es sich um das Verbot der Abtreibung und der Ehescheidung, um die Einhaltung des priesterlichen Zölibats, den Gebrauch von Verhütungsmitteln, den Zugang von Frauen zum Priestertum oder die Zulassung der wiederverheirateten Geschiedenen zur Kommunion handelt: Johannes Paul II. rückte nicht von der traditionellen Lehre ab. Deshalb wird sich sein Nachfolger zumindest mit zwei schwierigen Problemen auseinander setzen müssen: mit einer möglichen Änderung der in der »Pillenenzyklika« Pauls VI., »Humanae Vitae«, festgeschriebenen Normen zur Sexualmoral und mit dem Zölibat, den Papst Paul VI. beim Zweiten Vatikanischen Konzil bewusst aus der Diskussion ausgeklammert hatte.

Beide Themen sind nie wieder in einer ganz großen Bischofsversammlung diskutiert worden.

Papstwahl im Frühchristentum: durch Klerus und Volk

Ein Blick zurück in die ersten Jahrhunderte nach Christus: Papst konnte im Frühchristentum im Prinzip ein jeder werden – selbst ein Laie oder ein Diakon. Nicht selten mussten die Päpste vor der Thronbesteigung deshalb erst noch zu Priestern und Bischöfen geweiht werden. Die kleine römische Christengemeinde hatte sich keine Vorschriften zur Wahl ihres Leiters gegeben. Über die ersten Päpste, die chronologisch in der ältesten Liste der Päpste der Kirche, dem »Liber Pontificalis«, aufgeführt werden, gibt es außer den Pontifikatsdaten nur wenige Informationen. Auffallend ist höchstens, dass fast alle frühen Päpste Heilige sind. Der Grund dafür: Viele von ihnen mussten als Märtyrer sterben.

Es ist durchaus denkbar, dass einige Päpste der Frühzeit schon zu Lebzeiten ihren Nachfolger bestimmten. In Zeiten der Kirchenverfolgung galt dies als kluge Vorsichtsmaßnahme. Es war wohl auch eine Frage des Überlebens der Kirche selbst, gleich einen Nachfolger als Ersatz für den verstorbenen Papst bei der Hand zu haben.

Als zweiter Papst der Geschichte taucht direkt nach dem Märtyrertod des Apostels Petrus im Jahr 64 oder 67 unter Kaiser Nero ein Papst mit Namen Linus auf. Der aus Tuscia – wahrscheinlich die heutige nahe Rom gelegene Stadt Tuscania – stammende Papst leitete die christliche Gemeinde von 67 bis 76.

Bei dem 13. Nachfolger von Petri handelt es sich vielleicht sogar um den ersten dunkelhäutigen Papst: Papst Viktor I., dessen Pontifikat von 189 bis 199 dauerte, wird im Päpstlichen Jahrbuch noch heute als »Afrikaner« gekennzeichnet. Der als Märtyrer gestorbene Viktor war sich als Erster des Primats des Bischofs von Rom bewusst und setzte den Willen Roms im Osterfest-Streit mit der Kirche Asiens durch. Über

seine Geburt in Afrika gibt es keine genauen Angaben. Man weiß nur, dass die Christen in Rom unter ihm eine verhältnismäßig ruhige Zeit verbracht haben.
In der Papstliste des Päpstlichen Jahrbuchs findet man in der Frühzeit des Christentums dreimal die Bezeichnung »africano« in Klammern hinter dem Papstnamen. Außer Viktor I. (189–199) handelt es sich dabei um Milziade oder Melchiade (311–314) und Gelasius I. (492–496). Der Begriff Afrika bezog sich auf die römischen Provinzen in Nordafrika vom heutigen Libyen bis Marokko. Diese Gebiete waren romanisiert und christianisiert, bis der Islam im siebten und achten Jahrhundert die blühenden Kirchen mit Waffengewalt auslöschte, aus denen auch der heilige Augustinus stammte. Gelasius war der erste Papst, der den Titel Vikar Christi annahm und die Theorie der zwei Mächte – Papst und Kaiser – entwickelte.

Eine Taube wählt den Papst

Ein kurioses Beispiel, wie man praktisch durch die symbolische Intervention des Heiligen Geistes im Frühchristentum Papst werden konnte, ist aus dem Jahre 236 überliefert. Eigentlich hatte bei der Wahlversammlung nach dem Tod des Griechen S. Anterus (235–236) niemand einen gewissen Fabian aus der Familie der Fabier in Betracht gezogen. Doch plötzlich flog eine Taube herab und setzte sich auf Fabians Kopf. Dies deuteten die Papstwähler als ein Zeichen des Himmels und bestimmten den erstaunten Mann spontan und einstimmig zu ihrem Bischof. Der durch eine so genannte Inspirationswahl an die Macht gelangte Fabian wurde ein guter Verwalter des Petrusamtes. Er teilte Rom in sieben Seelsorgebezirke ein, die er Diakonen unterstellte. Der Sarkophag mit den sterblichen Überresten Fabians, der am 20. Januar 250 als Märtyrer unter Kaiser Decius sein Leben lassen musste, entdeckte man erst im Jahre 1915.
Im dritten Jahrhundert setzte sich dann immer mehr eine Art demokratischer Wahl des Bischofs von Rom durch das Volk und den Klerus

durch. Solange die Gemeinde klein und geschlossen war, funktionierte dies ohne Probleme. Doch bereits im dritten Jahrhundert hatten sich schon Parteien mit unterschiedlichen Meinungen und Machtgruppen herausgebildet, und so wurde das demokratische Prinzip von den mächtigen Familien der damaligen Zeit unterlaufen.

Besuch am Petrusgrab: ein Muss für Papstwähler

Nicht nur Pilgern, auch hohen kirchlichen Würdenträgern ist der Besuch der ehrwürdigen Gräberstadt unter dem Petersdom ein Anliegen. Und steht eine Papstwahl an, dann sind das Hinabsteigen in die vatikanische Unterwelt und der Besuch am Petrusgrab sogar ein Muss für die Papstwähler – das gilt auch für den jeweiligen frisch gewählten Papst, der am Grab des ersten Bischofs von Rom für den Erfolg seiner schweren Mission betet.

In der Zwischenzeit sind sie kein Geheimtipp mehr, die Ausgrabungen unter dem Petersdom. In die dunklen Tiefen unter der Basilika hinabzusteigen, um sich langsam bis zum Petrusgrab vorzutasten, ist ein Erlebnis für Gläubige und Nichtgläubige. Die Theologen-Polemik, dass Petrus vielleicht überhaupt nicht hier begraben sei, gerät beim Besuch der »Scavi sotto San Pietro« (Ausgrabungen unter dem Petersdom) in Vergessenheit. Erzbischof Francesco Marchisano, Präsident der Päpstlichen Kommission für Archäologie und »Chef« der Ausgrabungen unter dem Petersdom, im Gespräch mit der Verfasserin: »Was die Wahrheit anbetrifft, vertraue auf die Intuition skeptischer Besucher.« So hätten ihm Mitglieder einer Delegation des Weltkirchenrats einmal nach dem Besuch der Ausgrabungen geschrieben: »Die Steine haben gesprochen, und es gibt keine Probleme.«

Auf Petrus, dem von Jesus bestimmten »Fels und Menschenfischer«, bauen sich die katholische Kirche und ihr seelsorgliches Amt auf. Im

Matthäus-Evangelium (16, 16-19) erscheint erstmals der Begriff Kirche. Dort wird die feierliche Ernennung Petri zum Führer der Apostelschar verkündet. Wenn Pilger und Touristen beim Besuch des Petersdoms in Rom den Blick nach oben schweifen lassen, dann können sie im Tambour der gewaltigen Kuppel Michelangelos eine lateinische Inschrift entdecken, die an die Berufung des Petrus erinnert. In riesigen Lettern steht da geschrieben: »TU ES PETRUS ET SUPER HANC PETRAM AEDIFICABO ECCLESIAM MEAM ET TIBI DABO CLAVES REGNI CAELORUM.« (Du bist Petrus und auf diesen Felsen werde ich meine Kirche bauen und dir die Schlüssel des Himmelreiches geben.) Dieses Wort bekommt einen tieferen Sinn, seit archäologische Forschungen ergeben haben, dass die Gebeine des Apostelfürsten tatsächlich unter dem Altar des Petersdoms ruhen.

Ein Zufall trug dazu bei, dass die Streitfrage über die Lage des Petrusgrabes nach Auffassung der Kirche geklärt werden konnte. Als Arbeiter der Dombauhütte St. Peter nach dem Tod von Papst Pius XI. (1922–1939) im Jahre 1939 einen geeigneten Platz für dessen Grab schaffen wollten, stießen sie mit ihren Hacken in archäologisches Gebiet. Papst Pius XII. ordnete ausführliche Grabungen an, und die Archäologen fanden zunächst einen heidnischen Großfriedhof mit einer Reihe römischer Mausoleen aus dem zweiten und dritten Jahrhundert. Außerdem entdeckten sie die architektonischen Bedingungen für den im Jahre 325 begonnenen Bau der von Kaiser Konstantin in Auftrag gegebenen Petersbasilika. Dass der kluge Kaiser die erste Petersbasilika an einem so ungeeigneten Platz wie am Steilhang des vatikanischen Hügels bauen ließ, lässt darauf schließen, dass er überzeugt war, dort lägen die Gebeine des Apostelfürsten, meint Historiker Albert Wucher in seinem Buch »Von Petrus zu Paulus«.

Elf Jahre – von 1939 bis 1950 – dauerten die Arbeiten unter dem Petersdom. Das Problem der Auffindung des Petersgrabes war Papst Pius XII. (1939–1958) schon am Herzen gelegen, als er noch gar nicht Papst, sondern Kardinalstaatssekretär seines Vorgängers Papst

Pius' XI. war. Eugenio Pacelli wollte dem heutigen wissenschaftlich geprägten Menschen eine gültige Antwort auf die Frage nach der Existenz des Petrusgrabes geben. In den ersten Monaten waren die archäologischen Forschungen auch von Erfolg geprägt. Man stellte fest, dass der Boden der von Kaiser Konstantin erbauten Basilika etwa drei Meter unter dem Niveau der heutigen Peterskirche liegt. Für die Fundamente mussten talwärts bis zu neun Meter aufgeschüttet und bergwärts zwei Meter abgetragen werden. Die Statik war delikat: Beim kleinsten Rechenfehler hätte die Struktur der Basilika leiden können.
Während draußen der Zweite Weltkrieg tobte, gingen die Ausgrabungen zunächst erfolglos voran. Angesichts der hohen Kosten fragten die Archäologen Pius XII. schließlich, ob sie ihre Arbeit nicht lieber abbrechen sollten. Als zusätzliches Argument für ein Ende der Arbeiten brachten sie vor, auf diese Weise müsse man nicht vor der Welt gestehen, dass das Petersgrab unter dem Petersdom gar nicht existiere. Pius XII. aber ordnete an: »Grabt weiter!« Er fügte hinzu, ein Christ brauche sich vor der Wahrheit nicht zu fürchten.
Schließlich kam die Wissenschaft dem Glauben zu Hilfe: Das Petrusgrab wurde gefunden. Damit war die bange Frage geklärt, ob Petrus überhaupt in Rom gewesen sei. Denn wie hätte er sonst Bischof von Rom sein können?

3. Wie wird man Papst?

Wie wird man heute eigentlich Papst? Durch Zufall, Kalkül oder die Macht des Schicksals? Dass ein Papst vorher Priester, Bischof, gar Kardinal sein muss, ist im Kirchenrecht nirgendwo explizit gefordert; tatsächlich aber ist es heute die Voraussetzung für eine Kandidatur zum Nachfolger Petri. Denn nur Kardinäle dürfen den Papst in einem Konklave wählen. Und sie wählen – wenn nicht ein kleines Wunder geschieht – einen aus ihrer Mitte. Im Prinzip kann also jeder der Teilnehmer an einem Konklave auch selbst Papst werden.

Vorgeschrieben ist weiterhin die Altersgrenze für das Konklave: Die zur Papstwahl berechtigten Kardinäle dürfen das 80. Lebensjahr nicht überschritten haben. Aber dann sind der Vorsehung keine Grenzen mehr gesetzt. Wenn in der Vergangenheit die einzelnen Blöcke, die sich nicht einigen konnten, schließlich doch zur Auflösung kamen und die Kardinäle zu einer Entscheidung gelangten – war dabei der Heilige Geist im Spiel?

Der Heilige Geist hat es gewusst …

Über die kirchliche Lehre, dass es der Heilige Geist ist, der die Kardinäle zur richtigen Papstwahl inspiriert, sind viele Anekdoten entstanden, denn bei einer Papstwahl geht es letzten Endes doch immer sehr menschlich zu.

Eine schöne Anekdote über das für Menschen manchmal nicht nachvollziehbare Eingreifen des Heiligen Geistes beim Konklave wird gerne von den der Verfasserin bekannten Mitgliedern der Grafen-Familie Borromeo, den Verwandten des heiligen Karl Borromäus, er-

zählt: So begab es sich im Konklave von 1572 nach dem Tod von Papst Pius V. (1566–1572), dass Karl Borromäus, der damalige Erzbischof von Mailand, den anderen Kardinälen im Konklave riet, Kardinal Ugo Boncompagni zum Papst zu wählen. Die Kardinäle hatten ein offenes Ohr für den Rat des hoch angesehenen Erzbischofs und Neffen von Papst Pius IV. (1560–1565). Das Konklave wurde eines der kürzesten in der Geschichte: Es dauerte weniger als 24 Stunden und endete mit einstimmiger Wahl. Ugo Boncompagni nahm den Namen Gregor XIII. an und regierte hoch angesehen bis 1585. Als jedoch einige Zeit nach dem Konklave herausgekommen war, dass der Kandidat des heiligen Borromäus einen natürlichen Sohn hatte, wurde der Erzbischof von Mailand von den anderen Kardinälen vorwurfsvoll gefragt, ob er dies denn nicht gewusst habe, als er ihn zum Papst vorschlug. Darauf soll der heilige Karl Borromäus geantwortet haben: »Ich nicht, aber der Heilige Geist hat es gewusst – und es hat ihm nichts ausgemacht.«
Die Familie des heiligen Karl Borromäus betrachtet diese Geschichte heute als eine Art Lehre dafür, dass der Heilige Geist bei einem Konklave jenseits der menschlichen Vorurteile wirkt. Tatsächlich war Ugo Boncompagni, der zur Zeit seiner Papstwahl der römischen Kurie angehörte, erst spät Priester geworden. Während er von 1531 bis 1539 als Dozent an der Universität Bologna Rechtswissenschaften lehrte, hatte er beschlossen, einen Sohn zu zeugen, um diesem seine beträchtlichen Familiengüter zu hinterlassen. Er fand eine Frau, die dazu bereit war und mit der er einen Vertrag abschloss, in dem er den Sohn als den seinen anerkannte und als Erben einsetzte. Papst war Gregor XIII. geworden, weil er als frommer und korrekter Mann bekannt war. Sein Name ist mit der Reform des julianischen Kalenders verbunden, der zum gregorianischen Kalender wurde und noch heute mit Ausnahme der muslimischen Länder überall in Kraft ist.

3.1 Sedisvakanz: die Zeit ohne Papst

Wenn der Name des nächsten Oberhaupts der katholischen Kirche bekannt gegeben wird, dann wird es so sein wie die anderen Male auch: Die Menschen auf dem Peterplatz werden einander ratlos ansehen und sagen: »Chi è, chi è?« (»Wer ist es, wer ist es?«) Und wenn der neue Papst auf der Benediktionsloggia erscheint, dann werden sie mit den anderen jubeln, ganz gleich, ob sie seinen Namen verstanden haben oder nicht. »Habemus Papam!« Es gibt einen neuen Papst.

»Sede vacante« – die traurige Zeit ohne Papst – ist damit vorbei. Die uralte lateinische Formel, zu Deutsch »Der Stuhl steht leer«, gibt an, dass der Thron des Apostelfürsten Petrus verwaist ist. Neun Tage wird ein Papst betrauert. Der Tod des Statthalters Gottes auf Erden wird vom Kämmerer der Kirche, dem »Camerlengo«, festgestellt. Er tut dies im Beisein des Päpstlichen Zeremonienmeisters, der Prälaten sowie des Sekretärs und Kanzlers der Apostolischen Kammer, der die amtliche Todesurkunde auszustellen hat. Nachdem er den Tod festgestellt hat, zieht der Kämmerer dem verstorbenen Papst den Fischerring, Symbol der päpstlichen Macht, vom Finger. Der Ring wird bei einer der ersten Zusammenkünfte der Kardinäle nach dem Tod des Papstes gemeinsam mit dem Bleisiegel des Pontifikats vor den Augen der versammelten Kardinäle zerbrochen.

Der Camerlengo übernimmt während der Zeit ohne Papst als Vorsitzender der »Sonderkongregationen« mit Hilfe von drei Kardinalassistenten die zwischenzeitliche ordentliche Verwaltung der Kirche. Allerdings besitzt er keine Jurisdiktionsgewalt. Der Kardinalkämmerer der Kirche ergreift Besitz von den päpstlichen Palästen und trägt Sorge dafür, dass das Arbeitszimmer und die Privatgemächer des verstorbenen Papstes versiegelt werden. Er kann verfügen, dass das Personal, das sich gewöhnlich in der Privatwohnung des Papstes aufhält, bis nach der Bestattung des Papstes dort bleiben kann, und erst dann die gesamte Wohnung versiegeln lassen.

Der Kämmerer teilt den Tod des Papstes dem Kardinalvikar von Rom mit. Dessen Aufgabe ist es dann, die Bevölkerung durch einen eigenen Erlass vom Tod des Papstes zu unterrichten. Der Camerlengo trägt währenddessen Sorge für die würdige Bestattung des Papstes und eine korrekte Wahl des neuen Papstes.

Antiquiertes Zeremoniell ist abgeschafft

Noch bei Papst Johannes Paul I. – mit bürgerlichem Namen Albino Luciani – hatte ein Zeremoniell zur Bestätigung des Todes des Papstes stattgefunden, das Johannes Paul II. dann als veraltet abschaffte. »Albine, dormisne?« – »Albino, schläfst du?«, so lautete die Formel, die über Jahrhunderte hinweg dazu diente, den Tod eines Papstes festzustellen. Auch das elfenbeinerne Hämmerchen, mit dem der Kämmerer der Kirche dreimal auf die Stirn des Verstorbenen klopfte und ihn dabei mit seinem Taufnamen ansprach, ist als Ritus aus dem Verkehr gezogen worden.

Früher wurden als Zeichen der Sedisvakanz zwei Medaillen geprägt. Jene für den Kämmerer zeigte einen großen Schirm unter gekreuzten Schlüsseln. Doch unter dem Schirm war niemand. So konnte auch der Ungebildetste verstehen, dass alles, was geschah, nur provisorisch war bis zur Wahl des nächsten Papstes. Die zweite Münze war für den Konklavemarschall bestimmt, der die Kardinäle versammeln musste, sie in die Zellen des Konklaves einschloss und dort festhielt, bis der neue Papst gewählt war.

Während der Vakanz des Apostolischen Stuhles ist die Leitung der Kirche dem Kardinalskollegium anvertraut, aber nur zur Erledigung der administrativen Angelegenheiten oder für Fragen, die keinen Aufschub dulden. Die Hauptaufgabe ist die Vorbereitung all dessen, was zur Wahl des neuen Papstes nötig ist. Dabei müssen die von Johannes Paul II. in der Apostolischen Konstitution »Universi Dominici Gregis« (»Hirte der gesamten Herde des Herrn«) über die Vakanz des Apostolischen Stuhls und die Wahl des Papstes von Rom vom 22. Februar 1996 strikt befolgt werden.

In dieser Konstitution wird auch bestimmt, dass während der Vakanz des Apostolischen Stuhls die von den Päpsten erlassenen Gesetze in keiner Weise korrigiert und abgeändert werden dürfen. Es darf nichts hinzugefügt oder gestrichen werden, noch darf von ihnen teilweise dispensiert werden.

Das Kardinalskollegium besitzt keinerlei Vollmachten oder Jurisdiktion bezüglich der Fragen, die dem Papst zustehen. Alle dem Oberhaupt der Kirche während der Ausübung seines Amtes zukommenden Fragen müssen ausschließlich dem künftigen Papst vorbehalten bleiben. Sollten Zweifel über die Ausführung der in der Konstitution enthaltenen Vorschriften zur Papstwahl auftauchen, so kann das Kardinalskollegium strittige Punkte interpretieren, wenn die Mehrheit der Kardinäle zur gleichen Auffassung gelangt.

Während der Sedisvakanz gibt es zwei Arten von Kongregationen der Kardinäle: eine Generalkongregation, also eine Versammlung des gesamten Kollegiums zum Beginn der Wahl, und eine Sonderkongregation, welche die ordentlichen Angelegenheiten der Kirche behandelt. An den Generalkongregationen müssen alle Kardinäle teilnehmen, die nicht aus gutem Grund verhindert sind. Den nicht wahlberechtigten, über 80-jährigen Kardinälen ist eine Teilnahme an den Generalkongregationen freigestellt.

Die Sonderkongregation besteht aus dem Kardinal-Camerlengo der Heiligen Römischen Kirche und aus drei Kardinälen, je einem aus jeder Ordnung, die durch Los aus den bereits in Rom eingetroffenen Kardinälen bestimmt werden. Das Amt dieser drei Kardinäle, die als Assistenten bezeichnet werden, erlischt nach dem dritten Tag. An ihre Stelle treten andere Kardinäle mit gleicher Amtsdauer, auch nach Beginn der Papstwahl. Während der Sedisvakanz tragen die Kardinäle in den General- und Sonderkongregationen den üblichen schwarzen, rot paspelierten Talar und die rote Schärpe, dazu das Käppchen, das Brustkreuz und den Ring.

Die Generalkongregationen der Kardinäle finden im Aposto-

lischen Palast im Vatikan statt. Den Vorsitz führt der Dekan des Kollegiums oder, in dessen Abwesenheit oder bei rechtmäßiger Verhinderung, der Subdekan. In den Kardinalskongregationen dürfen die Abstimmungen bei wichtigeren Angelegenheiten nicht mündlich, sondern nur in geheimer Form erfolgen.
Die Generalkongregationen, die vor Beginn der Wahl abgehalten werden, heißen »vorbereitende Kongregationen« und müssen täglich abgehalten werden – auch an den Tagen, an denen die Trauerfeierlichkeiten für den verstorbenen Papst stattfinden. Der Kardinal-Camerlengo muss dabei die Auffassung des Kollegiums erkunden und diesem mitteilen, was er für notwendig und angemessen erachtet.
Bei den ersten Generalkongregationen müssen alle anwesenden Kardinäle den Eid ablegen, die in der Konstitution enthaltenen Vorschriften zu beachten und das Amtsgeheimnis zu wahren. Dieser Eid, der auch von den später hinzukommenden Kardinälen geleistet werden muss, hat folgende Formel: »*Wir Kardinalbischöfe, Kardinalpriester und Kardinaldiakone der Heiligen Römischen Kirche versprechen, verpflichten uns und schwören, dass wir alle zusammen und jeder Einzelne von uns genau und gewissenhaft alle Normen beachten werden, die in der Apostolischen Konstitution »Universi Dominici Gregis« Papst Johannes Pauls II. enthalten sind, und alles streng geheim halten werden, was sich in irgendeiner Weise auf die Wahl des Papstes bezieht oder was von Natur aus während der Vakanz des Apostolischen Stuhls Geheimhaltung erfordert.*« Jeder einzelne Kardinal spricht hierauf die Worte: »*Und ich, Kardinal …, verspreche es, verpflichte mich darauf und schwöre es.*« Während er die Hand auf das Evangelium legt, fügt er hinzu: »*So wahr mir Gott helfe und die heiligen Evangelien, die ich mit meiner Hand berühre.*«
In einer der unmittelbar folgenden Kongregationen müssen die Kardinäle den Tag, die Stunde und die Art und Weise bestimmen, wie der Leichnam des verstorbenen Papstes in die Vati-

kanische Basilika zu überführen ist, um dort zur Verehrung der Gläubigen aufgebahrt zu werden. Die Bestattung sollte zwischen dem vierten und dem sechsten Tag nach dem Tod des Papstes stattfinden.

Genaue Regeln hat Johannes Paul II. in seiner Konstitution auch für die Beisetzungsfeierlichkeiten hinterlassen. Selbst der Fall, dass der Papst auf Reisen außerhalb Roms sterben sollte, wurde bedacht. Sollte dies geschehen, dann müssen die Mitglieder des Kardinalskollegiums die notwendigen Anordnungen für eine würdige und ehrenvolle Überführung des Leichnams in die Petersbasilika treffen.

Wenn Johannes Paul II. ein strenges Verbot erlassen hat, den verstorbenen Papst zu fotografieren, so hat dies auch einen Grund in einem unliebsamen Vorfall beim Tod von Papst Pius XII. Im Jahre 1958 beim Tod Pacellis hatte dessen Leibarzt Riccardo Galeazzi fotografiert. Die Fotos, die schreckliche Einzelheiten des Todeskampfes des Papstes unmittelbar nach seinem Tod zeigten, hatte der päpstliche Leibarzt gegen viel Geld an eine bekannte Illustrierte verkauft. Dass er sich danach niemals mehr am Vatikan blicken lassen konnte und er und seine Familie in Rom geschnitten wurden, liegt auf der Hand.

Wörtlich heißt es in der Konstitution: »*Niemandem ist es erlaubt, mit irgendeinem Hilfsmittel den Papst auf dem Krankenbett oder nach seinem Ableben zu fotografieren noch mit irgendeinem Instrument seine Worte für eine spätere Wiedergabe aufzunehmen. Wenn jemand nach dem Tode des Papstes zu Dokumentationszwecken Fotografien zu machen wünscht, muss er darum beim Kardinal-Camerlengo der Heiligen Römischen Kirche nachsuchen, der die Aufnahmen des Papstes nur dann zulassen wird, wenn dieser mit den Pontifikalgewändern bekleidet ist. Sollte der Papst ein Testament hinterlassen haben, hat der von ihm selbst noch ernannte Testamentsvollstrecker einzig und allein dem neuen Papst Rechenschaft über die Durchführung seiner Aufgabe abzulegen.*«

3.2 Die Einberufung eines Konklaves

Was ist ein Konklave?

Als Konklave bezeichnet man sowohl den Versammlungsraum der Kardinäle bei einer Papstwahl als auch die Versammlung selbst. Der Brauch des Konklaves wurde 1274 von Papst Gregor X. mit der Absicht eingeführt, die Papstwahlen zu beschleunigen. Bis zur Zeit Papst Pius' XII. wurde an der mittelalterlichen Methode, ein Konklave abzuhalten, nichts oder nur wenig geändert. Johannes XXIII. baute die von seinem Vorgänger vorgenommenen Änderungen weiter aus. Auch Paul VI. nahm einschneidende Änderungen für ein Konklave vor, vor allem indem er das Alter der Papstwähler auf 80 Jahre begrenzte.

Zum Konklave treten die Kardinäle am 16., spätestens am 19. Tag nach dem Tod des Papstes in der Sixtinischen Kapelle zusammen, um den neuen Papst zu wählen. Wahlberechtigt sind alle im Konsistorium kreierten Kardinäle, die das 80. Lebensjahr noch nicht erreicht haben. Jeder Kardinal hat Recht auf Begleitung durch einen Konklavisten. Auf Wunsch kann er einen zweiten und bei Krankheit einen dritten erbitten. Außerdem werden weitere Kleriker und Laien, darunter auch Ärzte, gemeinsam bestellt.

Die äußere Konklavewache steht unter der Verantwortung des Gouverneurs der Vatikanstadt und des Konklavemarschalls. Der Gouverneur kann auch selbst als Konklavemarschall fungieren. Der Eintritt ins Konklave für später eintreffende Kardinäle ist gestattet. Der Austritt mit Recht auf Rückkehr ist nur kranken Kardinälen möglich. Sämtliche Kardinäle und Konklavisten legen einen Eid auf strengstes Stillschweigen ab. Installation von Telefon, Radio, Fernsehen und anderen Geräten, die den Verkehr zur Außenwelt gestatten, auch Tonaufnahmen und die Benutzung von Fotoapparaten sind verboten.

Wahl mit amtlichen Stimmzetteln

Wählbar ist ein getaufter, männlicher, rechtgläubiger Katholik. Ausgenommen sind Unmündige und Geisteskranke. Täglich finden vormittags und nachmittags Wahlversammlungen mit höchstens zwei Wahlgängen mit amtlichen Stimmzetteln statt. Die Wahl ist absolut geheim. Eine Nachprüfung des Stimmzettels ist heute ausgeschlossen.

Über die Wahl muss der Kämmerer ein amtliches Protokoll anfertigen. Der Gewählte kann Bedenkzeit erbitten, doch kann ihm das Wahlkollegium eine Frist setzen. Mit der Annahme der Wahl ist der Empfang der vollen päpstlichen Jurisdiktionsgewalt verbunden. Der Papst nimmt in der Regel einen neuen Namen an. Die erste Gratulation erfolgt noch im Konklave. Der Kardinal-Protodiakon verkündet dem Volk das Wahlergebnis. Dann erteilt der Papst »urbi et orbi«, der Stadt Rom und dem gesamten Erdkreis, den ersten päpstlichen Segen.

Unterbringung erstmals im vatikanischen »Vier-Sterne-Hotel« Santa Marta

»Extra omnes« (»Alle raus«) lautet die Formel, die zu Beginn eines Konklaves alle nicht direkt Beteiligten zum Verlassen der für ein Konklave geschlossenen Räumlichkeiten zwingt. Und dasselbe sagen die freundlichen Schwestern von der Kongregation der Nächstenliebe ihren Gästen, die im Augenblick des Ablebens des Papstes das von ihnen geleitete komfortable Gästehaus »Domus Sanctae Marthae« bewohnen. Sie müssen schleunigst ausziehen, damit alles für die Ankunft der Papstwähler hergerichtet werden kann.

Auf Wunsch von Papst Johannes Paul II. wurde das hinter der Vatikanischen Audienzhalle Pauls VI. gelegene Gästehaus völlig neu hergerichtet und trotz der Proteste von grünen Politikern im Jahre 1990 aufgestockt. Mit seinen eleganten 108 Suiten und 23 Einzelzimmern könnte das Haus der heiligen Martha als Hotel mit Vier-

Sterne-Komfort durchgehen. Erstmals seit vielen Jahrhunderten werden die Papstwähler beim nächsten Konklave also nicht in eigens eingerichteten Zellen in den geschlossenen Räumlichkeiten um den Wahlort herum – die Sixtinische Kapelle in den vatikanischen Museen – wohnen, sondern außerhalb des Vatikanischen Palastes. Die saunaähnlichen Zustände während des Konklaves im August 1978, bei dem der 33-Tage-Papst Johannes Paul I. gewählt wurde, hatten diese einschneidende Änderung notwendig gemacht.
Und wie steht es im Zeitalter der neuen Technologien um die Geheimhaltung, wenn die Papstwähler erstmals im Gästehaus der heiligen Martha wohnen?, fragten sich die Journalisten aus aller Welt. Die Nutzung von Fernsehern, Rundfunkgeräten und Mobiltelefonen ist während des Konklaves strikt verboten. Um zu verhindern, dass die Kardinäle bei ihrer Heimkehr ins Gästehaus aus dem Apostolischen Palast von Journalisten abgefangen werden, die als Handwerker verkleidetet sind oder unter anderen falschen Vorgaben auftreten, wird voraussichtlich ein kleiner Zubringerbus (Navette) zwischen dem Eingang zur Sixtinischen Kapelle beim Damasus-Hof und dem Gästehaus pendeln.
Schnell dementiert wurde nach der Veröffentlichung der neuen Konklaveordnung ein Gerücht, dass ein unterirdischer Gang vom Gästehaus St. Martha in den Apostolischen Palast gebaut werden solle, um jeglichen Kontakt der Papstwähler mit der Außenwelt auszuschließen. Ob die Kardinäle beim Eintreten in das Konklave vielleicht wie am Flughafen nach heimlich mitgenommenen technischen Geräten durchsucht würden, wollten die Journalisten wissen. Nein, lautete die Antwort. Es sei undenkbar, dass die Kirchenfürsten »elektronisch gefilzt« würden, man setze ganz einfach großes Vertrauen in die Papstwähler, hieß es in Kardinalskreisen.
Gut von Neugierigen abgeschirmt wird das Gästehaus der heiligen Martha 120 bis 130 Kardinälen unter 80 Jahren bei ei-

nem Konklave eine bequeme Heimstatt bieten. Weißer Marmor, ein Restaurant, mit Teppichboden ausgestattete Gänge und viele kleine, für wichtige Gespräche gedachte Säle erwarten die Gäste. Dass Bad und Minibar im Zimmer nicht fehlen, versteht sich von selbst.

Gesundheitsdienst während des Konklaves

Die Vatikanische Apotheke versieht bei einem Konklave den Gesundheitsdienst. Sie wird traditionell seit ihrer Gründung im Jahre 1874 durch Papst Pius IX. (1846–1878) von Angehörigen des Ordens der Barmherzigen Brüder vom heiligen Johannes von Gott geführt. Die erste kleine Apotheke wurde von zwei in der Krankenpflege ausgebildeten Brüdern eingerichtet, um die Versorgung des Papstes und der Kardinäle zu garantieren.
Heute ist die Vatikanische Apotheke mit ihren rund dreißig Angestellten, die meisten von ihnen sind Ordensleute, die größte Apotheke in Rom und eine der wenigen, in der auch fast alle ausländischen Arzneimittel erhältlich sind.
Der Leiter der Vatikan-Apotheke, Bruder Fabiano Heynes, erinnerte sich im Gespräch mit der Verfasserin, dass auch ein Bruder Papst Pauls VI. als Arzt im Medizinischen Betreuungsdienst des Vatikans tätig war. Und welche Erinnerungen hat Heynes an die Krankenversorgung bei Konklaven? In seiner Eigenschaft als Pharmazeut nahm Bruder Narzissus Durchschein an dem Konklave teil, das Benedikt XV. (1914–1922) zum Papst wählte, berichtete der Leiter der Apotheke.
Pharmazeuten und Krankenpfleger aus seinem Orden hätten auch an den darauf folgenden Konklaven teilgenommen. Bei diesen Anlässen würden alle nur erdenklichen Notfälle in Betracht gezogen, sodass jedes Mal eine riesige Menge an Medikamenten und medizinischem Material ins Konklave mitgenommen würde. Heynes: »Nach dem Tod von Papst Pius XII. nahmen Bruder Faustino Giulini als Krankenpfleger und ich als Apotheker an dem Konklave teil,

aus dem Johannes XXIII. als Papst hervorging.« Sicher denkwürdig sei gewesen, dass auch eine Frau bei diesem Konklave dabei gewesen sei: Bruder Faustino Giulini hatte nämlich seine leibliche Schwester, Schwester Faustina aus dem Orden der Töchter der Barmherzigkeit, als Köchin mit ins Konklave genommen.

Welche Medikamente von den Konklave-Teilnehmern am meisten angefordert wurden? Darüber will Heynes keine Auskunft geben. Aber er weiß noch, was die über 2000 Bischöfe, die am Zweiten Vatikanischen Konzil teilgenommen haben, am dringendsten verlangten: Vitamin-C-Tabletten und Hustensäfte. Bruder Heynes: »Jeden Vormittag kamen im Durchschnitt zwanzig Bischöfe in die Vatikan-Apotheke. Zu diesem Zweck hatten die Brüder ein Dolmetscher-Team gebildet. Häufig kam es vor, dass ein Bischof, der ein wenig Italienisch sprach, diese Artikel verlangte und ein vielsprachiger Chor hinter ihm nachsagte: ›Dasselbe für mich!‹ Wir machten ein Bombengeschäft mit diesen Artikeln während des Konzils«, so der Leiter der Vatikanischen Apotheke.

Eine interessante Anekdote fällt Heynes noch zu Bruder Faustino Giulini ein, der zwar kein ausgebildeter Apotheker war, aber über ein halbes Jahrhundert hinweg zum »festen Inventar« der Vatikan-Apotheke gehörte. Bruder Giulini kannte alle Päpste von Pius X. bis Johannes XXIII. Einige von ihnen pflegte er persönlich, wenn sie krank waren, so auch den später heilig gesprochenen Pius X. im Endstadium seiner Krankheit. Er hatte auch die ehrenvolle Aufgabe, ihn nach seinem Tod für die Bestattung herzurichten.

Als Anfang der Sechzigerjahre das Verfahren zur Heiligsprechung Pius' X. eingeleitet wurde, bat man Bruder Giulini, die sterblichen Überreste des Papstes zu identifizieren. Nach seiner Rückkehr in die Apotheke erzählte er den Mitbrüdern, dass der Körper von Pius X. genauso frisch geblieben sei wie damals, als er ihn für die Bestattung hergerichtet habe. Pius X., mit bürgerlichem Namen Giuseppe Sarto (1903–1914), war am 20. August 1914 gestorben und wurde am 3. Juni 1951 selig und am 29. Oktober 1954 heilig gesprochen.

3.3 Die Geschichte der Konklaven seit Perugia und Viterbo

Als die Kardinäle erstmals in einem päpstlichen Palast zu einer Papstwahl eingeschlossen wurden, geschah dies aus Sicherheitsgründen. Der Ort war die mittelitalienische Stadt Perugia, wo die römische Kurie im Jahre 1216 residierte. Motiv für das Wegsperren der 19 hohen Würdenträger, die sich zu einem Konklave zusammengefunden hatten, war die Schändung des Leichnams von Papst Innozenz III. (1198–1216) durch das Volk gewesen. Auch unter den Papstwählern und den Verantwortlichen für deren Sicherheit hatte sich damals Angst breit gemacht.
Papst Honorius III. (1216–1227), der aus der Wahl in Perugia als Papst hervorgegangen war, legte als eine der ersten Amtshandlungen strenge Strafen für alle fest, die sich am Gut von Kardinälen vergreifen und gegen die Würde der Kirchenfürsten verstoßen würden. Damit versuchte er, den zu jener Zeit üblichen Plünderungen von Kardinalspalästen, sobald deren Besitzer zum Papst gewählt war, und den Plünderungen von Papstpalästen nach dem Tod des Papstes ein Ende zu setzen.
Die ersten Schlüsselelemente eines Konklaves – Klausur und Bewachung – waren zuvor schon bei der Wahl von Papst Innozenz III. zum Papst am 8. Januar 1198 aufgetaucht. Lothar Graf von Segni, der den Namen Innozenz III. angenommen hatte, war damals im Alter von nur 38 Jahren einstimmig zum Papst gewählt worden. Das Konklave hatte in einer Ruine aus der Zeit des Septimius Severus stattgefunden, die zu einem angrenzenden Kloster gehörte. Erstmals wurden dort auch Stimmzettel verwendet. Das unrühmliche Ende Papst Innozenz' III. wurde in vielen Jahrhunderten nicht vergessen. Im Jahre 1890 ließ Papst Leo XIII. (1878–1903), der Innozenz III. sehr verehrte, dessen sterbliche Überreste aus der Kathedrale San Lorenzo in Perugia nach Rom überführen und in der Lateranbasilika beisetzen.
Die Einwohner von Viterbo, einer etwa 90 Kilometer nordöstlich

von Rom gelegenen Stadt, beanspruchen für sich, das Konklave erfunden und als Erste Kardinäle bei einer Papstwahl »cum clave« (lateinisch: mit dem Schlüssel) eingesperrt zu haben. Schauplatz war der im Jahre 1266 auf Initiative des Volkskapitäns Raniero Gatti errichtete päpstliche Palast von Viterbo. Dort wurden folgende Päpste gewählt: Gregor X. (1271), Johannes XXI. (1276), Nikolaus III. (1277) und Martin IV. (1281).

Noch heute sind im großen Versammlungssaal des Papstpalastes in Viterbo die Löcher im Boden zu sehen, wo die Stäbe für die Abtrennung der Zellen der Konklaveteilnehmer mit Hilfe von hölzernen Wänden eingepflockt waren.

Wegen des auch im Hochsommer angenehmen Wetters im hoch gelegenen Viterbo lebten insgesamt 38 Päpste dort entweder ganz oder vorübergehend. Zwei Päpste starben auch in Viterbo: Clemens IV. (1265–1268), der in der Kirche San Francesco begraben ist, und Johannes XXI. (1276–1277), dessen Grab in der Kathedrale zu finden ist.

Überraschende Wahl nach drei Jahren Konklave

Fast drei Jahre – von Dezember 1268 bis September 1271 – dauerte das längste Konklave in der Kirchengeschichte, das nach dem Tod von Papst Clemens IV. (1265–1268) nach Viterbo einberufen worden war. Nur 17 Kardinäle, elf Italiener, fünf Franzosen und ein Ungar, bildeten damals das Heilige Kollegium. Sie konnten sich vor allem aufgrund der Einmischungsversuche des Königs von Neapel und Sizilien, Karls von Anjou, nicht auf die notwendige Zweidrittelmehrheit für einen Nachfolger auf dem Stuhl Petri einigen. Bei diesem Konklave kündigte sich bereits der Konflikt zwischen Italienern und Franzosen an, der im 14. Jahrhundert dann mit dem Residieren der Päpste von Avignon aus zur »Babylonischen Gefangenschaft« der Kirche weit weg von Rom führen sollte.

Vielleicht auf Rat des später heilig gesprochenen Bonaventura hin griffen die Bürger Viterbos 18 Monate nach dem Tod des Papstes am 29. November 1268 zu einem radikalen Mittel, um eine Entscheidung zu erzwingen. Nicht nur, um die Kardinäle zur Eile anzutreiben, sondern auch, um sie von allen äußeren politischen Einflüssen wirkungsvoll zu schützen, sperrten sie die Papstwähler einfach ein. Als auch dies nichts nutzte und weitere lange Monate ohne Ergebnis verstrichen, ließen der Podesta (Bürgermeister) von Viterbo, Alberto di Montebuono, und das Oberhaupt der Wachmilizen des Konklaves, Raniero Gatti, das Dach abdecken, sodass das Kardinalskollegium nächtlicher Kälte und Regengüssen ebenso wie der Hitze des Tages schutzlos ausgesetzt war. Gleichzeitig wurden die Kardinäle auf karge Kost, schließlich sogar so lange auf Wasser und Brot gesetzt, bis sie sich auf einen Papst einigten. Der schließlich gewählte Visconti nahm die Wahl zum Papst an, um der allzu langen Sedisvakanz ein Ende zu bereiten.

Der neue Papst war dem in entgegengesetzte Parteien gespaltenen Kardinalskollegium zum Zeitpunkt seiner überraschenden Wahl völlig fremd gewesen. Kardinal Giovanni von Toledo kommentierte deshalb bitter: »Das Amt des Papstes erhielt ein Erzdiakon, den die Uneinigkeit seiner Brüder zum Vater der Väter machte.« Tedaldo Visconti musste zunächst zum Priester und dann zum Bischof geweiht werden, bevor er als Gregor X. das Amt des Papstes fast sieben Monate nach seiner Wahl am 27. März 1272 antreten konnte. Er war der erste Papst, der wieder längere Zeit in Rom verbrachte. Sein Ziel war es, die kaiserliche Macht wiederherzustellen, um ein Gegengewicht gegen die Herrschaft von Karl von Anjou zu bilden, der in der Zeit des langen Konklaves in Viterbo dank seines ihm von Clemens IV. verliehenen Amtes als Senator in Rom viele Anhänger um sich versammelt hatte.

Trotz massiven Drucks verweigerte Papst Gregor X. Karl von Anjou den Kaisertitel. Dagegen unterstützte er eine Wahl Rudolfs von Habsburg durch die Kurfürsten zum Kaiser. Damit begann der große Aufstieg der Habsburger. Als Gegenleistung für die Bereitschaft des Papstes, den Kaisertitel erblich zu machen, schwor der Kaiser dem Papst die Treue. Beim zweiten Konzil von Lyon ließ Papst Gregor X. Normen zum Verhalten des Klerus aufstellen und traf Vorkehrungen für einen neuen Kreuzzug, der aber niemals stattfinden sollte.

Die Konklaveordnung Gregors X.

In seiner berühmten Konstitution »Ubi periculum« (»Wo Gefahr besteht«), die der Papst zur Vermeidung eines weiteren so tumultreichen und langen Konklaves wie in Viterbo erließ, legte Gregor X. am 16. Juli 1274 das Konklave und seine Ordnung im heutigen Sinn des Wortes fest. Die Bestimmungen folgten dem Vorbild der Magistratswahlen in bestimmten Städten Italiens und gefielen den Kardinälen aufgrund ihrer Härte gar nicht.
So wurde in dem Dokument zum Beispiel verordnet, dass die Kardinäle auf ihre abwesenden Amtsbrüder nur zehn Tage warten sollten, wenn der Papst an demselben Ort die Augen schließen sollte, an dem sich die Kurie zum Zeitpunkt seines Todes befand. Nach Ablauf dieser Frist hätten die Kardinäle sich im Papstpalast jeweils in Begleitung nur eines Dieners, der ein Kleriker oder auch ein Laie sein konnte, zu versammeln. Alle gemeinsam sollten in dem Konklaveraum wohnen, der überall geschlossen sein musste. Keiner dürfe ein und aus gehen, und keiner dürfe mit den Kardinälen direkt oder über einen Boten verkehren, hieß es in der Verordnung, die auch Briefverkehr untersagte.
Wenn innerhalb von drei Tagen nach Konklavebeginn kein neuer Papst bestimmt worden sei, dann sollten sich die Kardinäle in den darauf folgenden fünf nächsten Tagen zum Mittag- und zum Abendessen mit nur einem Gericht begnügen. Wenn diese Tage wiederum ergebnislos verlaufen sollten, dann dürfe den Kardinälen nur noch Brot, Wein und Wasser aufgetischt werden, bis die Wahl erfolgt sei. Während der Wahl durften die Kardinäle der Konklaveordnung Papst Gregors X. zufolge weder Einkünfte aus

der päpstlichen Kammer noch Beträge der während der Sedisvakanz eingehenden päpstlichen Einkünfte annehmen. Die während des Konzils von Lyon veröffentlichten strengen Bestimmungen trugen Früchte: Das nächste Konklave in Assisi, der Stadt des heiligen Franz, im Januar 1276 dauerte nur einen Tag. Gewählt wurde damals der Dominikaner Innozenz V., der aber nur fünf Monate regierte. Seine Nachfolge trat der aus Genua stammende Hadrian V. an, der nach einem 38-tägigen Pontifikat starb. Während des Konklaves, bei dem Hadrian V. (Ottobono Fieschi) gewählt wurde, wurden die von Papst Gregor X. aufgestellten strengen Regeln nicht eingehalten: Die Italiener bekamen nur Wasser und Brot, während sich die Franzosen die feinsten Gerichte der französischen Küche zubereiten ließen. Das konnten sie nur tun, weil sich ihr König, Karl von Anjou, zur Zeit des Konklaves in Rom aufhielt und ihnen den Rücken stärkte.
Gegen die bestehenden Konklaveregeln wurde später noch viel häufiger und schwerwiegender verstoßen, unter anderem auch, als die Kardinäle auf Druck des französischen Königs, Philipps des Schönen, den Erzbischof von Bordeaux, Bertrand de Got, zum Papst wählten. Nach dem Tod Benedikts XI. am 7. Juli 1304 in Perugia dauerte das Konklave, das den ersten französischen Papst kürte, elf Monate.

Das »Exil von Avignon«

De Got, der sich Clemens V. (1305–1314) nannte, verlegte den Sitz des Papsttums und den Verwaltungsapparat der Kurie nach Avignon (1309–1378). Damit hatte die Unterwerfung des Papsttums unter französische Machtinteressen – die so genannte Babylonische Gefangenschaft der Kirche – begonnen. Die Zeit in Avignon wird als das »Exil von Avignon« bezeichnet. Clemens V. hatte während seiner Amtszeit unter anderem die Übergriffe seines Vorgängers Bonifatius' VIII. (1294–1303) ausgleichen müssen. Bonifatius VIII. (Benedetto Caetani) war der Nachfolger des am

24. Dezember 1294 in Neapel in spektakulärer Weise zurückgetretenen Einsiedler-Papstes Cölestin V. gewesen.
Nach seiner Rückkehr von Neapel nach Rom war das Pontifikat von Bonifatius VIII. vom Kampf gegen die mächtige römische Familie Colonna geprägt gewesen, der in der völligen Zerstörung der Stadt Palestrina seinen Höhepunkt gefunden hatte. Durch die Heiligsprechung Cölestins V. am 5. April 1313 in Avignon gelang es Papst Clemens V., die Ehre des verkannten Einsiedlers wiederherzustellen. Damit wurde zugleich dessen Gefangensetzung durch Bonifatius VIII. verurteilt.
Papst Clemens V. (Bertrand de Got) konnte auch den vom französischen König Philipp IV. gewünschten Prozess gegen Papst Bonifatius VIII. abblocken, sodass keine Verurteilung zustande kam. Bei Einleitung des Verfahrens war Papst Bonifatius der Häresie beschuldigt worden, und Philipp IV. hätte seinen Namen gerne aus der Liste der römischen Päpste ausradiert. Philipp der Schöne wiederum benutzte Papst Clemens V., um sich die unermesslichen Güter des im 12. Jahrhundert entstandenen und durch gezielte Handelsausübung reich gewordenen Templerordens zu Eigen zu machen. Der König hatte sich bei Clemens V. wiederholt für eine öffentliche Verurteilung des Ordens eingesetzt und rufschädigende Anklage auf Häresie und Unmoral gegen die Templer vorgebracht. Als der Papst seinen Vorschlag abgelehnt sah, den Orden einfach durch eine Fusion mit den Rittern des heiligen Johannes aufzulösen, übertrug er 1309 den Bischöfen die Aufgabe, das Verhalten und die Rechtgläubigkeit der Templer zu prüfen. Die Nachforschungen wurden meist mit Hilfe der Inquisition und oft mit brutalen Methoden durchgeführt.
Nach dem Tod Clemens' V. dauerte es zwei Jahre – von April 1314 bis Juli 1316 –, ehe das Kardinalskollegium sich in Lyon auf Johannes XXII. (1316–1334) einigte. Der Grund dafür waren erneut französische Machtkämpfe. Die folgenden fünf Konklaven in Avignon (1334, 1342, 1352, 1362 und 1370) dauerten nicht lange: manchmal nur einen Tag oder auch nur wenige Stunden.

Rückkehr des Papstes nach Rom

Der nächste Papst, der eine Konklaveordnung im landläufigen Sinne erließ, war Gregor XI. (1371–1378). Er hatte nach schneller und einmütiger Wahl den päpstlichen Thron bestiegen und war der siebte und letzte französische Papst in Avignon. Gregor XI. begriff nach Erhebungen der italienischen Bevölkerung gegen den Papst, dass die Päpste Italien und den Kirchenstaat verlieren würden, wenn sie noch länger in Avignon blieben. So brach er am 13. September 1376 aus Avignon auf und erreichte Rom am 17. Januar 1377.

Damit folgte er auch dem Drängen der später heilig gesprochenen Katharina von Siena, heute Schutzpatronin Italiens und Mit-Schutzpatronin Europas. Die unermüdliche Kämpferin für die Einheit der Kirche, die auch Frieden und Ausgleich zwischen den streitenden Machthabern ihrer Zeit zu erreichen suchte, war nach einer rastlosen Wanderzeit über Siena, Lucca, Florenz und Avignon erst zur Ruhe gekommen, als der Papst nach Rom zurückgekehrt war.

Gregor XI. residierte nicht wie seine Vorgänger im Lateranpalast, sondern zog in den Vatikan ein. Vor seinem Tod am 26. März 1378 gab der letzte französische Papst noch ein Dekret heraus, indem er die Gültigkeit der Papstwahl nur von einer einfachen Mehrheit abhängig machte. »Periculis et detrimentis« (»In Gefahren und Missständen«) hieß dieses Dekret, das auch bestimmte, das Konklave dort abzuhalten, wo die größtmögliche Anzahl an Kardinälen zusammenkommen konnte.

Päpste und Gegenpäpste: das Abendländische Schisma

Nach dem Tod Papst Gregors XI. folgte ein Konklave im Vatikan. Es war das erste in Rom seit mehr als 75 Jahren. Bei dem neuen Papst handelte es sich um den Erzbischof von Bari, Bartolomeo Prignano, der sich Papst Urban VI. nannte. Mit seiner Wahl be-

gann eine Zeit größter Spannungen, die im Großen Abendländischen Schisma mündete.
Nur fünf Monate nach der Wahl des Neapolitaners Urban VI. (1378–1389) bereuten die Kardinäle ihre Wahl und erhoben Robert von Genf (1378–1394) zum Gegenpapst, der sich Clemens VII. nannte. Ihm folgten drei weitere illegitime Gegenpäpste, die im Päpstlichen Jahrbuch zum Zeichen der Illegitimität in Klammern aufgeführt sind: Benedikt XIII. (1394–1423), Alexander V. (1409–1410) und Johannes XXIII. (1410–1415), ein Neapolitaner, der vom Konzil in Konstanz zum Rücktritt gezwungen wurde. Bei finsterer Nacht floh Johannes XXIII. nach seiner Absetzung aus Konstanz.
Vom gleichen Konzil wurde der in Avignon residierende Benedikt XIII. am 26. Juli 1417 abgesetzt, nachdem eine vorherige Absetzung beim Konzil in Pisa am 5. Juni 1409 erfolglos geblieben war. Die Kardinäle hatten zuvor selbst versucht, dem Schisma während des Konklaves von 1406 in Rom abzuhelfen.
Während in Avignon weiter Benedikt XIII. regierte, übernahm der Venezianer Angelo Correr (1406–1415) nach seiner Wahl zum Papst die Macht im Vatikan. Er nahm den Namen Gregor XII. an. Im Päpstlichen Jahrbuch der Kirche wird er als regulärer Papst aufgeführt. Erst am 4. Juli 1415 dankte Gregor XII., der einzige offizielle Papst dieser Zeit ab, obwohl er sich wie alle anderen Kardinäle im Konklave 1406 auch verpflichtet hatte, sich im Falle seiner Wahl mit dem Gegenpapst zu treffen und gemeinsam mit ihm abzudanken, um die Einheit der Kirche wiederherzustellen.
Doch der Konflikt unter den europäischen Mächten und den italienischen Staaten verzögerte das Ende des Schismas. Als die beiden Päpste einander in Savona trafen, war keiner zum Rücktritt bereit. Beide hatten letzten Endes Vorteile durch die Situation: Die Existenz Gregors XII. machte die Ansprüche des Gegenpapstes auf Rom gegenstandslos, und Benedikt XIII. blieb an seinem Platz, obwohl die französische Monarchie einem Konzil zugeneigt war, das Ordnung schaffen sollte.

In der Zwischenzeit versammelten sich 14 Kardinäle aus Rom und 10 aus Avignon zu einem Konzil in Pisa, das am 25. März 1409 begann. Am 5. Juni 1409 wurden Gregor XII. und Benedikt XIII. für abgesetzt erklärt. Die Kardinäle wählten am 26. Juni 1409 einen dritten Papst, Pietro Filargo, Kardinal von Candia, der den Namen Alexander V. (1409–1410) annahm. Ein halbes Jahr nach dessen Tod wurde Baldassare Cossa als Johannes XXIII. auf den Papstthron gehoben.

Erst das Konzil von Konstanz, das durch die Verurteilung des Tschechen Jan Hus als Häretiker Aufsehen erregte, schaffte Ordnung. Nachdem Papst Gregor XII. am 18. Oktober in Recanati verstorben war, wählten die Konzilsväter bei einem Konklave, das am 8. November 1417 in Konstanz am Bodensee begonnen hatte, Papst Martin V. (1417–1431) zum rechtmäßigen Papst. Dies war das Ende des großen Schismas im Westen.

Die Wahl Martins V. am 11. November 1417 war eine untypische Wahl, denn an ihr nahmen außer 23 Kardinälen auch je sechs Vertreter englischer, französischer, spanischer, italienischer und deutscher Nationalität teil. Schon nach drei Tagen war der Papst gewählt, und das Volk von Konstanz feierte gemeinsam mit allen Christen des Abendlandes seine Erhebung. Der Friede war wiederhergestellt.

Der Historiker Gregorovius kommentierte in seiner Geschichte der Stadt Rom im Mittelalter zum Thema Schisma: »Jedes weltliche Reich wäre unter einem solchen Schlag zugrunde gegangen, die Organisation des Reiches der Kirche aber war so wunderbar geordnet und die Idee des Pontifikats so unzerstörbar, dass dieses schwerste aller Schismen der Kirche nur deren Unteilbarkeit bewies.« Die ehemalige Kaufhalle, in der das Konklave im November 1414 stattfand, hat sich im Lauf der Jahrhunderte verändert. Heute sind dort die »Konzils-Gaststätten« zur Erinnerung an das historische Ereignis untergebracht.

Dem aus der einflussreichen römischen Adelsfamilie Colonna stammenden Oddo (Otto) alias Martin V. gelang es, dem Kirchenstaat durch kluge Politik und Diplomatie seinen bedeutenden Platz unter den italienischen Staaten wiederzugeben. Zum Papst gekrönt wurde der Colonna-Papst übrigens noch in Konstanz. Die Angebote, sich in Deutschland und Frankreich niederzulassen, schlug er aus, um nach langwierigen Verhandlungen mit den Mächtigen in Italien am 30. September 1420 im Triumphzug nach Rom zurückzukehren, wo er von einer jubelnden Bevölkerung empfangen wurde. Martin V. erklärte Rom zum alleinigen Papstsitz und begann unverzüglich mit der Restaurierung der wichtigsten religiösen Bauwerke und der antiken Monumente wie der Engelsburg und des Kolosseums. »Temporum suorum felicitas« (»Glück seiner Zeitgenossen«) steht auf seinem Grabmal in der Lateranbasilika in Rom.

3.4 Der Konklavemarschall

Die römischen Adelsfamilien, die das Privileg hatten, die Kardinäle bei einem Konklave in die abgeschlossenen Räumlichkeiten in und um die Sixtinische Kapelle einzusperren und erst nach erfolgter Papstwahl wieder herauszulassen, waren sehr stolz auf dieses Privileg. Im Palast der Prinzen Chigi in der südlich von Rom gelegenen Stadt Ariccia wird heute noch Schlossbesuchern einer der Schlüssel gezeigt, mit dem einer der Chigi-Vorfahren die Kardinäle während eines Konklaves eingesperrt hat.
Im Drei-Päpste-Jahr 1978 war der damalige Gouverneur des Vatikanstaates, Marchese Giulio Sacchetti, der »Mann mit den Schlüsseln«. Henriette Sacchetti, Tochter des letzten Konklavemarschalls, erinnert sich im Gespräch mit der Verfasserin: »Als Papst Johannes Paul II. gewählt wurde, war mein Vater gerade einen Augenblick gekommen, um seine mit Zehntausenden von anderen Gläubigen auf dem Petersplatz wartende Familie zu besuchen. Plötzlich rannte ein Vatikanangestellter wild gestikulierend auf meinen Vater zu. Dieser drehte sich sofort wortlos um und lief mit

großen Schritten weg. Da wussten wir früher als alle anderen: Der neue Papst ist gewählt. Und nur ganz kurze Zeit später sahen wir dann den weißen Rauch aufsteigen.«

Wer wissen will, wie prunkvoll die Päpste früher gekleidet waren, der braucht nur dem »Museo di Roma« nahe der Piazza Navona am Corso Vittorio Emanuele oder dem Lateranmuseum neben der Lateranbasilika, wo einst die Päpste residierten, einen Besuch abzustatten. Hier kann der Besucher mit Edelsteinen bestickte Handschuhe und Umhänge wie die früher vom Papst und von Kardinälen getragene »Cappa magna«, einen acht Meter langen Umhang mit Hermelinbesatz und Schleppe, bewundern. Zum Erscheinungsbild der Päpste und kirchlichen Würdenträger gehörten in früheren Zeiten auch die so genannten »flabelli« – riesige Pfauenwedel, mit denen den Päpsten bei sommerlicher Hitze frische Luft zugefächelt wurde.

Außerdem sind im Lateranmuseum die von Papst Johannes Paul II. endgültig abgeschafften Tragstühle der Päpste zu sehen. Sie hatten zu Zeiten, in denen der Papst bei der Generalaudienz auf dem Petersplatz noch nicht mit dem Jeep durch die Menge fuhr, den Vorteil, dass auch die in den hintersten Reihen stehenden Gläubigen ihn mit einem Fern- oder Opernglas sehen konnten. Auch zum Thema Konklave gibt es in der Abteilung der prachtvollen früheren Vatikan-Uniformen im Lateranmuseum ein interessantes Ausstellungsstück zu sehen: den »Konklavemarschall« in Lebensgröße hinter Glas, in scharlachroten Samt gekleidet und mit einem fein bestickten Schlüsselbeutel am Gürtel.

3.5 Die Wahlregeln

Vetorecht, Zweidrittelmehrheit und »Essensrad«

Pius IX., mit bürgerlichem Namen Giovanni Maria Mastai-Ferretti, wurde nur deshalb Papst, weil das Veto Österreichs gegen seine Wahl einen Tag zu spät eintraf. In kaum 48 Stunden Kon-

klave war Pius IX., als letzter Herrscher des Kirchenstaates auch der letzte »Papst-König«, am 16. Juni 1846 zum Nachfolger Petri bestimmt worden. Erst 55 Jahre später sollte das Vetorecht, die staatliche Einmischung in die Papstwahl, von einem seiner Nachfolger abgeschafft werden – und zwar von einem Papst, der umgekehrt nur aufgrund des wahrgenommenen Vetorechts überhaupt ins Amt gekommen war: Giuseppe Sarto, der als Pius X. von 1903 bis 1914 die Kirche regierte. Der frühere Patriarch von Venedig war im siebten Wahlgang am 4. August 1903 zum Papst gewählt worden, nachdem Kardinal Jan Puzyna, Fürstbischof von Krakau, im Namen von Kaiser Franz Joseph von Österreich beim dritten Wahlgang gegen den Gegenspieler Sartos, Kardinal Mariano Rampolla, sein Veto eingelegt hatte.
Puzyna war Träger einer Art »antifranzösischen Vetos« des Hofes von Wien. Beim Konklave nach dem Tod von Papst Leo XIII. (1878–1903) hatten zwei Gruppen von Kardinälen einander gegenübergestanden, von denen die stärkere vor allem aus Franzosen, Italienern und Spaniern bestand. Ihr Kandidat war der letzte Kardinalstaatssekretär von Leo XIII., Kardinal Rampolla. Die Gegenpartei bildeten die Deutschen, die Österreicher, die Niederländer und einige Italiener. Zwar protestierten der Dekan des Kardinalskollegiums und die meisten Kardinäle gegen die Einmischung des Kaisers, doch war die Wahl Rampollas nach dem Veto unmöglich geworden.
Bei dem Konklave, aus dem Giuseppe Sarto schließlich als Papst hervorging, hatte es eine Lebensmittelvergiftung gegeben, welche die ohnehin aufgeladene Atmosphäre noch zusätzlich angeheizt hatte. Ein Kupfertopf, der seit langem nicht mehr benutzt worden war, hatte die Suppe verdorben. Fast alle Kardinäle hatten mit Magenproblemen zu kämpfen. Nur Papstkandidat Kardinal Rampolla, dessen Essen von seinem persönlichen Koch zubereitet worden war, und der Erzbischof von Wien, der sich aus der Kantine der Schweizergarde deutsches Essen hatte kommen lassen, sowie der Primas von Ungarn, der sich von einer Küchenschwes-

ter ein besonderes Mahl hatte bereiten lassen, entgingen der Epidemie.
Der ungarische Primas hatte sich die Küchenschwester aus seiner Heimat mitgebracht. Sie musste ihm sein Essen über das »Rad« zukommen lassen. Alle Speisen, die über diese Drehvorrichtung in die Konklaveräume geschickt wurden, suchte der Konklavemarschall zuvor sorgfältig ab, damit auch ja nichts heimlich hinein- und nichts nach draußen gebracht werden konnte. Nach den gesundheitlichen Störungen der Konklaveteilnehmer wurde beschlossen, in Zukunft nur noch Töpfe aus Ton und Porzellan zu benutzen …
Papst Pius X. verurteilte das Veto von Vertretern der »Heiligen Allianz« in seinen Konstitutionen »Commissum nobis« et »Vacante Sede« von 1904 sogar unter Androhung der Exkommunikation. In letzterer Konstitution sind alle Vorschriften der Wahl niedergelegt. Die Klauseln der Geheimhaltung wurden verschärft. Die Abstimmung durch den doppelten Wahlgang – einen morgens und einen abends – wurde festgesetzt. Die Abschottung nach außen wurde verstärkt.
Erst in der Konstitution »Vacantis Apostolicae Sedis« vom 8. Dezember 1945 fanden sich ähnlich bedeutende Neuregelungen. Die notwendige Mehrheit wurde auf zwei Drittel der Stimmen plus eine erhöht, damit nicht mehr überprüft werden musste, ob der Kandidat sich selbst gewählt hatte. Die Geheimhaltungsregeln wurden von Papst Pius XII. noch durch ein Verbot telefonischer und telegrafischer Einrichtungen verschärft. Gleichzeitig wurde von Pius XII. verfügt, dass alle Stimmzettel nach der Wahl und alle Unterlagen des Konklaves verbrannt werden sollten.
Sein Nachfolger Papst Johannes XXIII. lockerte diese Bestimmungen am 5. September 1962 mit dem Erlass der Konstitution »Summi Pontificis electio« wieder. Laut diesem Text müssen nur noch die Stimmzettel dem Feuer überantwortet werden. Die Unterlagen über den Ausgang der einzelnen Abstimmungen können auch dem Kämmerer der Kirche übergeben werden, der sie dann an das Vatikanische Archiv weiterleitet.

Die Reform von Johannes XXIII. macht auch die qualifizierte Zweidrittelmehrheit wieder gültig. Nur wenn die Zahl der am Konklave teilnehmenden Kardinäle nicht durch drei teilbar ist, wird eine weitere Stimme hinzugegeben. Abgeschafft wurde in dieser Verordnung auch die Höchstgrenze der Wahlteilnehmer von siebzig Mitgliedern. Mit dieser Öffnung gab der Papst den Konzilsvätern nach Beginn des Konzils am 11. Oktober 1962 zumindest die Möglichkeit, über eine andere Art der Wahl als die bestehende wenigstens nachdenken zu können und zu diskutieren.
Während die römische Kurie aus Furcht vor Machtverlust an den bestehenden Regeln festhalten wollte, schlugen bekannte Theologen wie der Deutsche Karl Rahner und der Niederländer Edward Schillebeeckx vor, die Papstwahl durch eine Vertretung der Bischofskonferenzen auszuweiten beziehungsweise sie dem Kardinalskollegium zu entziehen und der Bischofssynode anzuvertrauen.
Die Wahl Papst Pauls VI. fiel in die Zeit dieser Diskussionen und war, obwohl Montini als der ideale Nachfolger für Johannes XXIII. galt und auch von diesem selbst als sein Nachfolger gewollt worden war, eine schwierige Prozedur.

Altersgrenze für Papstwähler

Papst Paul VI. griff überraschend in die bestehende Regelung zur Papstwahl ein und nahm den Kardinälen einen Teil ihrer Macht, indem er mit dem Motuproprio »Ingravescentem aetatem« vom 21. November 1970 allen Kardinälen, die das 80. Lebensjahr überschritten haben, die Teilnahme am Konklave untersagte. Vor allem der 86-jährige Dekan des Kardinalskollegiums, Kardinal Tisserant, und der Präfekt der römischen Glaubenskongregation, Kardinal Alfredo Ottaviani (80), wehrten sich heftig gegen diese Bestimmung.
1973 ging Paul VI. dann in seinen Reformen noch einen Schritt weiter, als er erwog, die Patriarchen der Ostkirchen und die rund

15 Mitglieder des Rates des Generalsekretariats der Bischofssynode in eine Papstwahl mit einzubeziehen. Doch es blieb bei der Erwägung dieser Möglichkeit, ohne dass vom Papst konkrete Bestimmungen in dieser Richtung erlassen worden wären. Im Gegenteil: Die Reformidee wurde in der Konstitution »Romano Pontifici eligendo« vom 1. Oktober 1975 fast ausdrücklich zurückgewiesen.
Die neue Wahlverordnung verbot sowohl dem Konzil wie der Bischofssynode ausdrücklich eine Teilnahme an der Papstwahl. In Artikel 34 heißt es dazu: »Stirbt der römische Papst während eines Generalkonzils oder einer Bischofssynode innerhalb Roms oder außerhalb Roms an irgendeinem anderen Ort der Welt, dann hat die Wahl des neuen Papstes einzig und allein durch die Wahlkardinäle zu erfolgen und nicht durch das Konzil oder die Bischofssynode. Die Anzahl der Wahlkardinäle, die das 80. Lebensjahr noch nicht vollendet haben, wird auf 120 begrenzt. Nur aus besonderen Gründen kann die Wahl an einem anderen Ort als dem Vatikan abgehalten werden.«
Die völlige Abgeschlossenheit der wählenden Kardinäle von der Außenwelt wird von Paul VI. bestätigt. In einem Zeitraum von zwei Wochen nach dem Tod des Papstes haben sich die Kardinäle in Rom einzufinden. Wenn noch einige Teilnehmer fehlen, kann der Beginn des Konklaves sogar um noch einige Tage verschoben werden, aber zwanzig Tage nach dem Papsttod ist das letztmögliche Datum für einen Einzug ins Konklave.
Normalerweise wird per Stimmabgabe gewählt. Zur Papstwahl erforderlich ist eine Zweidrittelmehrheit plus eine Stimme, da Paul VI. diese von Papst Pius XII. bestimmte Regel wieder in Kraft gesetzt hat. Eine weitere Neuerung der Regeln Pauls VI. betrifft die Möglichkeit, auf eine einfache Mehrheit zurückzukommen, wenn sich die Wahl nach dem Modus der Zweidrittelmehrheit als zu schwierig darstellte.
Ein möglicher Wahlmechanismus war bis vor kurzem die so genannte Akklamation, das heißt, die Kardinäle konnten den neuen

Papst durch den Heiligen Geist inspiriert einstimmig durch Zuruf ernennen. Eine solche Art der Wahl musste jedoch im Vorfeld von allen Teilnehmern einstimmig genehmigt worden sein.
Die zweite Art der Wahl war die Wahl durch eine Gruppe von Kardinälen, denen mit der Einstimmung aller die Wahlbefugnisse übertragen wurden. Diese Wahl wurde als Kompromisswahl bezeichnet. Es konnte auch zu einer Stichwahl zwischen den beiden Kandidaten kommen, die bei der letzten Abstimmung die meisten Stimmen auf sich vereinten.

Ein Lesetipp: Wer sich für den genauen Ablauf eines Konklaves sowie für alle damit zusammenhängenden Vetos und Vorschriften interessiert, kann die neue Konklaveordnung beim Vatikanischen Verlag, Libreria Editrice Vaticana, 00120 Città del Vaticano, Italien, bestellen: Johannes Paul II.: Die Apostolische Konstitution »Universi Dominici Gregis« über die Vakanz des Apostolischen Stuhls und die Wahl des Papstes von Rom; 1996.

Das Dokument ist in Deutsch, aber auch in mehreren anderen Sprachen erhältlich.

3.6 Die neue Konklaveordnung

Am 22. Februar 1996, dem Fest der Cathedra Petri (Petri Stuhlfest), veröffentlichte Papst Johannes Paul II. ein Dokument, in dem der Ablauf und die Regeln der Papstwahl auf den neuesten Stand gebracht wurden.
Geradezu revolutionär neu ist in der aktualisierten Konklaveordnung nur Punkt 62 in Kapitel V, zweiter Teil. An dieser Stelle wird nämlich festgelegt, dass im Gegensatz zu allen Gepflogenheiten

der Vergangenheit bei der nächsten Papstwahl nach dreißig erfolglosen Wahlgängen die absolute Mehrheit entscheidet. Wenn eine Fraktion also geduldig zwölf Tage und dreißig Wahlgänge abwartet, dann kann sie dank dieses Bruchs mit ehernen Traditionen einen Kandidaten durchbringen, für den sie anfangs nur knapp die Hälfte aller Stimmen erreichen konnte. Anders als früher und anders als im letzten Konklave 1978 muss also kein Kompromisskandidat mehr gesucht werden. Weiter legte Johannes Paul II. fest: »Für den Fall, dass die Anzahl der anwesenden Kardinäle nicht genau durch drei geteilt werden kann, ist für die Gültigkeit der Papstwahl eine Stimme mehr erforderlich.«

Die Suche nach »Wanzen« ist eine weitere in einem früheren Konklave noch nicht da gewesene Neuheit. Mit enormer Dringlichkeit wird in der neuen Konklaveordnung mehrmals vor heimlich angebrachten elektronischen Lauschern »an der Wand« oder sogar »am Gewand« der Kirchenfürsten gewarnt. Um einem Lauschangriff vorzubeugen, muss der Kämmerer der Kirche (Camerlengo) zwei Techniker beauftragen, den Wahlort – die Sixtinische Kapelle – nach Abhörgeräten abzusuchen.

Interessant ist auch Punkt 34 in Kapitel I, zweiter Teil. Darin wird die Absicht des Papstes bekräftigt, niemandem anderen als den seit dem Jahre 1049 ausschließlich wahlberechtigten Kardinälen die Papstwahl zuzugestehen. Sollte ein Papst während einer Bischofssynode oder während eines Ökumenischen Konzils die Augen schließen, müsse dieses sofort aufgelöst werden, heißt es in der neuen Konklaveordnung. Sollten »vermessenerweise« die Normen bezüglich einer Papstwahl durch das Kardinalskollegium unterlaufen werden, so seien diese Entscheidungen »null und nichtig«.

Weiter heißt es, nach Ablauf von 15 Tagen des Wartens auf die wahlberechtigten Kardinäle sollte eigentlich mit dem Konklave begonnen werden. Nur »wenn schwerwiegende Gründe vorliegen«, kann die Wahl auch zwanzig Tage nach Beginn der Sedisvakanz beginnen. Wenn ein wahlberechtigter Kardinal die Vatikan-Stadt wegen plötzlicher Erkrankung verlassen muss, kann die Wahl ohne ihn fortgesetzt werden; will er nach der Genesung zurückkehren, so muss er neu zugelassen werden. Zur Geheimhaltung wird folgende Regel erlassen: »Das gesamte Gebiet der Vatikan-Stadt und auch die ordentliche Aktivität der Behörden, die dort ihren Sitz haben, müssen für diese Zeitperiode so geregelt werden, dass die Geheimhaltung und der freie Ablauf aller Handlungen, die mit der Wahl des Papstes verbunden sind, garantiert werden.«

Insbesondere aber muss dafür Sorge getragen werden, dass die wahlberechtigten Kardinäle auf dem Weg von der Domus Sanctae Marthae (Haus S. Marta) zum Apostolischen Palast im Vatikan von niemandem erreicht werden können. Briefliche und telefonische Kontaktaufnahme nach außen ist ebenso verboten wie das Mitbringen von Foto- und Filmapparaten, Tonbandgeräten, Mikrofonen und Handys ins Konklave.

Wer darf mit ins Konklave außer den Kardinälen? Punkt 46, Kapitel I, zweiter Teil: »Der Sekretär des Kardinalskollegiums, der als Sekretär der Wahlversammlung fungiert; der Päpstliche Zeremonienmeister mit zwei Zeremoniaren der Päpstlichen Sakristei; ein Kleriker, der vom Kardinaldekan oder vom Kardinal an seiner statt ausgewählt worden ist, damit er ihm in seinem Amt assistiert. Weiter sollen einige Ordenspriester verschiedener Sprachen für die Beichte zugegen sein; ferner zwei Ärzte für eventuelle Notfälle.«

Außerdem müssten auch Personen für den Tischdienst und für die Sauberhaltung zur Verfügung stehen. Dass mit allen diesen Personen auch die Gefahr eines Bruchs von Geheimhaltungsregeln besteht, liegt auf der Hand, darum müssen sie alle unter Anerkennung der Möglichkeit »geistlicher und kanonischer Strafen« einen besonderen Geheimhaltungseid leisten.

Punkt 49, Kapitel III, zweiter Teil, besagt, dass der Beginn der Wahlhandlungen mit der Teilnahme an einer Eucharistiefeier mit dem Proprium der Votivmesse »Pro eligendo papa« beginnt. Diese soll möglichst am Vormittag stattfinden. Von der Paulinischen Kapelle aus begeben sich die wahlberechtigten Kardinäle in Chorkleidung in feierlicher Prozession unter dem Gesang des »Veni Domini« den Beistand des Heiligen Geistes erflehend in die Sixtinische Kapelle. Als Erstes müssen die Kardinäle dann das heilige Evangelium berühren und dabei die Eidesformel laut vorlesen, welche die Einhaltung aller in der neuen Konklaveordnung vorgesehenen Regeln sanktioniert. Nach der Vereidigung gebietet der päpstliche Zeremonienmeister »Extra omnes!« (»Alle raus!«).

Stimmabgabe mit verstellter Schrift

Abgeschafft wird in der neuen Konklaveordnung auch die Wahl durch »Akklamation« (Anrufung). Wie der Stimmzettel aussehen soll, wird in Punkt 65 beschrieben: »*Der Stimmzettel muss rechteckig sein und soll in der oberen Hälfte, möglichst im Vordruck, die Worte enthalten: Eligo Summum Ponteficem, während die untere Hälfte frei bleiben muss, um hier den Namen des Gewählten zu schreiben; deswegen ist der Zettel so beschaffen, dass er doppelt gefaltet werden kann. Die Ausfüllung der Stimmzettel ist von jedem wahlberechtigten Kardinal geheim zu vollziehen, indem er – möglichst in verstellter, aber deutlicher Schrift – den Namen dessen aufschreibt, den er wählt.*«

Die zweite Phase der Wahl umfasst (Punkt 66) »*das Einwerfen der Stimmzettel in die dafür bereitgestellte Urne; das Mischen und Zählen der Stimmzettel; die öffentliche Auszählung der Stimmen. Jeder wahlberechtigte Kardinal bringt den Stimmzettel, nachdem er ihn ausgefüllt und gefaltet hat, nach der Rangordnung und allen sichtbar mit erhobener Hand zum Altar, an dem die Wahlhelfer stehen und auf dem sich eine mit einem Teller bedeckte Urne befindet, um die Zettel aufzunehmen. Dort angekommen, spricht der Kardinal mit erhobener Stimme die Eidesformel: ›Ich rufe Christus, der mein Richter sein wird, zum Zeugen an, dass ich den gewählt habe, von dem ich glaube, dass er nach Gottes Willen gewählt werden sollte.‹ Danach legt er den Stimmzettel auf den Tel-*

ler und gibt ihn damit in die Urne. Hierauf macht er eine Verneigung zum Altar hin und kehrt auf seinen Platz zurück.«

In Punkt 68 heißt es dann: »*Haben die wahlberechtigten Kardinäle ihre Stimmzettel in die Urne gelegt, schüttelt der erste Wahlhelfer diese mehrmals, um die Stimmen zu mischen; darauf schreitet der letzte Wahlhelfer sogleich zur Zählung der Stimmzettel, indem er einen nach dem anderen, allen sichtbar, aus der Urne nimmt und sie in einen anderen dafür bereitstehenden leeren Behälter legt. Wenn die Zahl der Stimmzettel nicht mit der Zahl der Wähler übereinstimmt, muss man alle Zettel verbrennen und sogleich einen neuen Wahlgang beginnen; stimmen hingegen die Zettel mit der Zahl der Wähler überein, folgt die öffentliche Auszählung der Stimmen.«*

In Punkt 70 taucht dann endlich das sagenumwobene Wahl-Öfchen auf, das aus dem Lager der vatikanischen »Floreria« (vatikanisches Abstelllager) geholt und in der Sixtinischen Kapelle aufgestellt wird. Dazu heißt es: »*Sofort nach der Prüfung, noch ehe die wahlberechtigten Kardinäle die Sixtinische Kapelle verlassen, müssen alle Stimmzettel von den Wahlhelfern verbrannt werden, wobei ihnen der Sekretär des Kollegiums und die Zeremoniare helfen, die inzwischen von dem letzten der Kardinaldiakone hereingerufen worden sind.«*

Interessant ist noch Punkt 83, in dem es heißt: »*Schließlich ermahne ich mit dem gleichen Nachdruck wie meine Vorgänger die wahlberechtigten Kardinäle eindringlich, sich bei der Wahl des Papstes nicht von Sympathie oder Abneigung leiten zu lassen, sich weder durch Begünstigung noch von den persönlichen Beziehungen zu einem beeinflussen zu lassen, noch sich von der Einwirkung angesehener Persönlichkeiten oder Druck ausübender Gruppen oder vom Einfluss der sozialen Kommunikationsmittel, von Gewalt, Furcht oder vom Verlangen nach Popularität bestimmen zu lassen. Vielmehr sollen sie einzig die Ehre Gottes und das Wohl der Kirche vor Augen haben und ihre Stimme nach Anrufung des göttlichen Beistandes demjenigen auch außerhalb des Kardinalskolle-*

giums geben, den sie vor allen anderen für geeignet halten, die Gesamtkirche zum Segen und Nutzen aller zu leiten.«

Stimmzettel werden verbrannt

Die Wahlhelfer sitzen an einem Tisch vor dem Altar. Der erste stellt den Namen des Gewählten fest und gibt den Stimmzettel an den zweiten weiter, der ebenfalls den Namen feststellt. Der letzte von ihnen liest den Namen laut und verständlich vor, damit alle Wähler sich die hier getroffene Entscheidung in eine dafür vorgesehen Liste eintragen können. Der letzte von ihnen durchsticht den Wahlzettel an der Stelle, an der das Wort »Eligo« steht, mit einer Nadel und reiht ihn mit allen weiteren Stimmzetteln an einer Schnur auf, deren Enden nach der Verlesung zur Sicherheit miteinander verknotet werden.

Um die Geheimhaltung zu wahren, müssen alle Notizen, welche die Wähler sich über das Ergebnis der einzelnen Wahlgänge gemacht haben, dem Kardinal-Camerlengo oder einem der drei Kardinal-Assistenten ausgehändigt werden.

Am Ende der Wahl wird vom Camerlengo und von den drei assistierenden Kardinälen ein Bericht angefertigt, in dem das Abstimmungsergebnis eines jeden Wahlgangs festgehalten wird. Dieser Bericht wird dem Papst übergeben, der den versiegelten Umschlag dann im dafür vorgesehenen Archiv geschlossen aufbewahren kann. Ohne ausdrückliche Zustimmung des Papstes darf niemand diesen Umschlag öffnen.

Nach drei Tagen fruchtloser Wahlgänge kann »ein Tag Unterbrechung« angeordnet werden, der die Gelegenheit für das Gebet und ein zwangloses Gespräch unter den Wählern sowie für eine Ansprache des ranghöchsten Kardinaldiakons bietet. Kandidaten-Wahlreden gibt es in einem Konklave nicht, und natürlich ist es auch laut der neuen Konklaveordnung streng verboten, sich von unheiligen Erwägungen wie in der Vergangenheit leiten zu lassen – »Gott bewahre uns davor«, sagt der Papst sogar in Bezug auf Simonie. Außer dem Ämterkauf werden Korruption, Karriereversprechen sowie politischer Einspruch und Pressionen weltlicher Herrscher und Gruppen ausdrücklich verboten.

Ist die Wahl vollzogen, dann ruft der letzte der Kardinaldiakone den Sekretär des Kardinalskollegiums und den päpstlichen Zeremonienmeister in den Wahlraum. Daraufhin fragt der Kardinaldekan – oder der ranghöchste und älteste Kardinal im Namen des ganzen Wählerkollegiums: »Nimmst du deine kanonische Wahl zum Papst an?« Die Annahme der Wahl kann jeder Papst beantworten, wie er will. Papst Pius X. antwortete: »Accepto in crucem.« (»Ich nehme es als Kreuz an.«) Papst Johannes XXIII. war auf seine Wahl vorbereitet, denn er antwortete mit einer ganzen Predigt.

Sobald er die Zustimmung erhalten hat, fragt der Kardinaldekan: »Wie willst du dich nennen?« Daraufhin fertigen der Päpstliche Zeremonienmeister, der als Notar wirkt, und zwei als Zeugen herbeigerufene Zeremoniare ein Schriftstück über die Annahme der Wahl und den Namen des Gewählten an.

Der erste Papst, der einen anderen Namen wählte, war Johannes II. im Jahre 533. Sein heidnischer Geburtsname Mercurius war als Papstname ungeeignet erschienen. Der Name Petrus taucht in der Geschichte der Päpste kein zweites Mal auf, da die Hochschätzung des Apostels Petrus einen Petrus II. ausschließt.

Mit der Annahme, heißt es in der Wahlordnung, »... *ist der Gewählte, der die Bischofsweihe bereits empfangen hat, unmittelbar Bischof der Kirche von Rom, wahrer Papst und Haupt des Bischofskollegiums; derselbe erhält zugleich die volle und höchste Gewalt über die Universalkirche und kann sie unverzüglich ausüben*«. Dann geht der neue Papst in einen Nebenraum, in dem drei weiße Gewänder in verschiedenen Größen bereitliegen, und lässt sich eine kostbare antike Stola mit dem Bildnis der Apostel Petrus und Paulus umlegen, die der Papst nur zu diesem Anlass trägt. In der Sixtinischen Kapelle treten daraufhin die einzelnen Kardinäle vor, um dem neu gewählten Papst »ihre Huldigung zu erweisen

und das Gehorsamsversprechen zu leisten«. Hierauf erfolgt ein gemeinsames Dankgebet.
Erst dann kommt der große Moment: die Ankündigung an das wartende Volk von der Mittelloggia der Petersbasilika aus durch den ranghöchsten Kardinaldiakon.

4. Habemus Papam!

Nicht nur die Wahl eines Papstes, sondern auch die Verkündigung seines Namens an das wartende Volk, seine Einkleidung und sein erster Auftritt laufen nach einem festgelegten Ritual ab.

Wer ist Kardinal »Bottiglia«?
Rund um die Papstwahl gibt es amüsante Episoden wie den Ausspruch des Kardinals Casariego, Erzbischof von Guatemala-Stadt, nach der Wahl Johannes Pauls II. am 16. Oktober 1978: »Aber wer ist denn um Gottes willen dieser Kardinal Bottiglia?« Das italienische Wort »bottiglia« (zu Deutsch »Flasche«) wird ganz ähnlich ausgesprochen wie der polnische Name Wojtyla. Als Casariego dem Papst dann am 22. Oktober anlässlich seiner feierlichen Amtseinsetzung gemeinsam mit allen anderen Kardinälen gratulierte, beugte sich der neue Papst zu ihm vor und flüsterte ihm ins Ohr: »Wissen Sie denn jetzt, Eminenz, wer dieser Kardinal ›Bottiglia‹ ist?«

4.1 Der weiße Rauch, die Römer und der neue Papst

Die über eine Milliarde Katholiken in der Welt werden auch bei der jetzt anstehenden Papstwahl von einem der geheimnisvollsten Rituale der Geschichte nur eine Fahne Rauch zu sehen bekommen. Denn der Rauch ist trotz der neuen Konklavenormen nach wie vor ein wichtiges Wahrzeichen des Konklaves: Schwarzer oder weißer Rauch als Zeichen dafür, ob ein Wahlgang für die

Papstwahl erfolglos oder erfolgreich verlaufen ist, bleibt also auch beim nächsten Konklave erhalten – so oldfashioned dies auch in der heutigen Zeit erscheinen mag.
Natürlich könnte man die Tatsache, dass der neue Papst gewählt ist, längst auch auf andere Weise verkünden. Doch der Rauch ist kein folkloristisches Anhängsel des Konklaves, sondern das letzte symbolische Überbleibsel eines sehr alten Rechts: der Beteiligung des Volkes von Rom an der Wahl seines Bischofs. So grantig die Römer auch oft dem Vatikan gegenüber eingestellt sein mögen: eine Papstwahl ist für sie ein Schauspiel, das zu ihrem Leben gehört und das sie sich nicht nehmen lassen. Auf dem Petersplatz zu stehen und nach dem Rauch Ausschau zu halten, zu rätseln, welche Farbe er hat, und mit den Umstehenden, die an dem historischen Ereignis teilnehmen, darüber zu debattieren, wer der neue Papst werden könnte – das gehört zur Tradition in römischen Familien, die Arbeit und Verpflichtungen während der Zeit eines Konklaves konsequent hintanstellen. Und natürlich nicht zu vergessen: Die Gläubigen sind bei einem Konklave dazu aufgerufen, für einen guten Ausgang der Wahl zu beten.
Vatikanjournalisten, die über das Konklave, in dem Papst Johannes Paul II. gewählt wurde, berichteten, erinnern sich an folgende Episode: Der Rauch war weiß. Der Papst war gewählt, und die Vatikanjournalisten wollten vom damaligen Vatikansprecher, Pater Romeo Panciroli, wissen, wer es sei. Da man offenbar in der allgemeinen Aufregung vergessen hatte, den Pressesaal sofort vom Ausgang der Wahl zu informieren, zogen die Journalisten Pater Panciroli auf die Via della Conciliazione und zeigten ihm den gen Himmel aufsteigenden weißen Rauch: Panciroli, der nicht zugeben wollte, dass er den Namen des neuen Papstes noch nicht kannte, verteidigte sich, indem er einfach behauptete: »Ich sehe grauen Rauch.« Über die Farbe des Rauchs waren sich auch in der Vergangenheit die Beobachter nicht immer einig.
Hergestellt wird der Rauch durch Verbrennen von Stroh gemeinsam mit den Stimmzetteln der Kardinäle in einem kleinen Eisenöf-

chen. Dieses wird für ein Konklave natürlich eigens installiert. Sein langes Rohr ragt an einer Seitenwand im hinteren Teil der Sixtinischen Kapelle hoch und führt auf den Petersplatz hinaus. Schwarzer Rauch wird dadurch erzeugt, dass nasses Stroh mit verbrannt wird, weißer Rauch dadurch, dass dem Feuer trockenes Stroh hinzugefügt wird, wie Marchese Giulio Sacchetti, Konklavemarschall im Drei-Päpste-Jahr 1978, verrät.
Wie der langjährige Vatikanjournalist der französischen Nachrichtenagentur Agence France Presse (afp) Bruno Bartoloni im Gespräch mit der Verfasserin erklärte, wird der weiße und schwarze Rauch beim nächsten Konklave wie beim letzten, bei dem Johannes Paul II. 1978 zum Papst gewählt wurde, mit chemischen Mitteln und nicht mehr mit Hilfe von nassem oder trockenem Stroh hergestellt. Bartoloni: »Das Öfchen ist weiterhin notwendig, denn der Rauch – welche Farbe er auch immer hat – muss ja auf den Petersplatz transportiert werden. Die verwendeten Blöckchen sehen wie kleine Holzstückchen aus und bilden eine zusammengeklebte Masse aus Schnur, Pech und Stroh. Ich hatte eines zur Erinnerung aufgehoben. Dann habe ich es weggeworfen, weil es mit der Zeit einen schlechten Geruch verströmte.«
Es wäre ein Irrtum, zu glauben, dass eine Papstwahl etwas mit einer politischen Wahl gemeinsam habe. Der tief greifende Unterschied ist der, dass alle Meinungsverschiedenheiten in dem Augenblick verschwinden, in dem der Papst gewählt ist. Auch die Gegner knien vor dem Gewählten als Zeichen der Untergebung nieder, während aus dem Rauchfang der Sixtinischen Kapelle der weiße Rauch aufsteigt. Das Treueritual und das vom Beobachter mit einer leichten Gänsehaut verfolgte Zusammenspiel zwischen »göttlicher Inspiration« und menschlichem Handeln lassen alle Rivalitäten null und nichtig werden. Vielleicht ist dies das wahre Geheimnis, welches das Überleben der Institution Konklave in tausend Jahren ermöglicht hat.
Der neue Papst wird dann mit feierlichen Gesängen hinausgeleitet, um den Segen »urbi et orbi« (»für die Stadt Rom und den Erd-

kreis«) von der Benediktionsloggia an der Fassade des Petersdoms aus zu erteilen, bevor er in das von Siegeln befreite päpstliche Appartement geleitet wird.

Die Amtszeit des Papstes beginnt im Augenblick der Annahme der Wahl. Die Sedisvakanz ist vorbei. Die feierliche Amtseinführung des Papstes steht jedoch erst einige Tage später auf dem Programm. Die letzte Papstkrönung fand bei der Einführung Papst Pauls VI. statt. Dieser legte jedoch die Tiara, die traditionelle, dreigeteilte Papstkrone, endgültig ab, und keiner seiner Nachfolger hat sie je wieder aufgesetzt bekommen.

4.2 Der erste Auftritt eines neuen Papstes

Zunächst erscheint der Kardinaldiakon auf der mittleren Loggia über dem Haupteingang zum Petersdom. Die berühmte Formel, mit der der neue Papst dem wartenden Volk auf dem Petersplatz und den am Fernsehen wartenden Gläubigen in aller Welt bekannt gegeben wird, lautet vollständig: »*Annuntio vobis gaudium magnum: Habemus Papam.*« (»Ich verkünde euch eine große Freude: wir haben einen Papst.«) Danach wird der Name des Papstes genannt. Wenn der Kardinaldiakon zwischen der Nennung des Vornamens und des Familiennamens noch eine wirkungsvolle Pause einlegt, um die Spannung zu erhöhen, zittert das Volk auf dem Petersplatz vor innerer Erregung. Wenn dann der Familienname genannt worden ist, löst sich die angestaute Spannung in einem brausenden Applaus für den neuen Papst. Daraufhin betritt dieser die Loggia und zeigt sich erstmals den Gläubigen, denen er den Segen »urbi et orbi« erteilt.

Dieser besondere historische Tag wird vom ersten Auftritt des neuen Papstes geprägt. Eine Panne mit den vorbereiteten neuen päpstlichen Kleidern geschah nur einmal – bei der Wahl Papst Johannes' XXIII. Es gab keinen Talar, der für den Leibesumfang des neuen Papstes geeignet war. So wurde das päpstliche Gewand einfach hinten aufgetrennt und mit Stecknadeln befestigt, damit der Papst auf der mittleren Loggia des Petersdoms zu seinem ersten öffentlichen Auftritt erscheinen konnte ...

4.3 Die große Stunde der Familie Gammarelli

Wer näht des Papstes neue Kleider und wer schneidert den Kardinälen ihre scharlachroten Gewänder auf den Leib? Natürlich der Schneider Seiner Heiligkeit, Annibale Gammarelli. Vor einer Papstwahl bereitet Gammarelli drei Papstgewänder in verschiedenen Größen vor. Das Geschäft des päpstlichen Schneiders liegt in der Nähe des Pantheons. In der Auslage der »Sartoria per Ecclesiastici« in der Via Santa Chiara 34 ist diskret ein weißes Käppchen (Pileolus) platziert. Es zeigt an, wer den Papst einkleidet. Denn kirchliche Schneidereien gibt es in Rom viele, aber nur eine davon darf sich päpstliche Schneiderei titulieren.

In der Schneiderei Gammarelli hängen die handsignierten Fotos von sechs Päpsten. Doch diese sind nur die letzten in einer Reihe von 15 Oberhäuptern der katholischen Kirche, für die die Firma Gammarelli seit 1793 gearbeitet hat. Auf dem Foto des 33-Tage-Papstes Johannes Paul I. fehlt die Unterschrift – der Papst war in seiner kurzen Amtszeit nicht dazu gekommen, sein Bild zu signieren.

Wie der Papst angezogen ist? Er trägt immer Weiß. Schon in der Antike unterstrichen die Priester Israels, Griechenlands und Roms den Charakter des »Festlichen« und des »Reinen« ihres Amtes durch weiße Berufskleidung. Und bis ins Mittelalter hinein waren alle katholischen Priester weiß gekleidet.

Außer dem Papst tragen heute die Bischöfe und Priester in den Ländern der Dritten Welt oft weiße Kleidung, weil sie bei großer Hitze angenehmer als ein schwarzes Gewand ist. Diese spezielle Kleiderordnung gilt allerdings nur vor Ort in Asien, Afrika und Lateinamerika, denn in der Ewigen Stadt trägt in der Regel nur der Papst ein weißes Gewand.

Bei ihren Rom-Besuchen ziehen die aus fernen Ländern kommenden kirchlichen Würdenträger meistens Klerikerkleidung in Grau und Schwarz an.
Besonders beliebt ist der »Clergyman«. Das ist ein Anzug mit Hemd, in das ein gestärkter weißer Kragen integriert ist, auch »Kalkleiste« genannt. Der Clergyman wurde auf Wunsch des Zweiten Vatikanischen Konzils nach einer schlichteren Kleiderordnung für Kleriker entwickelt und gehört zum römischen Stadtbild wie das Habit der Ordenskongregationen: das braune Ordenskleid der Franziskaner, das schwarze der Benediktiner und das weiße der Dominikaner. Die einstmals farbenprächtigen Soutanen der Seminaristen – in Rot für die deutschsprachigen des päpstlichen Kollegs »Germanicum et Hungaricum« und in Robin-Hood-Grün für die Alumnen des irischen Seminars – sind dagegen längst aus dem Stadtbild verschwunden.

Stoffe von feinster Qualität für den Papst

Die Stoffe für die päpstlichen Gewänder, die Gammarelli herstellt, sind natürlich von feinster Qualität. Die Soutane, die der Papst im Sommer trägt, besteht aus kühl anmutender weißer Naturseide oder feinster Baumwolle. Die »winterlichen Kleider« des Papstes werden aus wärmender feiner Schurwolle gefertigt.
Der Talar des Papstes hat einen abnehmbaren weißen Schulterumhang. Gelegentlich legt der Papst einen roten Schulterumhang, die Mozzetta, darüber. Dieses Kleidungsstück zeichnet kirchliche Würdenträger aus. Bei Kälte ist der Papst mit einem bodenlangen weißen Mantel bekleidet, der doppelreihig geknöpft wird.
Vor allzu intensiver Sonnenbestrahlung in heißen Ländern schützt ihn ein breitkrempiger weißer Hut, der in Rom auch »Monsignore-Hut« genannt wird. Dieser wird einfach über die gewöhnliche weiße Kopfbedeckung des Papstes – den kleinen runden weißen Pileolus – gesetzt. Früher trugen die Päpste zu feierlichen Anläs-

sen die dreifache Papstkrone (Tiara). Papst Paul VI. schaffte diese Tradition wie gesagt ab.
Im Gegensatz zu den Gewändern von Bischöfen und Kardinälen, die violett oder rot paspeliert sind, hat der Papsttalar keine Paspelierung. Auch die Schärpe um die Taille des Papstes ist weiß (bei Bischöfen und Monsignori ist sie violett und bei Kardinälen purpurrot). Die Aufschläge des Papsttalars sind mit weißer Seide abgesetzt. Darunter blitzen zuweilen die Manschettenknöpfe des weißen Hemdes des Papstes auf. Als Kennzeichen seiner geistlichen Vollmacht trägt der Papst bei wichtigen offiziellen Anlässen wie hohen Staatsbesuchen im Vatikan eine weiße, bestickte Stola um den Hals. Am Ende dieses eigentlich liturgischen Kleidungsstückes ist das Papstwappen eingestickt.

Auch Kardinäle lassen bei Gammarelli schneidern

Diskretion ist – natürlich neben erstklassiger Qualität – die oberste Richtschnur bei Gammarelli. Wer wissen will, ob auch deutschsprachige Kardinäle bei ihm schneidern lassen, muss sich andere Quellen suchen.
Kurienkardinal Walter Kasper und Kardinal Friedrich Wetter von München gehören zu den deutschsprachigen Kardinälen, die sich ihr erstes Purpurgewand nach der Ernennung für das Konsistorium bei Gammarelli anmessen ließen. Die Maße der Purpurträger sind natürlich streng geheim – von denen des Papstes ganz zu schweigen ... In das sorgfältig in einem Safe aufbewahrte Buch mit den Maßen der kirchlichen Kunden darf kein Außenstehender – und schon gar kein Journalist – seine neugierige Nase stecken.
Trotz aller Geheimhaltung wollen Insider eines über das Kundenbuch der Familie Gammarelli genau wissen: Die Hutgrößen der letzten Päpste lagen deutlich über dem Durchschnitt der männlichen Bevölkerung ...
Übrigens: Der Papst erscheint natürlich im Gegensatz zu den zahlreichen Kardinälen und Bischöfen, die einander in der Via

Santa Chiara die Klinke in die Hand geben, nicht persönlich zur Anprobe. Da muss sich der grauhaarige, elegante Firmenchef Annibale Gammarelli schon wie seine Vorfahren auch selbst mit Maßband und Stecknadeln in den Apostolischen Palast bemühen.

In den Regalen des Geschäfts von Gammarelli liegen keine so kostbaren Stoffe mehr aus wie in früheren Zeiten. Doch die Auswahl ist groß. Für den so genannten Kardinalspurpur, der in Wahrheit gar nicht purpurfarben, sondern leuchtend rot ist, bietet Gammarelli etwa dreißig verschiedene Rottöne an. Zur Ausstattung eines Kardinals gehören außer dem roten Talar das rote Käppchen (Pileolus) und das etwas höhere Kardinalsbirett, das der Papst den neuen Kardinälen bei einem Konsistorium (Kardinalskreierung) feierlich verleiht, sowie rote Socken und eine rote Schärpe aus Moiréseide. Die Farbe Rot symbolisiert den Treueschwur der Kardinäle für den Papst »bis hin zum Blutvergießen«.

Vor einem Konsistorium ist im Schaufenster der kirchlichen Schneiderei Gammarelli meistens ein lebensgroßes – von seinem Besitzer noch nicht abgeholtes – Kardinalsgewand ausgestellt. In der Zeit zwischen den Kardinalskreierungen deutet eine Kardinalsausstattung in Miniaturausgabe auf die hochstehenden Kunden hin. Auf einem Paar goldener Manschettenknöpfe in der Auslage ist das weiße, viereckige Kreuz des vom Papst als höchste Auszeichnung verliehenen Silvesterordens zu sehen. Daneben liegen im Schaufenster schwarze und rote Kniestrümpfe – Socken gelten als nicht schick – mit dem Namenszug Gammarelli auf der Fußsohle.

Viel Arbeit vor dem Konsistorium

Alle Hände voll zu tun haben die acht Angestellten der Gammarellis vor den Kardinalskreierungen, die alle zwei bis drei Jahre zur Aufstockung des Kardinalskollegiums vom Papst vorgenommen werden. »Ein Konsistorium bedeutet für uns rasend viel Arbeit«, sagt Massimiliano Gammarelli, der Neffe des Firmenchefs. Aber es sei eine »schöne, interessante und besondere Arbeit«. Drei Tage dauert die Anfertigung einer Kardinalsausstattung, wenn es ganz schnell gehen muss – ansonsten drei Wochen. Wenn die Kardinäle mit der Arbeit zufrieden seien und sich bedankten, sei dies Anerkennung genug, meint der Juniorchef. Über die Kosten für die komplette Ausstattung eines Kardinals schweigt er sich allerdings aus. Doch vatikanische Insider wissen, dass ihr Preis zwischen umgerechnet 1500 und 2500 Euro anzusetzen ist.

Die Farbpalette in den Regalen des päpstlichen Maßschneiders ist auf Rot, Schwarz und Violett in verschiedenen Schattierungen beschränkt. Die Stoffe werden seit Jahrzehnten von Tuchhändlern vor allem aus Mittel- und Norditalien geliefert. Modische Veränderungen gibt es bei der Anfertigung maßgeschneiderter kirchlicher Kleidung nicht, denn deren Schnitt ist vorgeschrieben.

Das Kirchenrecht ist allerdings gar nicht so streng in Bezug auf Kleidung. »Kleriker haben gemäß den von der Bischofskonferenz erlassenen Normen und den rechtmäßigen örtlichen Gewohnheiten eine geziemende kirchliche Kleidung zu tragen«, heißt es da. So kommt es, dass deutschsprachige Kleriker meistens kein Hemd mit »Kalkleiste«, sondern eines mit normalem weißem Kragen tragen.

Laien als Kunden sind selten, würden aber nicht abgewiesen, verrät Massimiliano Gammarelli, der mit seiner Cousine Alessia, einem Sprachgenie, den Betrieb führt, im Gespräch mit der Verfasserin. Im Gegensatz zu Onkel Annibale plaudert er schon mal »aus dem Nähkästchen«. Bei Wünschen von Laien handelt es sich meist um Aufträge für die Anfertigung eines maßgeschneiderten Cutaways oder Fracks für die eleganten Hochzeiten des römischen Adels.

Ob die im Betrieb mitarbeitenden Firmenmitglieder praktizierende Katholiken sind? Ja, das erleichtere die Arbeit, meint

Massimiliano. Und liegen bei Gammarelli vorgefertigte Gewänder für kirchliche Würdenträger bereit? Im Prinzip nicht, so der Juniorchef. Für den Notfall warte ein Bischofstalar einsatzbereit. Nicht selten komme es nämlich vor, dass Bischöfen aus fernen Ländern auf der Reise in die Ewige Stadt ihr Gepäck abhanden komme. Und wenn sie dann korrekt gekleidet zur Papstaudienz erscheinen wollen, muss Gammarelli auf die Schnelle aushelfen.

Natürlich gibt es außer Gammarelli in Rom rund um den Vatikan und in der Nähe des Pantheons rund hundert weitere, preisgünstigere Geschäfte für kirchliche Würdenträger. Dort erwerben vor allem Ordensleute ihre Kleidung von der Stange und erledigen auch für ihre in Übersee gebliebenen Mitbrüder und Mitschwestern oft große Einkäufe.

Versandhaus für Klerikerkleidung

Im Übrigen gibt es auch ein Versandhaus für Kleriker- und Ordenskleidung in Locarno, das der italienischen Familie Bianchetti gehört. Die Auflage des Katalogs, dessen Angebot von Messgewändern über Nachthauben und -hemden bis zu bequemen Slippern reicht, beträgt 120 000 Exemplare. Chefdesignerin Elisabetta Bianchetti im Gespräch mit der Verfasserin: »Wir können auch Großaufträge von eintausend oder zweitausend Nonnentrachten, farbgenau auf den jeweiligen Orden abgestimmt, ausführen.« Mit Laien verhandelt Signora Bianchetti grundsätzlich nicht – aus der in Italien durchaus begründeten Furcht heraus, die Ordens- und Priesterkleidung könne in irgendeiner Form als Tarnung bei kriminellen Handlungen missbraucht werden.

Bei Bianchetti ändert sich anders als bei Gammarelli das Angebot. Alle zwei Jahre besucht Elisabetta Bianchetti die Fachmesse für kirchliche Kleidung in der norditalienischen Stadt Vicenza. Dort werden Neuerungen und Kuriositäten wie zum Beispiel ein »abhörsicherer Beichtstuhl« vorgestellt.

4.4 Beruf: Papst – ein Anforderungsprofil

Ein Papst mit Charisma für das 3. Jahrtausend

Ein besonderes Charisma für das dritte Jahrtausend – das ist das Kriterium, nach dem die Papstwähler bei dem künftigen Konklave wohl entscheiden werden. Wie dieses Charisma aussehen könnte, das kristalliert sich gerade in diesem Augenblick heraus.
Karol Wojtyla hatte schon zur Zeit seiner Wahl die Besonderheit, Kommunismus und Nationalsozialismus aus eigener Erfahrung zu kennen. Sein Charisma war nicht nur durch den persönlichen Reichtum an Geist und Herz bestimmt, sondern auch durch die Zugehörigkeit zur polnischen Nation und zur polnischen Kirche, die sich zur Zeit seiner Wahl im Jahre 1978 bereits als möglicher Fallstrick für den kommunistischen Block profiliert hatte.
Schon manches Mal wurde nach einem Charismatiker sein Gegenteil – ein nüchterner intellektueller Denker – gewählt. Dies war nach dem Tod Johannes' XXIII. der Fall, dessen Nachfolge Paul VI. antrat. Das Gegenteil des vergangenen Papstes war damals gefragt und erschien als angebrachte Lösung. Auf Paul VI. folgte der Charismatiker Johannes Paul I. und auf diesen Johannes Paul II.
Doch Johannes Paul II. sprengte jedes Schema. Er ist weder in die Riege der nüchternen Denker noch in die der »Nur-Charismatiker« einzuordnen. Er war wohl vor allem Charismatiker und Missionar. Aber Johannes Paul II. wird zugleich als »Widerstandskämpfer« gegen die Diktaturen, als politischer Papst, der die Mauern zu Fall brachte, zuletzt als der große Leidende und wohl auch als eine Art »Widerstandskämpfer in der eigenen Kirche« in die Geschichte eingehen.
Sein Nachfolger wird vor allem fähig sein müssen, die Kontinuität der katholischen Glaubenslehre zu wahren in einer Zeit, in der besonders in den deutschsprachigen Landen nach Frauenordination, nach einer Abschaffung des Zölibats und einer Lockerung der

strengen katholischen Sexualmoral, nach einer veränderten Sichtweise auf Ehescheidung und Abtreibung, nach der Zulassung der wiederverheirateten Geschiedenen zur Kommunion und nach der gemeinsamen Kommunion mit den anderen Konfessionen gerufen wird.

Aber man kann sicher sein: Nicht das Wunschdenken potenzieller deutschsprachiger Nationalkirchen, sondern der Blick auf die Universalkirche wird Richtschnur bei der Wahl sein. Das heißt: Auch der nächste Papst dürfte ein – im guten Sinn des Wortes – eher konservativer Papst sein. Sollte er Reformen durchführen, können diese nicht alles Althergebrachte über den Haufen werfen. »Die Kirche denkt in Jahrhunderten« ist eine oft bemühte Formel.

Undenkbar ist nach Meinung von Vatikan-Insidern auch bei einem nächsten Papst die Priesterweihe von Frauen, da diese dem katholischen Amtsverständnis widerspreche. Auch der Zölibat dürfte – nachdem ihn die Päpste zuletzt einmütig bekräftigten – wohl nicht aufgehoben werden. Dagegen gilt eine Ausweitung von Normen, die unter bestimmten Bedingungen eine Priesterweihe so genannter »viri probati« (erprobte Männer) – die zum Beispiel Witwer geworden sind und ein gewisses Alter erreicht haben – ermöglichen, durchaus als denkbar.

Solange keine Einigung mit den anderen Konfessionen über das Eucharistieverständnis – nämlich dass Christus in Fleisch und Blut in der Kommunion zugegen ist, wie es katholische Auffassung ist – erreicht wird, dürfte auch die gemeinsame Kommunion (Interkommunion) nicht von höchster katholischer Stelle erlaubt werden. Der Präfekt der römischen Glaubenskongregation, Kardinal Joseph Ratzinger, hat mit seiner Erklärung »Dominus Iesus« (»Jesus ist der Herr«) vom 5. Oktober 2000 klare Vorgaben für den Dialog der katholischen Kirche mit den anderen Religionen und Konfessionen gegeben. Diese ganz auf der Lehre des letzten Konzils beruhenden Festlegungen wird ein möglicher Nachfolger von Johannes Paul II. nicht ändern wollen.

Kriterien für mögliche Papstkandidaten

Aufgrund der Erfahrungen der Vergangenheit wird der Anwärter auf den Papstthron von den Papstwählern an zwei hauptsächlichen Kriterien gemessen: Alter und pastorale Erfahrung. Die Nationalität hat im Gegensatz zu früher an Bedeutung verloren. Für einen nichtitalienischen Kandidaten ist aber wichtig, dass er als Bischof von Rom die italienische Sprache beherrscht. Es ist kaum denkbar, dass der neue Papst sich auf der mittleren Loggia an der Fassade des Petersdom zeigt und sich der Welt und dem auf dem Petersplatz wartenden Volk in einer anderen als der italienischen Sprache vorstellt.

Auch die Gesundheit spielt eine wichtige Rolle. Darin kann man sich aber auch täuschen. Sie spielte bei Papst Johannes Paul I. eine untergeordnete Rolle. Und Johannes XXIII. hatte zum Zeitpunkt seiner Wahl bereits Krebs. Die Konklave-Teilnehmer wussten dies und wählten ihn trotzdem zum Papst. Für Papst Johannes Paul II. war seine robuste Gesundheit zur Zeit der Wahl sicher ein großer Pluspunkt. Denkbar ist durchaus, dass sich die Kardinäle nach dem langen und überstarken Pontifikat des letzten Papstes für einen älteren Mann entscheiden, der zwar Kontinuität garantiert, aber auch Dinge offen lässt, die im Moment nicht zementiert werden sollen. Auch die Perspektive auf ein kürzeres Pontifikat kann eine Option der Papstmacher sein.

Alter

Die acht Päpste des vergangenen Jahrhunderts wurden alle in einem Durchschnittsalter von 65 Jahren gewählt. Das ideale Alter für den neuen Papst läge zwischen 60 und 70 Jahren. Mit 65 Jahren wurden Papst Paul VI. und Papst Johannes Paul I. gewählt. Der jüngste Papst im 20. Jahrhundert war Karol Wojtyla, der zum Zeitpunkt seiner Wahl erst 58 Jahre alt war. Die ältesten waren Pius X. (68 Jahre) und Johannes XXIII. (77 Jahre). Nach dem gegenwärtigen sehr langen Pontifikat könnte es aber gut sein, dass auch ein über 70-jähriger Papstkandidat gute Chancen hat, zumal Johannes Paul II. durch die Länge seiner Amtszeit bereits jetzt die meisten als »papabili« gehandelten italienischen und nichtitalienischen Kardinäle aus dem Rennen geworfen oder zumindest in die hinteren Reihen verwiesen hat. Vorbehalte gegen ein allzu hohes Alter sind nach der Einführung des Pensionsalters von 75 Jahren für Diözesanbischöfe und Chefs von Kurienbehörden durch Papst Paul VI. heute sicher stärker als gestern. In der Theorie ist es auch möglich, einen über 80-jährigen Kardinal zum Papst zu wählen, der selbst wegen Überschreitens der Altersgrenze nicht am Konklave teilnehmen darf. Niemand sollte diese Möglichkeit voreilig ausschließen.

Seelsorgliche Erfahrung

Nur einer der Päpste des vergangenen Jahrhunderts hatte im Augenblick seiner Wahl niemals eine Diözese geleitet: Papst Pius XII. (1939–1958). Er hatte nur Kurienpraxis und Erfahrung als Diplomat des Heiligen Stuhls. Als einer der engsten Mitarbeiter seines Vorgängers Pius XI. (1922–1939) war er jedoch gerade deswegen in den schlimmen Zeiten vor Ausbruch des Zweiten Weltkriegs als idealer Kandidat erachtet worden. Aber auch die außerordentliche Persönlichkeit des Kardinalstaatssekretärs Pius XI. hatte die Papstwähler bewogen, auf den Papstthron Eugenio Pacelli zu berufen, der sich mit der schwierigen Konfrontation zwischen der sowjetischen und der nationalsozialistischen Diktatur auseinander gesetzt hatte.

Alle anderen Päpste des 20. Jahrhunderts waren zum Zeitpunkt der Wahl Diözesanbischöfe. Die Regel, dass der neue Papst pastorale Erfahrung haben musste, hatte auch in der Vergangenheit gegolten. Eine Ausnahme war nur bei Pius XII. aufgrund der besonderen politischen Umstände gemacht worden. Wenn keine besonderen Umstände vorliegen, dürften also Kardinäle, die eine rein diplomatische Karriere hinter sich haben und nur Verwaltungserfahrung an der Spitze großer vatikanischer Kongregationen vorweisen können, als Kandidaten ausscheiden.

Nationalität

Nach der Wahl des ersten nichtitalienischen Papstes seit 455 Jahren mit Johannes Paul II. scheint die Nationalität des Papstes eine weniger wichtige Rolle zu spielen. Eine Vorzugsoption für italienische Kandidaten bleibt jedoch bestehen, weil der Papst neben seiner Aufgabe als universaler Hirte der Weltkirche auch Bischof von Rom ist. Die letzten Päpste haben dieser Tatsache besondere Bedeutung beigemessen, indem sie ihre wichtigen Dokumente vor allem im Bereich der Ökumene auch mit dem Titel des Bischofs von Rom unterzeichneten.
Die meisten Kardinäle aus Mitteleuropa, aber auch verschiedene afrikanische und asiatische Purpurträger sprechen gut Italienisch, weil sie als Seminaristen in Rom an der päpstlichen Gregoriana-Universität oder anderen päpstlichen Universitäten studiert haben. Das ist eine nicht zu unterschätzende Voraussetzung.
Benachteiligt sind bei einem nächsten Konklave als Anwärter auf das höchste Amt in der Kirche die Kardinäle aus den vom Kommunismus befreiten Ländern in Ost- und Mitteleuropa: erstens, weil nach einem slawischen Papst ziemlich sicher kein weiterer Papst aus dem Osten gewählt wird; zweitens, weil die in Frage kommenden Kardinäle keine Italien- und Rom-Erfahrung als Studenten der Theologie und Philosophie in der Ewigen Stadt ins Spiel bringen können.
Das Debüt der Kirchen der Dritten Welt im Papstamt lässt wohl noch einige Jahrzehnte auf sich warten. Die Zeit scheint noch nicht reif für einen Kandidaten aus Afrika oder aus Asien zu sein. Wenn kein Italiener zum Zug kommt, könnten sich Vatikan-Insider am ehesten einen lateinamerikanischen Papst vorstellen. Die nordamerikanischen Kardinäle würde allerdings ein lateinamerikanischer Papst aufgrund der alten Ressentiments zwischen Nordame-

rika und den lateinamerikanischen Ländern nicht sehr freuen. Sie haben bereits durchblicken lassen, dass sie in einem Konklave eher mit den europäischen Kardinälen für einen europäischen Kandidaten stimmen werden.

Für eine lateinamerikanische Strategie innerhalb der höchsten Kurienämter sprechen jüngere Ernennungen des Papstes: Er berief den italienischstämmigen Argentinier Leonardo Sandri am 16. September 2000 überraschend auf einen der wichtigsten Posten innerhalb des Vatikans, indem er ihn zum Substituten im Vatikanischen Staatssekretariat machte, das heißt zum Vatikanischen »Innenminister«. Dies ist nur eines von vielen Anzeichen, dass die Lateinamerikaner in der Regierung des Vatikans auf dem Vormarsch sind. Ob sie in der Lage sind, beim anstehenden Konklave einen geeigneten Papstkandidaten zu stellen, wird sich zeigen. Noch maßen sich die Italiener die Oberhand bei einer Papstwahl an und machen eine Art historisches, dennoch niemals verbrieftes Recht auf den Stuhl des Nachfolgers Petri geltend.

5. Die Papstmacher

Die »Papstmacher« – das ist ein Begriff, der von Journalisten geprägt wird, wenn ein Pontifikat sich seinem Ende zuneigt. Die Bezeichnung »Papstmacher« ist attraktiv für die Massenmedien und hört sich als Titel eines Buches spannend an. Doch in den Ohren eines Kirchenfürsten, der den höchsten Rang erreicht hat, klingt das Wort »Papstmacher« nahezu ordinär. Denn bei einem Kardinal handelt es sich um einen Kirchenfürsten, der in vergangenen Zeiten – man denke an den früher für wichtige Kardinäle verwandten Begriff »Fürstprimas« – sogar eine Art Vizekönig in einer Monarchie darstellte. Das Kardinalskollegium ist der exklusivste Club der Welt und der Senat der Kirche. In seiner internationalen Zusammensetzung spiegelt er die Universalität der auf allen fünf Kontinenten verbreiteten katholischen Kirche wider. Mit rund einer Milliarde und 60 Millionen Katholiken ist die Kirche die größte funktionierende internationale Organisation der Welt.

Von den 4500 Bischöfen in der Welt sind nur wenige – 183 bei Redaktionsschluss – Kardinäle geworden. Das den Kardinälen bei der Lateransynode im Jahre 1059 von Papst Nikolaus II. (1059–1061) zugestandene Privileg, den Papst zu wählen, können im Prinzip jeweils nur etwas mehr als die Hälfte der Kardinäle wahrnehmen. Wenn ab dem 17. März der neue Papst gewählt wird, werden es 117 Wahlberechtigte sein. 58 der wahlberechtigten Kardinäle – also genau die Hälfte – kommen dann aus Europa, wo – betrachtet man die Gesamtstatistik der katholischen Kirche – freilich nur etwa 23% der Katholiken leben. 14 der wahlberechtigten Kardinäle sind Nordamerikaner, 21 Lateinamerikaner, 11 kommen aus Afrika, 11 aus Asien, einer aus Australien und einer aus Neuseeland. Das Durch-

schnittsalter der Papstmacher beträgt 71 Jahre. Nur vier von ihnen sind unter 60 Jahre alt. Viele Kardinäle haben also das von Papst Paul VI. für die Teilnehmer an einem Konklave festgesetzte Alter von 80 erreicht, bevor eine Papstwahl stattfindet. Ein Bischof oder Erzbischof wird frühestens gegen Ende seiner Fünfzigerjahre mit der Kardinalswürde ausgezeichnet, aber meistens erst in einem weiter fortgeschrittenen Alter.
Die weitaus meisten Geistlichen müssen sich damit begnügen, zum »Kern« der katholischen Kirche zu gehören. Es gibt etwa 200 000 männliche Ordensleute auf der Welt, von denen 46 000 Laienbrüder sind. Dem stehen rund 800 000 Ordensfrauen gegenüber, von denen etwa 600 000 Kongregationen Päpstlichen Rechts angehören. Von den insgesamt 400 000 Priestern weltweit sind zwei Drittel Diözesanpriester und ein Drittel Ordensgeistliche.

5.1 Die Institution des Kardinalats

Anders als das Priester- oder Bischofsamt ist das Kardinalat kein kirchliches Amt. Man wird demnach auch nicht zum Kardinal geweiht. Das Kardinalat ist ein Ehrenamt, freilich das oberste in der katholischen Kirche – und das älteste. Es ist nämlich mindestens 1700 Jahre alt. Schon zur Zeit von Papst Silvester I. (314–335) begegnet man dem Ausdruck »presbyteri et diaconi cardinales«. Der Terminus »cardinales« bezieht sich auf einen an einer römischen Hauptkirche (cardo) angestellten Geistlichen: »in cardinatus cardinalis«. Das Kardinalat als eine Art Senat ist diejenige kirchliche Ehrenfunktion, die in der Rangfolge unmittelbar nach dem Summus Pontifex, dem »Höchsten Brückenbauer«, dem Papst, folgt. Die Anzahl wechselte und vermehrte sich im Verhältnis zum Umfang der kirchlichen Angelegenheiten und der Ausdehnung der kirchlichen Verwaltung. Das Konzil von Konstanz (1414–1418) sah sich bemüßigt, die Anzahl der Kardinäle auf höchstens 24 zu begrenzen, aber im 16. Jahrhun-

dert waren es bereits wieder 70 Kardinäle. Diese Zahl überschritt erst wieder das 20. Jahrhundert durch Johannes XXIII., der sie 1958 auf zunächst 75 erhöhte.
Wie wird man Kardinal? Gibt es eine Schule für Fortbildung wie bei den Managern oder zusätzliche Studien, die einen kirchlichen Würdenträger in die Lage versetzen, sich mit dem scharlachroten Kardinalspurpur zu kleiden und sich Eminenz nennen zu lassen?
Natürlich ist der Titel Kardinal heute nach außen nicht mehr mit dem Prunk früherer Zeiten verbunden, als die Kirchenfürsten sich wie weltliche Fürsten kleideten und benahmen. Der Hermelinumhang ist ebenso wie die oft bis zu fünf Meter lange rote Seidenschleppe am Talar des Kardinals im Museum verschwunden. Die luxuriösen Wohnungen der Kardinäle mussten in der Vergangenheit neben drei oder mehr normalen Wohnzimmern mindestens vier prachtvolle Empfangszimmer besitzen. Dem zeremonialen und diplomatischen Rang nach standen die Kardinäle einem Erbprinzen gleich und hatten sogar Anrecht auf eine Eskorte. Doch heute ist alles anders: Kardinäle in Pension, von denen es in Rom ziemlich viele gibt, leben in ganz normalen Wohnungen. Sie können sich keinen Chauffeur mehr leisten und setzen sich selbst ans Steuer oder lassen sich von den Nonnen chauffieren, die ihren Haushalt führen.
Das Monatseinkommen eines Kardinals an der römischen Kurie beträgt nicht einmal fünf Millionen Lire (umgerechnet weniger als 2500 Euro), und die schlechte Bezahlung der Vatikandiplomaten hat dazu geführt, dass junge aufstrebende Kirchenvertreter lieber gut bezahlte Pfarrer in der Heimat werden, als in den diplomatischen Dienst des Heiligen Stuhls einzutreten.

Alltag und Festtag der Kardinäle

Wie sieht der Alltag, wie sehen die Festtage eines Kardinals aus? Der Alltag besteht aus feierlichen Gottesdiensten, hin und wieder

auch in Konzelebration mit dem Papst. Besucher aus aller Welt geben sich in den Kongregationen die Klinke in die Hand, Amtsbrüder aus den Ortskirchen sprechen vor, und täglich anfallende Papierberge mit Anfragen müssen abgetragen werden. Weiter muss der Kardinal alle Dokumente, die der Heilige Stuhl herausgibt, lesen. Darüber hinaus nimmt er an Konferenzen und Versammlungen, Buchvorstellungen und Einladungen an die diplomatischen Vertretungen von rund 175 Ländern teil, die mit dem Heiligen Stuhl diplomatische Kontakte auf Botschafterniveau unterhalten.
Zu den Festtagen eines Kirchenfürsten: Der Sonntag besteht aus vielfältigen Verpflichtungen. Ordenskongregationen laden zu ihren Jubiläen ein und bitten einen Kardinal, den Festgottesdienst zu zelebrieren. Auch der römische Hochadel hat es gerne mit den Kardinälen zu tun; er lädt die Kirchenfürsten häufig in seine Paläste und Landhäuser ein. Selbst wenn die eigenen Familienvertreter schon lange keinen Papst mehr stellen, ist es in römischen Adelskreisen üblich, Kardinäle und Bischöfe auch ohne besonderen Anlass zu Tisch zu bitten. Man spricht dann im kleinen Kreis über den Papst, über die Kirche und munkelt gemeinsam, wer Kardinal werden könnte. So scharten sich die konservativen Adligen lange Zeit um die inzwischen verstorbene Prinzessin Ninni Pallavicini, die noch ein Herz für die Liturgie in lateinischer Sprache hatte.
Und am Abend? Sind da Kardinäle mit dem Champagnerglas in der Hand an der Tagesordnung? Um der Wahrheit die Ehre zu geben: Die Antwort lautet: nein. »Bitterer Champagner«, kommentierte der Erbauer der vatikanischen Ostpolitik, Kardinalstaatssekretär Agostino Casaroli, einmal, als er noch als vatikanischer Außenminister beim Anstoßen mit Champagner neben dem Staatsoberhaupt eines mitteleuropäischen kommunistischen Staates fotografiert wurde. Mit »bitter« meinte Casaroli die Tatsache, dass der Heilige Stuhl zur Zeit des Kalten Kriegs und der Kirchenverfolgung mit den kommunistischen Regierungen in Ost- und Mitteleuropa Kompromisse schließen musste, um den Katholiken

im Land ein Minimum an Bewegungs- und Religionsfreiheit zu verschaffen und ein Überleben inmitten einem atheistischen Umfeld zu garantieren.

»Champagner!«, soll der im Essen und Trinken sonst bescheidene neue Papst Karol Wojtyla ausgerufen haben, nachdem er sein erstes Erscheinen auf der Mittelloggia der Petersbasilika hinter sich hatte und mit den Kardinälen, die ihm gratulieren wollten, anstoßen wollte. Und Kardinalstaatssekretär Villot habe in den vatikanischen Vorräten tatsächlich Champagner auftreiben können, berichtet der Papst-Biograph Jean Chelini.

Der ungeheuren Anspannung der vergangenen Stunden – beim achten Wahlgang hatte Wojtyla die schwierige Schwelle der 75 Stimmen überschritten und soll dann 97 von 111 Stimmen für sich verbucht haben – folgte nun der heitere Teil des Papstwahl-Tags, des 16. Oktober 1978. Der Papst habe sogar den Ordensfrauen Champagner servieren lassen, will Chelini wissen.

In Rom gehen die Uhren anders. Wenn der letzte Römer, der die Freuden des »süßen Lebens« genossen hat, in den frühen Morgenstunden ins Bett geht, sind die zahlreichen Priester in der Ewigen Stadt zu ihren Frühmessen auf den Beinen.

Zurückhaltung statt Triumphalismus

Eines steht fest: In den Ortskirchen, vor allem in den deutschsprachigen und frankophonen, wird von den Kirchenfürsten auch nur der leiseste Anklang von Triumphalismus vermieden. Außerhalb Roms überwiegt das »Understatement«, denn zum Beispiel gerade die Kirchensteuer zahlenden Katholiken in der Bundesrepublik hätten wenig Freude daran, wenn die deutschen Bischöfe und Kardinäle in den Medien ständig an opulenten Buffets mit einem Glas Champagner und Kaviarbrötchen in der Hand zu sehen wären.

Am Vatikan jedenfalls werden außer zur Zeit des Konsistoriums offiziell keine prachtvollen Empfänge gegeben. Doch die Kardinäle, die an der Spitze der Kurienkongregationen stehen, laden

sehr wohl zu vornehmen Essen ein, entweder zu sich nach Hause oder gerne auch in das an der Via della Conciliazione gelegene Hotel Columbus, das über prachtvolle Säle mit Stuckdecken verfügt.
Und wenn es die Zeit erlaubt, dann gehen sie auch schon einmal – im Clergyman gekleidet wie ein ganz normal am Vatikan arbeitender Monsignore, das Brustkreuz diskret in der Innentasche des Jacketts verborgen – zum Essen aus. Beliebter Treffpunkt ist – auch wegen des bequemen Parkplatzes – das Restauraunt »Lo Scarpone« auf dem vatikannahen Gianicolo-Hügel oder eines der vielen Restaurants im Borgo Pio (»Roberto« und »Tre Pupazzi«). Schließlich sind auch Kardinäle Menschen und haben wie jeder andere ein Recht auf ein Privatleben mit ein wenig Ablenkung und Zerstreuung. Weniger attraktiv als früher ist das »L'Eau Vive« im Stadtzentrum, das von französischen Nonnen geleitet wird und wo um Mitternacht mit allen Gästen gebetet wird. Ein Tipp: Das Lieblingsrestaurant der deutschen Gemeinschaft in Rom ist »Pierluigi« in der Via Monserrato, wo es besonders leckeren, frischen Fisch gibt.

Voraussetzungen für die Kardinalswürde

Welche Qualifikation muss ein Bischof oder Erzbischof vorweisen können, wenn er Kardinal werden will? »Um gute Bischöfe zu ernennen, ist die Diskretion von Engeln gefragt, um Kardinäle zu erwählen, bräuchte man die Weisheit von Gottvater persönlich«, erklärte Papst Paul II. (1458–1464). Dem aus der adligen Seneser Familie Piccolomini stammenden Papst fiel es schwer, mit dem Druck umzugehen, den die europäischen Höfe auf ihn auszuüben versuchten, um ihre eigenen Kandidaten in der Liste der neuen Kirchenfürsten durchzusetzen.
Heute dagegen würde keine Empfehlung von welcher staatlichen Macht auch immer einem Erzbischof nützen, um den Kardinalshut zu erhalten. Im Gegenteil, der Papst ernannte gerade in den

I. Blick ins Konklave im Drei-Päpste-Jahr 1978.
Damals war die Sixtinische Kapelle – nach wie vor ist sie der Wahlort – noch nicht restauriert. Der vierte Kardinal (von links gesehen) ist der Schwarzafrikaner Bernardin Gantin.

II. Michelangelos Fresken strahlen nach der Jahrhundertrestaurierung durch japanische Sponsoren wieder in den Originalfarben. Ob die Kardinäle beim Anblick der Höllenstrafen des Jüngsten Gerichts wohl an ihren Schwur denken, nichts über das Konklave nach außen dringen zu lassen?

III./IV. Nur ein Schneider auf der Welt kleidet Päpste ein: Signore Gammarelli, Via S. Chiara 34.

V. Jeden Morgen geht Joseph Kardinal Ratzinger, der Präfekt der römischen Glaubenskongregation, über den Petersplatz zu seinem Büro im Heiligen Offizium. Beim nächsten Konklave wird er als »großer Papstwähler« und unbestrittener Führer der konvervativen Gruppe eine der prägenden Gestalten sein.

VI. Rechts: Carlo Maria Kardinal Martini SJ, der Erzbischof von Mailand, ist wie Kardinal Ratzinger international bekannt. Um den intellektuellen Bibelwissenschaftler, der auch schon mit Umberto Eco diskutierte, scharen sich bei einer Papstwahl die liberalen Kardinäle.

VII. Oben links:
Überraschung der letzten Stunde:
Auch Karl Lehmann, Vorsitzender der Deutschen Bischofskonferenz, erhielt am 21.02.2001 den Kardinalshut.

VIII. Oben rechts:
Ein wichtiger italienischer Kardinal: der Erzbischof von Genua, Dionigi Tettamanzi.

IX. Als möglicher »Papabile« aus Lateinamerika: Kardinal Oskar Andres Rodriguez Maradiaga.

X. Er zieht heute die Fäden in der Vatikanischen Bischofskongregation: der Norditaliener Giovanni Battista Re, langjähriger »Vatikanischer Innenminister«.

XI. Unten links: Ein mitteleuropäischer Hoffnungsträger: Der Erzbischof von Mechelen-Brüssel, Godfried Kardinal Danneels.

XII. Unten rechts: Der Erzbischof von Buenos Aires: Jorge Bergoglio – ein Jesuit auf der »Pole Position« bei der nächsten Papstwahl?

XIII. Noch ist keine Entscheidung gefallen. Aus dem Rohr, das von der Sixtina auf den Petersplatz ragt, steigt schwarzer Rauch auf.

XIV. Unten: Noch nie war das Kardinalskollegium so international wie heute.

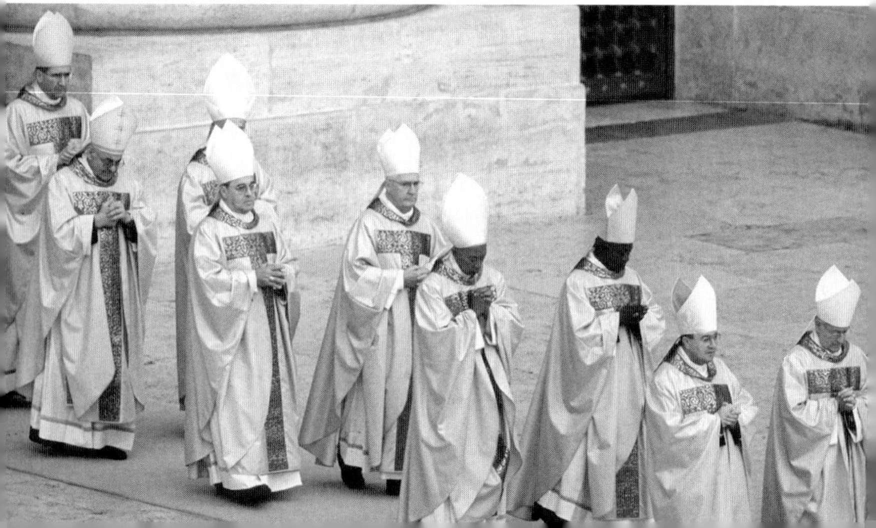

XV. Nur 33 Tage dauerte sein Pontifikat: erster öffentlicher Auftritt von Johannes Paul I.

XVI. Nachfolgende Seite: Die Kette seiner Nachfolger ist ununterbrochen: Der nächste Papst wird der 265. Inhaber des Petrusamtes sein.

SCV 3

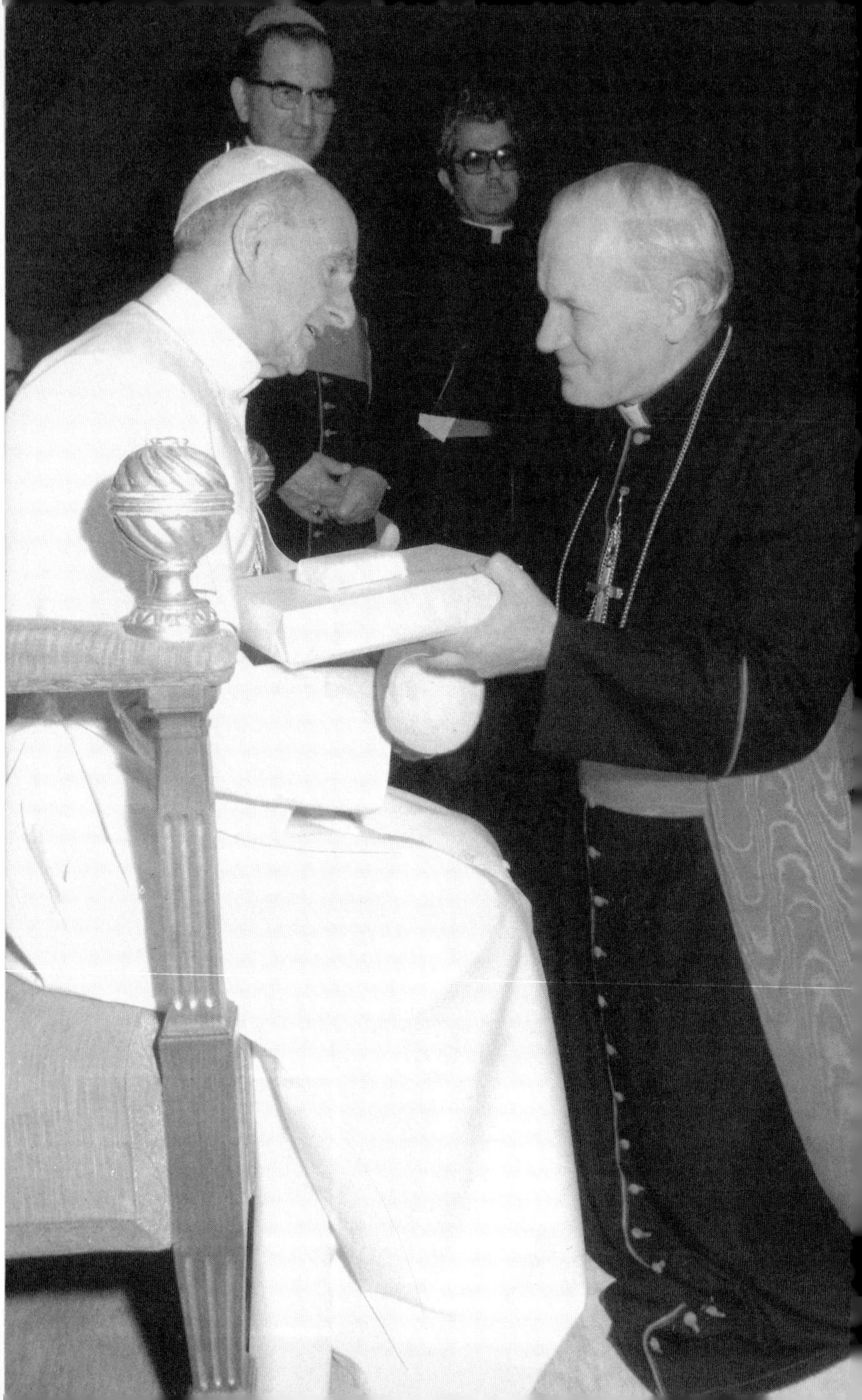

XXI. Sie verstanden sich nicht: Papst Johannes Paul I. und sein Kardinalstaatssekretär Jean Villot. Ihr gespanntes Verhältnis und der plötzliche Tod des Papstes gaben Anlass zu gewagten Spekulationen.

XX. Karol Wojtyla kniet vor Papst Paul VI. Damals ahnte der Kardinal aus dem fernen Krakau, der einmal den eisernen Vorhang zum Fallen bringen würde, noch nicht, dass er selbst einmal Papst wird.

XXII. Im Speisezimmer des päpstlichen Appartements:
Johannes Paul II. liebte einfache Kost.

XXXIII. Der Bodenkuss. Ein Markenzeichen des Pontifikats von Johannes Paul II.

kommunistischen Ländern mit Absicht der Regierung unliebsame Erzbischöfe zu Kardinälen, um diesen den Rücken in ihrem Einsatz für Religions- und Gewissensfreiheit zu stärken oder sie für ihre mutige Verteidigung des Glaubens zu belohnen. Manchmal behielt er deren Namen auch »in pectore« – nämlich aus kirchenpolitischen Gründen noch für sich –, um schwierige Beziehungen des Heiligen Stuhls, etwa mit einer Reihe von totalitären Staaten in der Welt, nicht zu verschlechtern.

Um Kardinal zu werden, gibt es einerseits feste Ausgangspunkte wie zum Beispiel die Leitung einer der großen Diözesen in der Welt oder die Führung einer der wichtigen vatikanischen Kongregationen, die automatisch mit der Verleihung der Kardinalswürde verbunden sind. Früher wurden apostolische Nuntien (sie sind die Botschafter des Heiligen Stuhls) zum Dank dafür mit der Kardinalswürde geehrt, dass sie den Heiligen Stuhl in lobenswerter Weise unter oft schwierigen Umständen bei fremden Regierungen vertreten hatten. Doch diese Gewohnheit wurde von Papst Johannes Paul II. zunehmend abgebaut.

Und dann gab es natürlich die Überraschungen bei Kardinalskreierungen: Hier galten die besondere Treue zum Papst oder besondere Verdienste in der theologischen Forschung. So wurde beim Konsistorium am 2. Februar 1983 dem damals 86-jährigen französischen Theologen Henri de Lubac überraschend vom Papst der Kardinalspurpur verliehen. Den stärksten Beifall hatte bei dem damaligen Konsistorium in der Audienzhalle Pauls VI. übrigens der damals schon als »papabile« geltende Erzbischof von Mailand, Kardinal Carlo Maria Martini, erhalten, als er aufs Podium stieg, um seine Ernennungsurkunde aus der Hand des damaligen Kardinalstaatssekretärs Agostino Casaroli entgegenzunehmen, und später, als der Papst ihm das rote Käppchen (Pileolus) und das rote Kardinalsbirett aufsetzte.

»Gute Seilschaften« im Vatikan sind nützlich, um als Erzbischof an die Spitze einer wichtigen Diözese in der Welt berufen zu werden. Weiter ist es sicher der Karriere förderlich, wenn die zu-

ständigen Bischöfe in der Kurie ihre Amtsbrüder in der Welt persönlich kennen, weil sie mit ihnen vielleicht im selben Jahrgang in der päpstlichen Diplomatenakademie waren oder weil sie gemeinsam Seminaristen im selben päpstlichen Kolleg in Rom waren und zur gleichen Zeit an einer der großen päpstlichen Universitäten in Rom wie der von Jesuiten geleiteten »Gregoriana« studiert haben.
In der Ausbildungszeit werden wie in vielen anderen Berufen auch lebenslange Freundschaften geschlossen, die gegenseitige Hochschätzung und Hilfe beinhalten. Und wenn keine Freundschaft entstanden ist, so hat man wenigstens gemeinsame Erinnerungen, kennt einander und weiß einander einzuschätzen. Ein Beispiel: Der im Jahre 2000 plötzlich an einem Infarkt verstorbene deutsche Erzbischof Johannes Dyba (Bischof von Fulda und früherer Nuntius in Afrika) zum Beispiel gehörte demselben Jahrgang der päpstlichen Diplomatenakademie an wie der heutige Kardinalstaatssekretär Angelo Sodano. Den Vatikan kannte Dyba, der auch lange Jahre als Leiter der deutschsprachigen Sektion des Vatikanischen Staatssekretariats tätig war, besser als die meisten anderen deutschen Bischöfe.
Für den kirchlichen Aufstieg ist es auch gut, Italienisch zu sprechen und sich außerhalb der alle fünf Jahre fälligen Ad-limina-Besuche der einzelnen Bischofskonferenzen zur Berichterstattung über den Stand der Diözesen bei den zahlreichen Kongregationen im Vatikan einzufinden. Und natürlich waren auch die unter Johannes Paul II. zahlreich einberufenen Bischofssynoden eine fantastische Gelegenheit, die Kurienmitarbeiter und die Mitbrüder im Bischofsamt kennen zu lernen und vielleicht durch eine wichtige und gelungene Intervention bei den Synodensitzungen auf sich aufmerksam zu machen.
Gute Beziehungen zu Rom – und dabei soll das Wort Seilschaften gar nicht negativ interpretiert werden – sind sicher das A und O für die Karriere eines Kirchenmannes. Dies gilt in besonderem Maße für die Bischöfe der Dritten Welt. Wenn sie in Rom studiert

haben, ist ihre Chance, in der Heimat eine kirchliche Karriere zu machen, weitaus größer, als wenn sie nur vor Ort in Afrika oder Asien das Seminar besucht und Theologie und Philosophie studiert haben.

In dem Treueeid, den die neuen Kardinäle beim Konsistorium schwören müssen und den der Papst vorspricht, heißt es: »... *usque ad effusionem sanguinis.*« Das ist eine Mahnung an die neuen Purpurträger zum furchtlosen Eintreten für den Glauben und den Papst »bis zum Blutvergießen«.

Enge Verbindung mit Rom

Kardinäle werden nicht ernannt wie Bischöfe. Sie werden vom Papst »kreiert«. Es handelt sich bei der Verleihung der Kardinalswürde um einen souveränen Akt des Papstes, der die Kardinäle aus freiem Willen und freier Entscheidung heraus beruft. Die Kardinäle haben dabei keinerlei Einspruchs- oder Beratungsrecht.

Das Kardinalskollegium wird auch »Senat der Kirche« genannt, denn es handelt sich zweifelsohne um einen der exklusivsten Versammlungskreise, welche die Geschichte aufzuweisen hat. Seit vielen Jahrhunderten war der Papst immer zuvor ein Kardinal, aber dem Kirchenrecht zufolge spricht nichts dagegen, dass auch ein einfacher Priester oder Diakon Papst werden kann.

In den vergangenen acht Jahrhunderten hat das Kardinalskollegium ungefähr 3000 Kardinäle vorübergehen sehen, von denen eine sehr große Anzahl Italiener waren. Im gesamten 20. Jahrhundert hat es knapp 650 Kardinäle gegeben.

Kardinal zu sein bedeutet aber auch, eine enge Verbindung antiken Ursprungs mit Rom zu besitzen. Heute sind die Kardinäle die höchsten Würdenträger der Kirche nach dem Papst, seine Ratgeber und seine ersten Mitarbeiter in der Leitung der Gesamtkirche wie auch die Wähler eines neuen Papstes. In der Geschichte jedoch bezeichnete der Begriff Kardinal ursprünglich einen an einer

Hauptkirche (cardo) auch außerhalb Roms angestellten Geistlichen. Erst später galt die Bezeichnung Kardinal für den Vorsteher einer römischen Kirche.
Die Kardinalbischöfe, die seit dem 12. Jahrhundert Inhaber der sieben suburbikarischen Bistümer waren, vertraten den Papst bei Pontifikalfunktionen. Die Kardinalpriester waren Vorsteher der erst 25, später dann 28 Titelkirchen. Sie versahen abwechselnd den Gottesdienst an den Patriarchalbasiliken. Die Kardinaldiakone – sie waren die ursprünglich sieben und später zwölf Vorsteher der Armenregionen – und die »Pfalzdiakone« assistierten beim päpstlichen Gottesdienst. Alle Kardinäle wurden vom Papst um Rat gebeten.
Seit Papst Nikolaus II. (1059–1061) im Jahre 1059 und sein aus Siena stammender Nachfolger Alexander III. (1159–1181) im Jahre 1179 den Kardinälen das ausschließliche Papstwahlrecht verliehen hatten, erreichte das Amt der Kardinäle überaus große Bedeutung. Seit Ende des 12. Jahrhunderts wurden auch auswärtige Bischöfe als Kardinalpriester oder Kardinaldiakone ins Kardinalskollegium aufgenommen. Vom 12. bis 16. Jahrhundert hatte das Kardinalskollegium seinen größten Einfluss auf die Regierung der Kirche. Die Kardinäle regierten sogar mit, besonders dann, wenn sie durch ihren Einfluss dem jeweiligen Papst zum Besteigen des päpstlichen Thrones verholfen hatten und wenn sie mit ihm eng verwandt waren, wie dies öfter der Fall war.
Nach der Einrichtung der Kardinalskongregationen und der anderen Kurienbehörden, zu deren Leitern und Mitgliedern der Papst die Kardinäle ernannte, verlor das Kardinalskollegium an Bedeutung. Im Mittelalter sank die Anzahl der Kardinäle – es gab nur sechs Bischöfe, 28 Priester und 18 Diakone. Die Reformkonzilien von Konstanz und Basel setzten die Zahl der Kardinäle auf 24 fest. Papst Sixtus V. (1585–1590) erhöhte die Zahl auf insgesamt 70, darunter sechs Bischöfe, 50 Priester und 14 Diakone. Erst im Jahre 1958 überschritt Papst Johannes XXIII. (1958–1963) diese Zahl erstmals.

Die Leiter der Kurienkongregationen und anderen Kurienbehörden sind auch heute noch ausschließlich Kardinäle. Sie allein werden als persönliche Vertreter des Papstes (päpstliche Legaten) in seinem Namen und seinem Auftrag zu wichtigen Veranstaltungen der Ortskirchen in der Welt und anderen wichtigen Ereignissen entsandt, zu denen der Papst nicht persönlich erscheinen kann.

Purpur und Kardinalshut

Die Kardinäle genießen zahlreiche Privilegien auf dem Gebiet der Liturgie, der Sakramente und des Gottesdienstes, und sie erfreuen sich eines besonderen strafrechtlichen Schutzes. Seit Papst Urban VIII. (1623–1644), der dieses Ehrenrecht im Jahre 1630 einführte, dürfen die Kardinäle den Titel Eminenz führen.

Die Hauptinsignien der Kardinäle sind der rote Kardinalshut delt es sich um einen und der Kardinalspurpur ihrer Kleidung. Beim Kardinalshut hanroten Hut mit ungewöhnlich breiter Krempe und beiderseits 15 Quasten. Er wird fast nie tatsächlich getragen, sondern in der Kathedrale oder der Titelkirche des jeweiligen Kardinals aufgehängt. Später wird er auf den Sarg gelegt oder in der Gruft aufgehängt. Er erscheint vor allem als Wappenzier. So führt der am 23. Mai 1911 im bayerischen Marienwallfahrtsort Altötting geborene Kardinal Augustinus Mayer OSB in seinem Wappen den Hut mit den 15 Quasten und eine Abbildung der Schwarzen Madonna von Altötting. Der verstorbene italienische Kurienkardinal Silvio Oddi hatte sich sein Kardinalswappen sogar auf die Kissen auf seinem eleganten Sofa im Salon sticken lassen. Kardinal Augustinus Mayer war als eines der ältesten Mitglieder des Kardinalskollegiums am 4. April 2005 im Petersdom bei der Aussegnung der sterblichen Überreste Johannes Pauls II. dabei.

In Italien genießen die Kardinäle – auch diejenigen, die außerhalb des Vatikans residieren – aufgrund des Lateranvertrages (Artikel 21) besondere Vorrechte. Die Kurienkardinäle sind durchwegs va-

tikanische Staatsbürger und haben als solche einen vatikanischen Pass.
Gemäß der historischen Entwicklung weist das Kardinalskollegium auch heute noch drei Kategorien auf: die Kardinalbischöfe, die Kardinaldiakone und die Kardinalpriester. Ihnen wird vom Papst beim Konsistorium je eine römische Titelkirche als Diakonie beziehungsweise als Titelkirche zugewiesen, an der die Kardinäle gewisse Rechte haben. Ihr Wappen ziert den Eingang der jeweiligen Kirche, und die Inbesitznahme der Titelkirche durch den neuen Kardinal ist für die jeweiligen römischen Pfarrkinder immer ein großes Fest. Ist der neue Kardinal ein Afrikaner oder Asiate, kommen dann oft auch Patenschaften und Freundschaften zustande, welche die Universalität der katholischen Kirche widerspiegeln. Diese Universalität ist in Rom ohnehin nicht zu übersehen, allein schon weil die Generalate der verschiedenen Ordenskongregationen ihren Sitz in der Ewigen Stadt haben und an der Kurie Menschen aus aller Welt arbeiten.

Genaue Überprüfung der Kandidaten für das Bischofsamt

Vorbedingung dafür, dass man Kardinal und damit eventuell »Papstmacher« wird, ist zumeist eine kirchliche Karriere. Der wichtigste Sprung nach oben auf der »Karriereleiter« ist die Ernennung zum Bischof. Doch wie wird man Bischof?
Rund um Bischofsernennungen gibt es immer wieder »antirömische« Polemik, wenn nach dem Tod eines Bischofs oder Weihbischofs das jeweilige Amt über zehn Monate und länger hinweg unbesetzt bleibt: Warum dauert es mit den Bischofsernennungen in Deutschland so lange? Schläft man in Rom?, fragen sich zahlreiche Gläubige, die sich über die Verspätung bei der Nominierung ihrer Ortsbischöfe Gedanken machen: Ist die Bürokratie an der römischen Kurie schuld? Oder etwas anderes?
Die Verfasserin hat sich im Vatikan erkundigt, wie eine Bischofs-

ernennung vor sich geht. Erstens: Diskretion ist angesagt. Wenn Namen von Kandidaten für das Amt des Diözesanbischofs schon vorab an die Presse dringen, tut man dem Anwärter auf den Bischofsstuhl keinen Gefallen. Es ist schon häufig vorgekommen, dass der bereits von den Medien gekürte Bischof es dann doch nicht wurde. In Rom ist die Vatikanische Bischofskongregation, an deren Spitze heute der frühere vatikanische Innenminister, Kardinal Giovanni Battista Re, steht, für etwa zwei Drittel aller Bischofsernennungen zuständig. Das letzte Drittel (Bischofsernennungen in der Dritten Welt) wird von der Vatikanischen Kongregation für die Glaubensverbreitung »Propaganda Fide« vorgenommen. Für Europa ist die Bischofskongregation zuständig. Doch natürlich entscheidet der Präfekt der Bischofskongregation nicht allein über eine Ernennung, sondern in Übereinstimmung mit den zurzeit etwa 30 Kardinälen und 12 Bischöfen, die vom Papst zu Mitgliedern dieser wichtigen Kongregation berufen wurden. Allerdings können die außerhalb Roms lebenden Kardinäle nicht immer an den regelmäßig stattfindenden Sitzungen der Bischofskongregation teilnehmen, auf denen die Vorschläge für Bischofsernennungen in aller Welt besprochen werden. Dabei beziehen alle anwesenden Kardinäle und Bischöfe der Reihe nach Stellung. »Im Hauruckverfahren geht natürlich nichts«, heißt es in vatikanischen Kreisen.

Als Erstes wird einem Kardinal die Aufgabe übertragen, unter Berücksichtigung des gesamten vorliegenden Materials eine »positio«, eine Stellungnahme, über die Kandidaten für einen zu besetzenden Bischofsstuhl und über die Situation der Diözese zu erarbeiten. Darin sind Pro und Kontra enthalten. Detailliert wird festgehalten, was den Kandidaten empfiehlt, aber auch, welche Bedenken gegen ihn bestehen können. Den anderen Kardinälen liegt eine von der Bischofskongregation verfasste synthetische Zusammenfassung der »positio« vor. Wer will, kann das gesamte Material einsehen. Oft müssen mehrere Nachfragen vom Vatikan an die Nuntiatur gestellt werden. Diese muss erneut in der Diözese nachfragen. Und oft lassen die Antworten, die dann nach Rom weitervermittelt werden, auf sich warten. Da die Konkordatsverhältnisse in Deutschland verschieden sind, gibt es mehrere Wege der Bischofswahl. Zum Beispiel wählt das Domkapitel in Rottenburg-Stuttgart aus einer von Rom vorgeschlagenen Dreierliste in demokratischer Wahl einen Bischof aus. Einer der Bischöfe aus der Dreierliste muss aus der Diözese kommen, für die ein neuer Bischof gesucht wird. Je nach Konkordat muss eventuell auch bei der Regierung rückgefragt werden, ob gegen den Kandidaten für einen Bischofsstuhl Einwände bestehen.

Die Ernennung eines Bischofs ist auch deshalb heute zunehmend schwerer und langwieriger als früher, weil die auserwählten Kandidaten für den Bischofsstuhl nicht so selten ihre Zustimmung zur Ernennung verweigern. Manchmal nehmen sie das Amt erst nach zweimaliger Bitte des Papstes an. Darüber vergeht Zeit.

Die Befragung von Personen innerhalb der Diözese, in welcher der Bischofssitz vakant ist, dauert geraume Zeit. Diese Befragung wird von der Apostolischen Nuntiatur vorgenommen. Dabei werden Laien und Priester gefragt, ob sie einen geeigneten Kandidaten für das Amt des Bischofs kennen. Gleichzeitig untersucht die Nuntiatur die Situation in der jeweiligen Diözese: Was sind die vorrangigen Bedürfnisse der Diözese, und welche Eigenschaften muss der neue Bischof besitzen, um den Anforderungen gerecht werden zu können? Diese können sich mit den Jahren geändert haben. »Der richtige Bischof zur richtigen Zeit« muss gefunden werden.

Die dann vom Apostolischen Nuntius vor Ort nach Rom gesandte Befragung über die Lage der Diözese muss in der Bischofskongregation geprüft werden. Oft betreffen die Vorschläge für einen neuen Bischof einen Kandidaten aus einer Nachbardiözese. »Einer aus der Diözese selbst hat manches Mal zu viele Stimmen pro und kontra, um in Betracht gezogen zu werden«, konnte die Verfasserin erfahren.

Wer zum Weihbischof bestimmt wird und vielleicht einmal in der

Zukunft zum Diözesanbischof avancieren könnte, wird mit dem Prädikat »per oculis habiatur« belegt. Das heißt, seine Entwicklung wird »im Auge behalten«. Wenn die Entscheidung fällt, wird dies in Latein gesagt:
»Reponatur« heißt, dass der Kandidat zurückgestellt wird.
»Approbatur« heißt, dass der Kandidat Zustimmung gefunden hat.
Die Ernennung eines Bischofs durch den Papst wird gleichzeitig in der Diözese selbst und im Bulletin des vatikanischen Pressesaals bekannt gegeben.

5.2 Schlüsselfigur beim Konsistorium 2001: Kardinal Lehmann

Das Wort »Konsistorium« hat mehrere Bedeutungen: Es steht für die feierliche Zeremonie, bei der den neu ernannten Kardinälen vom Papst der Kardinalspurpur überreicht wird. Konsistorium kann aber gleichzeitig auch ganz einfach nur eine »Versammlung« der Kardinäle bedeuten, die sich regelmäßig zu Arbeitssitzungen im Vatikan treffen, um über wichtige Fragen zu beraten. Im Februar 2004 stand das neunte Konsistorium von Johannes Paul II. an. Alle drei Jahre ernennt der Papst in der Regel eine Reihe von neuen Kardinälen, um das Wahlgremium der obersten Kirchenfürsten bei einem Konklave auf dem Stand der vorgeschriebenen Zahl von 120 Papstwählern zu erhalten. Das achte Konsistorium von Johannes Paul II. im Februar 2001 war als ein Konsistorium der Rekorde in die Kirchengeschichte eingegangen. Eigenwillig hatte Papst Johannes Paul II. alte Regeln und Gewohnheiten außer Kraft gesetzt und gleich 44 neue Purpurträger ernannt. Normalerweise beträgt die Zahl der neuen Kardinäle bei einem Konsistorium 20 bis 25. Papst Paul VI. hatte diese Zahl auch überschritten, als er am 28. April 1969 33 neue Kardinäle ernannt und noch zwei Kardinäle »in pectore« hinzugefügt hatte, deren Namen aus politischen Gründen nicht preisgegeben werden konnten. Erstmals in der Geschichte hatte Johannes Paul II. für das Konsistorium 2001 – was ihm auch die Kritik einiger Kardinäle eingetragen hatte – ein Konsistorium in zwei Teilen angekündigt. Am Sonntag, den 21. Januar 2001 hatte er 37 neue Kardinalsernennungen bekannt gegeben, darunter auch die Deutschen Walter Kasper, Präsident des Vatikanischen Einheitsrats und den hochverdienten emeritierten Professor Leo Scheffczyk. Doch niemand hätte gedacht, dass er nur eine Woche später noch einmal Kardinäle ernennen würde. Zu den sieben am 28. Januar 2001 in sensationeller Weise »nachgeschobenen« Kardinälen gehörten zur Überraschung aller der Mainzer Bischof Karl Lehmann und der inzwischen verstorbene konservative und linientreue Erzbischof von Paderborn, Joachim Degenhardt.

Überraschung: Kardinalshut für Karl Lehmann

Als »Schlüsselfigur« aller Kardinalsernennungen des Papstes wurde in der italienischen Presse am 29. Januar 2001 der »historische Rebellenbischof« Karl Lehmann genannt. Seine Ernennung wurde als Friedensangebot des Papstes an die deutschen Katholiken und an die deutschen Bischöfe nach dem jahrelangen Streit um die Teilnahme der katholischen Kirche an den staatlichen Stellen zur Schwangerschaftskonfliktberatung angesehen: Einmal mehr hatte der Papst mit der Ernennung Lehmanns bewiesen, dass er stets für Überraschungen gut und nicht nachtragend ist. Der Bischof von Mainz wurde dafür belohnt, dass es ihm – wenn auch unwillig – gelungen war, die deutschen Bischöfe zum Gehorsam gegenüber dem Papst zu bewegen und deren Einheit zu wahren.

Der »deutsche Bischof, der Kardinal Ratzinger herausgefordert hat«, sei erst »im letzten Augenblick« auf die Kardinalsliste gesetzt worden, enthüllte die linksliberale Tageszeitung »La Repubblica« am 29. Januar 2001. Schon unter den gewöhnlich gut informierten italienischen Vatikanjournalisten hatte es im vatikanischen Pressesaal kurz nach Bekanntgabe der sieben neuen Kardinäle beim Angelusgebet am Sonntag, den 28. Januar 2001, geheißen, Lehmann habe um Mitternacht noch nicht auf der Zusatzliste gestanden. Es wurde sogleich gemutmaßt, Kardinalstaatssekretär Angelo Sodano habe seinen wachsenden Einfluss auf den alten und kranken Papst geltend gemacht und ihn dazu bewegt, Lehmanns Namen doch noch im letzten Augenblick der Kardinalsliste hinzuzufügen.

Auf der ersten Seite von »La Repubblica« hieß es in einem Kommentar des Vatikanexperten Marco Politi unter der Überschrift »Die Revanche der Deutschen« am 29. Januar 2001: »Mag er auch aus der Dritten Welt kommen, der nächste Papst, und der Menge auf dem Petersplatz mit spanischem Akzent seinen Segen erteilen – das Duell wird während eines Konklaves zwischen zwei Deutschen ausgetragen: der Kardinal aus Stahl gegen den liberalen Kardinal.« Politi hob hervor, außer der gemeinsamen Muttersprache trenne Ratzinger und Lehmann alles, angefangen bei der Wiederzulassung der wiederverheirateten Geschiedenen bis hin zur Leitung von Pfarreien ohne Priester durch Laien. Auch über andere Themen seien der »unbeugsame Ratzinger« und der »erleuchtete Lehmann« aneinander geraten, etwa über die freie Forschung für Theologen oder darüber, ob die Schwangerschaftskonfliktberatungsstellen in einem staatlichen System, in dem die Abtreibung vorgesehen ist, auch eine positive Rolle spielen könnten. Der eine habe den Papst, der andere die deutschen Bischöfe hinter sich gehabt.

Es werde eines Tages in der Sixtinischen Kapelle »ganz schöne Kämpfe geben«, sah Politi voraus, wenn »der Rhein in den Tiber fließt«, wie man in Konzilszeiten über das Gewicht des theologischen Gedankens aus Germanien gesagt habe. Politi wettete darauf, dass die Wasser der beiden Flüsse im Augenblick der künftigen Papstwahl äußerst bewegt sein würden. Weiter verwies der Journalist darauf, dass »die Allmacht des Papstes« eine Grenze

habe. Nachdem er Lehmann zehn Jahre lang den Kardinalshut verweigert habe, habe er schließlich nachgeben müssen.
Vatikanischen Insidern zufolge wurde die Verleihung der Kardinalswürde an Lehmann von den liberalen Kardinälen aus dem Kreis um den Mailänder Kardinal Carlo Martini SJ durchgedrückt, zu denen auch der Prager Erzbischof, Kardinal Miloslav Vlk gehört. Sie sollen Druck auf Kardinalstaatssekretär Angelo Sodano und den Papst ausgeübt haben, weil ihnen die am 21. Januar 2001 designierte Kardinalsgruppe »zu Lateinamerika-lastig und zu konservativ« erschienen sei und man Lehmann bei einer möglichen Papstwahl ganz dringend als »großen Papstwähler« beim liberalen Wählerkreis brauche, um einen Ausgleich zu den vielen Konservativen schaffen zu können.
Vatikan-Korrespondenten munkelten damals, die europäischen Bischöfe hätten sich durch das neuerliche Übergehen Lehmanns brüskiert gefühlt. Daraufhin soll Kardinal Vlk namens der europäischen Bischofskonferenzen bei Kardinalstaatssekretär Sodano interveniert haben. Ein weiterer Gesichtspunkt soll auch die vom Heiligen Stuhl und Deutschland unterstützte EU-Osterweiterung gewesen sein, zumal der Vatikan sich von der Deutschen Bischofskonferenz Hilfe beim Aufbau kirchlicher Strukturen im Osten erhoffe. Immer wieder hatte Johannes Paul II. den Wunsch geäußert, Europa möge »auf zwei Lungen« atmen können.

Lateinamerika auf dem Vormarsch im Februar 2001

Mit seinen 44 Kardinalsernennungen im Februar 2001 wollte der Papst die Universalität der Kirche und die Vielfalt ihrer Ämter widerspiegeln. Er löste aber gleichzeitig eine »kleine Revolution« im Senat der Kirche aus: Auffallend hoch war die Anzahl der neuen Kardinäle aus Lateinamerika beim achten von insgesamt neun Konsistorien, nämlich elf. Bei der Papstwahl dürften die Lateinamerikaner daher immer stärker ins Gewicht fallen. Mehr als die

Hälfte der Katholiken in der Welt leben inzwischen in Nord- und Südamerika. Der amerikanische »Block« umfasst immerhin rund dreißig Prozent der Papstwähler.
Italienische Zeitungen nannten bereits den lateinamerikanischen Salesianer Oscar Maradiaga Rodriguez als »neuen Stern« am Himmel der »papabili«. Der aus Honduras stammende Kardinal gehörte zu den neuen Purpurträgern an der Spitze großer Diözesen in der Welt, die traditionell als »Kardinals-Städte« gelten. Allerdings ist der am 29.12.1942 geborene Erzbischof von Tegucigalpa wohl zu jung, um eine Chance als Nachfolger von Johannes Paul II. zu haben. Maradiaga zählte beim Konsistorium 2001 gemeinsam mit dem Wiener Kardinal Christoph Schönborn (geboren am 22. Januar 1945) und dem bosnischen Kardinal Vinko Puljic (geboren am 8. September 1945) zu den jüngsten Mitgliedern des Kardinalskollegiums. Puljic, der merkwürdigerweise manchmal als »papabile« genannt wird – er wäre wohl mit einem solchen Amt schon aufgrund seiner mangelnden Sprachkenntnisse überfordert – war 2001 der Jüngste im Kardinalskollegium.

Neue Akzente beim letzten Konsistorium 2003

Erwartet hatte man ein Konsistorium für den Februar 2004. Dass der Papst es bereits auf den Oktober 2003 vorverlegte, wurde allgemein als ein Zeichen für das herannahende Ende und die großen gesundheitlichen Probleme des Papstes verstanden. Über der Aufmerksamkeit, die dem schwer kranken, sich nur noch unter großen Mühen artikulierenden Papst galt, ging unter, dass sich gerade dieses, sein letztes Konsistorium durch eine Reihe von mutigen Entscheidungen auszeichnete. Wurden in der Vergangenheit oft verdiente Bischöfe durch die Aufnahme in das Kardinalskollegium geehrt, so schien sich jetzt die Perspektive umzukehren, schien sich der Blick nach vorne, auf die Zukunft der Kirche, zu richten. Papst Johannes Paul II. berief eine ganze Anzahl von jungen, dynamischen Köpfen in die erste Reihe der Kirche. Die Betroffenen – etwa der Ungar Péter Erdö, der Franzose Philippe Barbarin, der Schotte O'Brien – werden vermutlich selbst überrascht gewesen sein, dass der Papst sie rief. Es sind Namen, die bei dem jetzt anstehenden Konklave wahrscheinlich noch keine entscheidende Rolle spielen werden. Zu wenig integriert sind sie in das Netzwerk kurialer Macht; sie haben keine Lobby und sie können zu wenig Erfahrung vorweisen. Aber betrachtet man sich die erstaunlichen Biographien dieser »jungen« Macher (siehe unten), könnte man sich doch fragen, ob sich nicht auch das ehrwürdige Kardinalskollegium anstecken lassen könnte von solch hinreißender Vitalität. Immerhin geht es nicht darum, dass ein solider greiser Administrator die nächsten Jahre der katholischen Kirche einigermaßen sauber über die Runden bringt. Es geht vielmehr darum, ob an der Spitze der Kirche ein Mann stehen wird, der die nächste Generation für Christus gewinnt. Der todkranke Johannes Paul II. hat das Herz der jungen Leute angerührt. Jetzt müsste einer kommen, der das Feuer entfacht, der sie mit Argumenten gewinnt, der sie für den Dienst an einer gerechteren Welt in die Pflicht nimmt. Viele beten darum.

5.3 Einflussreiche Kurienkardinäle

Eduardo Martinez-Somalo: Kämmerer der Kirche

Kardinal Eduardo Martinez-Somalo, seit dem 5. April 1993 Kämmerer der Kirche, hat Johannes Paul II. als langjähriger »Vatikanischer Innenminister« (Substitut im Vatikanischen Staatssekretariat bis 1988) sehr nahe gestanden und ihn auf zahlreichen Auslandsreisen in der ersten Pontifikatshälfte begleitet. Auch während seiner späteren Amtszeit als Präfekt der Vatikanischen Kongregation für die Ordensleute und das geweihte Leben gehörte er zum engen Kreis der Mitarbeiter von Karol Wojtyla, mit dem er die ernsten Sorgen um den mangelnden Nachwuchs an geeigneten Priesteramtskandidaten teilte. Johannes Paul II. schätzte seinen Sinn für Humor und seine Fähigkeit, Probleme mit Gelassenheit anzugehen und zu lösen. Er hat im Augenblick des Ablebens des Papstes am Samstag, den 2. April 2005 um 21.37 Uhr automatisch die provisorischen Regierungsgeschäfte der Kirche während der traurigen Zeit ohne Papst übernommen. Abwechselnd stehen ihm drei Kardinal-Assistenten zur Seite, die durch Los aus den bereits in Rom eingetroffenen Kardinälen bestimmt werden. Während der fünfzehn bis zwanzig Tage des »Sede vacante« – des leeren Stuhls Petri – ist er der »erste Mann in der Kirche«. Entscheidungen können ohne ein offizielles Kirchenoberhaupt allerdings nicht getroffen werden.

Seine traurigste Aufgabe: Martinez-Somalo führte in einem wunderschönen golddurchwirkten liturgischen Gewand die Prozession an, die sich am Montag, den 4. April um 17.07 Uhr mit der rotsamtenen Bahre »seines« Papstes von der Vatikanischen »Sala Clementina« (Klementinischer Saal) aus in Bewegung setzte. Acht Schweizer Gardisten mit Hellebarden eskortierten den Trauerzug. Von zwölf seiner »Gentiluomini«, den vornehmen Empfangsherren des Päpstlichen Zeremonienbüros, wurde der tote Papst durch die prunkvollen Gemächer und Säle getragen, in denen er über 26 Jahre lang Staatsoberhäupter und Gruppen mit Gläubigen empfangen hatte. Als der Zug das Vatikanische Bronzetor erreichte, brauste ohrenbetäubender Applaus auf dem Petersplatz auf: Alle wollten Johannes Paul II. ein letztes Mal sehen und ihm zujubeln. Aufgrund seiner schweren Herzkrankheit (vier Bypässe) hatte Martinez-Somalo gegenüber spanischen Journalisten gern gesagt: »Ich wünsche mir, dass der Papst selbst einmal meine Begräbnisfeier vornimmt.« Nun war er es, der die sterbliche Hülle des Papstes vor dem Hauptaltar mit dem berühmten Bernini-Baldachin im Petersdom segnete, bevor sich hunderttausende von Gläubigen aus aller Welt drei Tage lang in einer kilometerlangen Schlange von ihm »verabschieden« konnten. Nach der Würdigung durch das Volk Gottes waren beim Requiem am Freitag, den

8. April die Staatsoberhäupter und gekrönten Häupter aus aller Welt an der Reihe, Johannes Paul II. die letzte Ehre zu erweisen. Martinez-Somalo wurde am 31. März 1927 in der antiken spanischen Diözese Rioja geboren. Er studierte Theologie und Kirchenrecht an der Päpstlichen Gregoriana-Universität, bevor er in den diplomatischen Dienst der Kirche eintrat. Der Vize-Dekan ist ein in der Öffentlichkeit wenig bekannter italienischer Vatikan-Diplomat: Es handelt sich um den aus der norditalienischen Region Piemont stammenden Erzbischof Paolo Sardi, der am 1. September 1934 geboren wurde. Er hat im Vatikanischen Außenministerium Sonderaufgaben inne wie das Korrigieren und letzte Durchsehen aller im Vatikan veröffentlichten Dokumente und Ansprachen.

Francis Arinze: »großer Papstwähler« für Afrikaner

Es gibt nach der Rückkehr des schwarzen Kurienkardinals Bernardin Gantin nach Benin nur noch einen schwarzen Kurienkardinal in einer hohen Position: den aus Nigeria stammenden Kurienkardinal Francis Arinze (*1932), der schon mit 32 Jahren Bischof wurde. Ihm hat der Papst am 1. Oktober 2002 ein wichtiges Amt anvertraut, nämlich das des Präfekten der Vatikanischen Kongregation für die Sakramente und den Gottesdienst. Zuvor leitete Arinze 18 Jahre lang die Kongregation für den Dialog mit den Weltreligionen, die zuletzt an Einfluss verlor. Der im Stammesdenken verwurzelte Afrikaner, der gleichwohl aufgrund seiner langen Studien- und Kurienerfahrung ein »Römer« ist, gilt als ein Mann des Ausgleichs. Am eigenen Leib hat er erlebt, was Armut, Hunger und Krieg bedeuten. Während des schrecklichen Bürgerkrieges in Biafra (1967–1969) stand er der Kirche seines Landes vor. Arinze ist zwar wegen seines Humors im Vatikan beliebt, wurde aber wohl eher zu Unrecht von der englischen Presse als »papabile« eingestuft. Der sympathische, herzliche Mann könnte als Papst allzu leicht zu einem Spielball einflussreicher kurialer

Gruppen werden. Der Schwarzafrikaner hat sich große Verdienste um den interreligiösen Dialog erworben. Vor allem im schwierigen Dialog mit dem Islam hat er mit Erfolg um Vertrauen für die katholische Kirche und deren Anliegen für Frieden und Gerechtigkeit geworben. Arinze organisierte auch das erste historische Gebetstreffen der Weltreligionen in der umbrischen Friedensstadt Assisi am 27. Oktober 1986.

Castrillon Hoyos Dario

Seit Februar 1998 Präfekt der Vatikanischen Kleruskongregation, ist Kardinal Castrillon (*1929) in seiner Funktion zuständig für den Klerus in der Welt. Nach der jüngsten Statistik vom Dezember 2001 werden dazu 405 067 Priester, 4649 Bischöfe und 29 204 Diakone gezählt. Castrillon Hoyos ist auch der Vorsitzende der Päpstlichen Kommission »Ecclesia Dei«, die sich um eine Wiederintegrierung der von Rom abgespaltenen Anhänger des traditionalistischen Erzbischofs Marcel Lefevbre bemüht. Zwar gelang es dem Kardinal, im Jahr 2000 eine brasilianische Gemeinschaft von Traditionalisten mit 26 Priestern und mehr als 28 000 Laien in den Schoß der Kirche zurückzuholen, doch die Führungsspitze der in der weltweit verbreiteten »Priesterbruderschaft St. Pius X.« organisierten Lefevbre-Anhänger mit Sitz in Econe/Schweiz bleibt trotz der Einigung in Brasilien von der Kirche getrennt und wiederholt ihre Anschuldigungen gegen das Zweite Vatikanische Konzil, das nach Ansicht der Traditionalisten Tür und Tor für eine Verwässerung der katholischen Lehre geöffnet hat, und fordert einen Stopp des ökumenischen und interreligiösen Dialogs sowie die Wiedereinführung der Liturgie in Latein. Der Priesterbruderschaft Pius X. gehören heute rund 150 000 Mitglieder vor allem in der Schweiz, in Deutschland, Frankreich, Australien, den USA und Argentinien an. Der am 4. Juli 1929 in Medellin geborene Kolumbianer genießt hohes Ansehen beim

Papst, er gilt als konservativer Theologe und steht der katholischen Präfektur Opus Dei nahe. Auch wenn seine Wiege in der Stadt Medellin stand, von wo aus die lateinamerikanischen Bischöfe ihre »vorrangige Option für die Armen« proklamiert hatten, hegt Castrillon Hoyos keine Sympathien für die Verfechter der Befreiungstheologie. Der Kardinal wirkt asketisch und wäre von seinem Alter her dazu geeignet, zum engeren Kreis der »Papabili« (der Papstbaren) zu gehören. Er beherrscht acht Sprachen, darunter auch Deutsch, und unterhielt in seiner Zeit als Bischof von Pereira und Bucaramaranga gute Kontakte zum deutschen Hilfswerk für Lateinamerika »Adveniat«. Als Bischof in Kolumbien hat er sich um eine Verbesserung der Lebensbedingungen von Straßenkindern bemüht und immer wieder versucht, den Drogenhändlern und Kaffeebaronen in seinem Land ins Gewissen zu reden. Jahrelang hatte er eine Vermittlerrolle zwischen den linken Guerilleros und paramilitärischen rechten Gruppen inne. Als ehemaliger Generalsekretär und Präsident des Lateinamerikanischen Bischofsrates CELAM setzte er sich für mehr soziale Gerechtigkeit und für die Durchsetzung der Soziallehre der Kirche ein. Würde er zum Papst gewählt werden, wäre es ein ziemliche Überraschung – und ein klares Signal für eine Entwicklung der Kirche in eine sehr traditionelle Richtung. Aber Castrillon ist gewiss ein wichtiger und einflussreicher »Papstwähler«

Ignace Moussa I. Daoud, Patriarch der mit Rom unierten syrischen Kirche von Antiochien, Präfekt der Vatikanischen Kongregation für die Ostkirchen

In diesem Amt folgte Moussa (*1930) dem italienischen Kardinal Achille Silvestrini nach, der aus Altersgründen zurückgetreten war. Als Präfekt seiner Kurienbehörde ist der Patriarch für die Angelegenheiten von rund zwanzig Millionen Gläubigen katholischer Ostkirchen zuständig. Seinen schwarzen turbanförmigen

Hut hat der sprachbegabte Patriarch nach der Ernennung zum Kardinal nicht gegen ein rotes Kardinalsbirett eingetauscht. Daoud wurde in Meskane bei Homs in Mittelsyrien geboren. 1994 wurde er Metropolit in seiner syrischen Heimat. Im November 1998 wurde er zum Patriarchen seiner Kirche gewählt und residierte danach in Beirut/Libanon. Die syrisch-katholische Kirche zählt heute rund 150 000 Mitglieder in aller Welt. Hunderttausend von ihnen leben im Nahen Osten (50 000 im Irak, der Rest in Syrien, im Libanon, im Heiligen Land, in Ägypten, im Sudan und in der Türkei). Rund 50 000 Mitglieder hat die syrisch-katholische Kirche in den USA.

Zenon Grocholewski: Präfekt der Kongregation für das katholische Bildungswesen

Der am 11. Oktober 1939 in der Erzdiözese Posen (Poznan) geborene Pole kam 1972 in den Vatikan. Seit 1980 war er Sekretär des obersten Tribunals der Kirche, der Apostolischen Signatur. 1998 war er Präfekt des Obersten Gerichtshofs der Kirche geworden. Der freundliche, hochgewachsene Pole hat einen Schlüsselposten inne und ist häufig auf Reisen, um die katholischen Universitäten in aller Welt und andere katholische Erziehungseinrichtungen zu besuchen. Im Ausland ist der Kirchenrechtler deswegen bekannter als in Italien. Neben dem schwer kranken ehemaligen Präsidenten des Päpstlichen Medienrates, Kardinal Andrzej Maria Deskur, wird er als zweiter Pole, der an der Kurie beheimatet ist, an einem Konklave teilnehmen. Das hartnäckige Gerücht, der polnische Papst habe sich eine Art »Hofstaat« aus Landsleuten aufgebaut, wird widerlegt durch die Tatsache, dass außer Grocholewski nur drei Polen in übergeordneter Funktion an der Kurie tätig sind, unter ihnen der Päpstliche Privatsekretär, Bischof Stanislaus Dziwisz. Zusätzlich gibt es vier apostolische Nuntien polnischer Herkunft, die den Heiligen Stuhl in verschiedenen Ländern der Welt vertreten.

Jose Saraiva Martins CMF: Präfekt der Vatikanischen Selig- und Heiligsprechungskongregation

Der am 6. Januar 1932 in der portugiesischen Diözese Guarda geborene Ordensmann war lange Jahre Rektor der päpstlichen Urbaniana-Universität und schon Sekretär der Vatikanischen Kongregation für das katholische Bildungswesen (seit 1988). Der zurückhaltende, freundliche Portugiese hat Karriere am Vatikan gemacht, ohne sich darum bemüht zu haben. Wie Papst Johannes Paul II. hat er ein enges Verhältnis zum portugiesischen Marienwallfahrtsort Fatima, unter anderem auch, weil er mit der Seligsprechung von zweien der drei Hirtenkinder befasst war, die der Papst am 13. Mai 2000 in Fatima vorgenommen hatte.

Mario Francesco Pompedda: pensionierter Präfekt des Obersten Gerichtshofes, der Apostolischen Signatur

In diesem Amt war Pompedda Nachfolger des Schweizer Kardinals Gilberto Agustoni. Der am 18. April 1929 in Ozieri/Sardinien geborene Kardinal wurde 1951 zum Priester und am 6. Januar 1998 vom Papst zum Bischof geweiht. Bevor er die Leitung des Obersten Gerichts, der Apostolischen Signatur, übernahm, war er sieben Jahre lang Dekan des Obersten Berufungsgerichts der Kirche, der »Römischen Rota«, die unter anderem in zweiter Instanz für kirchliche Ehe-Nichtigkeitserklärungen zuständig ist. An dieser Behörde hatte er bereits seit 1969 als Richter gewirkt.

Paul Poupard: großer Papstwähler der Franzosen

Der aus dem Elsass stammende Kurienkardinal Paul Poupard (*1930), Kardinal seit 1985, ist Präsident des Päpstlichen Rates für die Kulturen, ein interessanter, außerordentlich gebildeter und kreativer Mann. Er war es, der Gerard Depardieu die Lektüre der Confessiones von Augustinus nahe legte, ihn für ein Filmprojekt über den großen Kirchenlehrer gewinnen wollte, was den Schauspieler zu einer (Wieder-)Hinwendung zum Glauben brachte. Drehbuchautor des Filmprojektes sollte übrigens der Kurienkardinal höchstpersönlich sein.

Joseph Ratzinger: Dekan des Kardinalskollegiums; Vorsitz beim Konklave und »Wortführer« der Kardinäle

Erstmals in der modernen Kirchengeschichte ist ein Deutscher zum Dekan des Kardinalskollegiums gewählt worden. Nach dem Tod des Papstes hat Kardinal Ratzinger, der Dekan, der zugleich Leiter der Glaubenskongregation ist, wichtige in den Konklaveregeln festgelegte Funktionen zu erfüllen, wie beispielsweise die Einberufung der Kardinäle aus aller Welt zu einem Konklave innerhalb von 15, maximal 20 Tagen. Zudem leitet der Dekan bei der Papstwahl die Abstimmungen. Er nimmt den wahlberechtigten Kardinälen zu Beginn der Papstwahl den Eid ab, in dem sie sich zur Wahrung des Amtsgeheimnisses verpflichten. Weiter ist es die ehrenvolle Aufgabe des Dekans, den neuen Papst nach seiner Wahl zu fragen, ob er diese annimmt. Bis zum Konklave hat Ratzinger in seiner Funktion als Dekan wichtige Aufgaben im päpstlichen Zeremoniell inne. Diese haben aber prinzipiell nichts mit der Leitung der Weltkirche zu tun. Während der Sedisvakanz nach dem Tod des Papstes muss der Dekan den Vorsitz bei den so genannten Generalkongregationen oder »vorbereitenden Kongregationen« übernehmen, die bis zur Einsetzung des neuen Papstes vorübergehend die Amtsgeschäfte der Kirche führen und die Papstwahl vorbereiten. Die Generalkongregationen treten auch in den Tagen der Trauerfeierlichkeiten zusammen. Im Gegensatz zu allen Leitern einer wichtigen Vatikanischen Kongregation oder eines Päpstlichen Rates haben gemäß Konklaveregeln Kardinal Ratzinger als Dekan und der amerikanische Kardinal James Stafford als Großpoenitentiar der Kirche nicht automatisch beim Ableben des Papstes am 2. April 2005 ihr Amt verloren. Alle anderen müssen vom neuen Papst in ihren Ämtern bestätigt werden.

Seit 1998 hatte Kardinal Ratzinger das Amt des Vizedekans des Kardinalskollegiums inne.
Die Wahl von Kardinal Ratzinger zum Dekan durch die sechs wahlberechtigten Kardinalbischöfe war im Vatikan mit großem Beifall aufgenommen worden. Immerhin ist Kardinal Ratzinger neben dem früheren Mailänder Erzbischof Kardinal Carlo Maria Martini SJ der bekannteste Kardinal der Welt. Über 20 Jahre hatte der Bayer das undankbare Amt des »obersten Hüters« des katholischen Glaubensgutes inne. Gleichzeitig war er im November 1981 Präsident der Päpstlichen Bibelkommission und der internationalen Theologenkommission geworden. Seine Aufgabe war es unter anderem, die Vereinbarkeit der theologischen Forschung mit der Lehre der Kirche zu überprüfen und vom katholischen Lehramt abirrende Theologen zur Ordnung zu rufen. Immer wieder fielen heikle Aufgaben an. Zuletzt musste sich die römische Glaubenskongregation mit Verfahren gegen amerikanische Geistliche auseinander setzen, die der Pädophilie beschuldigt werden.
In manchen Kreisen in Deutschland hatte sich Ratzinger Kritik eingehandelt, nachdem er in dem Dokument »Dominus Iesus« hervorgehoben hatte, dass nicht alle Religionen als gleichwertig anzusehen sind und dass für die Katholiken der einzige Heilsweg in der Erlösung durch Jesus Christus besteht. Wenig bekannt ist, dass »Dominus Iesus« eine Erklärung ist, die an die Missionare in der Weltkirche gerichtet war. Diese hatten Ratzinger um Klärung gebeten, ob sie denn überhaupt noch weiter missionieren oder stattdessen den ökumenischen und interreligiösen Dialog pflegen sollten. Ratzinger stellte klar, dass die Kirche ihren vorrangigen Auftrag der Glaubensverbreitung (»Gehet hin und lehret alle Völker«) durch keinerlei andere Aktivitäten ersetzen kann.
Kardinal Ratzinger wurde am 16. April 1927 als Sohn eines Polizisten in Marktl am Inn (Diözese Passau) geboren. Am 24. März 1977 wurde er von Papst Paul VI. zum Erzbischof von München und Freising ernannt. Paul VI. kreierte ihn am 27. Juni 1977 zum Kardinal. Das Amt des Präfekten der römischen Glaubenskongre-

gation übernahm der Kardinal im November 1981. Gleichzeitig wurde er Präsident der Päpstlichen Bibelkommission und der internationalen Theologenkommission. Zum Vizedekan des Kardinalskollegiums wurde Ratzinger am 6. November 1998 ernannt. In den Medien wird Ratzinger gern als »Kardinal super partes« (über den Parteiungen) dargestellt, weil er sich keiner »kirchlichen Hausmacht« wie dem Opus Dei zugesellt und keiner kurialen Gruppe verschrieben hat.

Der besonderen Persönlichkeit Ratzingers, der auch ein bedeutender und wortgewaltiger theologischer Schriftsteller und für viele Beobachter »der eigentliche Kopf« der katholischen Kirche ist, in den wenigen verfügbaren Zeilen dieses Buches gerecht zu werden ist ein schwieriges Unterfangen. Die Schrecken des Nazi-Regimes wie die Verschleppung angeblich geistig Behinderter durch die Gestapo in seinem Heimatdorf in der Nähe des Chiemsees prägen die Jugenderinnerungen des Kardinals. Kein Wunder, dass Ratzinger in einem Artikel in der Vatikan-Zeitung »Osservatore Romano« vom Oktober 2000 vor dem in Deutschland in letzter Zeit wieder im Keim erwachenden Phänomen des Antisemitismus warnt. Dieser Artikel wurde von den am Heiligen Stuhl akkreditierten Botschaftern viel beachtet.

Die Vatikanjournalisten schätzen Ratzinger wegen seines ausgeprägten Sinns für Humor und wegen der Präzision, mit der er bei der Vorstellung eines komplizierten Vatikan-Dokuments den »roten Faden« zu verfolgen versteht. Der Kardinal ist aufgrund seiner sehr guten Sprachbegabung – er spricht wohl als einer der letzten Bischöfe in der Welt auch noch fließend Latein – in der Lage, bei einer Pressekonferenz auch in italienischer und französischer Sprache Rede und Antwort zu stehen.

Eine Einordnung des Kardinals »super partes« gab Kardinal Martini in dem zum 70. Geburtstag des Präfekten der römischen Glaubenskongregation erschienenen Buch »Alla scuola della verità«. Der Jesuit erzählt, er sei Ende der turbulenten Sechzigerjahre zu geistlichen Exerzitien im Schwarzwald gewesen. Während seines

Aufenthalts habe er sich auf eine Begegnung mit Priestern in Italien vorbereiten müssen. Er erwartete sich viele schwierige Fragen und viele Proteste. Da sei ihm Ratzingers Buch »Einführung in das Christentum« in die Hände gefallen. Noch heute erinnere er sich an das Hochgefühl, mit dem er diese Seiten gelesen habe, schreibt Martini zum 70. Geburtstag Kardinal Ratzingers. Er fügt hinzu: »Sie halfen mir, Klarheit in meine Ideen zu bringen, meinem Herzen Frieden zu verschaffen, aus meiner Verwirrung herauszufinden. Ich fühlte, dass diese Seiten von einem Menschen geschrieben worden waren, der sich sehr lange mit der christlichen Botschaft auseinander gesetzt hatte und diese mit Weisheit und Güte darzulegen wusste. Heute noch hebe ich mir die Notizen auf, die ich mir damals gemacht habe.«

Weiter schrieb der ehemalige Erzbischof von Mailand, der Weg der Kirche im Verlauf der Jahrhunderte sei immer von doktrinären Erdbeben und Konvulsionen, aber gleichzeitig auch von fruchtbaren Öffnungen zu neuen Horizonten durchdrungen gewesen. Jeder von uns versuche, das Wahre vom Falschen und das Gold vom Abfall zu unterscheiden und so der Wahrheit entsprechend den eigenen intellektuellen Fähigkeiten im Vertrauen auf das Geheimnis Gottes zu dienen. »In diesem Kontext muss die Leidenschaft für die Wahrheit, die Joseph Ratzinger in kohärenter Weise in all diesen Jahren an den Tag gelegt hat, als Antwort auf die ›Schwäche‹ der postmodernen Zeit empfunden werden. Bezeichnend ist die Hochschätzung, die Joseph Ratzinger auch unter den Nichtglaubenden genießt«, schrieb der als liberal geltende langjährige Erzbischof von Mailand.

Als oberster Glaubenswächter der Kirche hatte Kardinal Ratzinger oft undankbare Aufgaben an den ausufernden Rändern der Kirche zu erfüllen. Für viele progressive Theologen ist Kardinal Ratzinger ein rotes Tuch. Mit der Veröffentlichung des 36-seitigen Dokuments »Dominus Iesus« über die »Einzigkeit und die Heilsuniversalität Jesu Christi und der Kirche« nur wenige Tage nach der Seligsprechung von Papst Pius IX. und Papst Johannes XXIII.

im September 2000 hat er sich aber auch Kritik bei Juden und Protestanten eingehandelt. Viele haben es als ökumenischen Bärendienst aufgefasst, wenn Kardinal Ratzinger feststellt: »Die katholische Kirche ist die einzige Kirche Christi. Sie wird vom Nachfolger Petri und von den Bischöfen in Gemeinschaft mit ihm geleitet. Echte Teilkirchen sind nur diejenigen, welche die apostolische Nachfolge und den Primat des Papstes anerkennen und mit der katholischen Kirche durch die Gültigkeit der Eucharistie verbunden sind.«

Der harte und strenge Ton des Dokuments, in dem hauptsächlich die Richtlinien des Zweiten Vatikanischen Konzils in Erinnerung gerufen werden, hat auch unter einigen katholischen Gläubigen Verwirrung ausgelöst. Sie fragten sich, wie angesichts des neuen Dokuments die symbolischen Versöhnungsgesten des Papstes mit den anderen Konfessionen und Religionen im Lauf seines 22-jährigen Pontifikats anzusiedeln seien. Warum hat Johannes Paul II. während seiner Japanreise gemeinsam mit den Buddhisten zu Gott gebetet und warum hat er wie jüdische Besucher einen Zettel mit einem Gebetsanliegen zwischen die Quader der Klagemauer in Jerusalem gesteckt, wenn der einzig selig machende Glaube den Katholiken vorbehalten ist? Warum hat er 1986 in Assisi das Weltgebetstreffen der Vertreter großer Religionen ins Leben gerufen? All das wollen die Kritiker des Dokuments wissen.

Doch Papst Johannes Paul II. selbst hat die Erklärung der römischen Glaubenskongregation »kraft seiner apostolischen Autorität bestätigt und bekräftigt und ihre Veröffentlichung angeordnet«, wie auf der letzten Seite des Dokuments zu lesen ist. Kardinal Ratzinger wollte den Bischöfen, Theologen und katholischen Gläubigen in der Welt einige »unumgängliche lehramtliche Inhalte« zum Thema des Dialogs zwischen dem christlichen Glauben und den anderen religiösen Traditionen in Erinnerung rufen. Diese sollen »der theologischen Forschung helfen, Lösungen zu entwickeln, die mit dem Glaubensgut übereinstimmen und auf die kulturellen Bedürfnisse unserer Zeit antworten«.

Wenn Ratzinger in der Erklärung von »irrigen und zweideutigen Positionen« spricht, dann mahnt er – ohne Namen zu nennen – diejenigen katholischen Theologen, die den religiösen Pluralismus prinzipiell rechtfertigen wollen und Wahrheiten wie die universale Heilsmittlerschaft der Kirche als überholt betrachten. Ratzinger lehnt Ideen in der theologischen Forschung ab, die aus unterschiedlichen philosophischen und religiösen Strömungen entnommen sind, »ohne sich um deren Vereinbarkeit mit der christlichen Wahrheit zu kümmern«. Insbesondere betont der Kardinal, die katholische Kirche habe ihren Auftrag zur Glaubensverbreitung (= Mission) keineswegs durch den interkonfessionellen und interreligiösen Dialog ersetzt.
Der Dialog mit den anderen Konfessionen und Religionen, der zum Evangelisierungsauftrag der katholischen Kirche gehört, bedarf nach Ansicht der Glaubenskongregation eines sorgfältigen Unterscheidungsvermögens. Er ersetze die Glaubensverbreitung nicht, sondern begleite sie. Und in diesem Zusammenhang wird die Konzilserklärung über die Beziehung der Kirche zu den nichtchristlichen Religionen in Erinnerung gerufen: »Die katholische Kirche lehnt nichts von alledem ab, was in diesen Religionen wahr und heilig ist. Mit aufrichtigem Ernst betrachtet sie jene Handlungs- und Lebensweisen, jene Vorschriften und Lehren, die zwar in manchem von dem abweichen, was sie selber für wahr hält und lehrt, doch nicht selten einen Strahl jener Wahrheit erkennen lassen, die alle Menschen erleuchtet.«
Jedes Mal, wenn es in der deutschen Presse hieß, Ratzinger wolle sich in die Diözese Regensburg zurückziehen, um wieder in Ruhe seinen Studien nachgehen zu können, wurde dies wieder dementiert. Dazu Arcangelo Paglialunga, Dekan der rund 400 am Heiligen Stuhl akkreditierten Vatikankorrespondenten im Gespräch mit der Verfasserin: »Ich treffe den Kardinal oft am Morgen gegen 9 Uhr, wenn er den Petersplatz auf dem Weg zu seinem Büro im Palast des Heiligen Offiziums überquert, und wir wechseln manchmal einige Worte miteinander. Dabei hat er mir gesagt: Ich

bin seit zwanzig Jahren in Rom, und hier werde ich auch nach meiner Pensionierung bleiben, denn ich bin ein halber Römer geworden.«

Giovanni Battista Re: steile Karriere im Vatikan

Kardinal Giovanni Battista Re war seit Herbst 2000 Präfekt der so genannten Bischofsschmiede, der Vatikanischen Kongregation für die Bischöfe. Der am 30. Januar 1934 in der Diözese Brescia geborene Norditaliener galt als einer der engsten Vertrauten des verstorbenen Papstes. Seine Kongregation ist für die Ernennung der Bischöfe in zwei Dritteln aller Diözesen der Welt zuständig. Ein Drittel der Ernennungen – in Afrika, Asien und Ozeanien – wird von der Vatikanischen Kongregation für die Glaubensverbreitung (»Propaganda Fide«) vorgenommen. Re wurde 1979 von dem damaligen Kardinalstaatssekretär und späteren Erzbischof von Florenz, Giovanni Benelli, zum Dienst ins Vatikanische Staatssekretariat berufen, wo er als Assessor und später als Substitut tätig war. Der langjährige Innenminister des Heiligen Stuhls gilt als »großer Papstwähler« bei einem Konklave. Zwei Jahre lang (zwischen 1989 bis 1991) war Re bereits Sekretär und damit »zweiter Mann« in der Bischofskongregation.

Crescenzio Sepe: der »rote Papst«

Der »rote Papst«, wie der Präfekt der Vatikanischen Kongregation für die Glaubensverbreitung (»Propaganda Fide«) wegen seiner bedeutenden Aufgabe traditionell genannt wird, ist ein einflussreicher süditalienischer Kurienkardinal: Der bisherige Generalsekretär des Komitees für das Heilige Jahr, Kardinal Crescenzio Sepe, wurde 2002 zum Nachfolger des slowakischen Kardinals Jozef Tomko ernannt. Tomko hatte seit 1985 an der Spitze der Kongregation für die Glaubensverbreitung gestanden. Der in der süditalienischen Diözese Aversa am 2. Juni 1943 geborene Sepe gilt als erfahrener Medienexperte und guter Manager mit der Fähigkeit, weltliche Sponsoren für kirchliche Vorhaben zu finden. Als neuer Chef der »Propaganda Fide« ist er auch verantwortlich für den von seiner Kongregation herausgegebenen schriftlichen Nachrichtendienst über die Missionsländer, den »Fides-Pressedienst«. In seinem neuen Amt ist Sepe zudem für ein Drittel der Ernennungen von Bischöfen in der Welt – in Afrika, Asien und Ozeanien – zuständig, während die Vatikanische Bischofskongregation die restlichen zwei Drittel vornimmt. Sepe hat sich während des Heiligen Jahres große Verdienste um die Organisation der Großereignisse in Zusammenarbeit mit der römischen Stadtverwaltung erworben. Nach seiner Ausbildung an der Päpstlichen Diplomatenakademie vertrat er den Heiligen Stuhl unter anderem in mehreren asiatischen Ländern. In der Vergangenheit war er bereits Sekretär der Vatikanischen Kleruskongregation. Er gehört zu den jüngsten Mitgliedern des Kardinalskollegiums.

Angelo Sodano: zweiter Mann nach dem Papst

Kardinalstaatssekretär Angelo Sodano, in seinem Amt war er lange Zeit der mächtige zweite Mann hinter dem verstorbenen Papst, gilt als guter Organisator und konservativer Bürokrat. Er fungiert gern als Vermittler in schwierigen Situationen. Auch wenn er immer wieder als »papabile« genannt wird, dürfte er schon aufgrund der Tatsache, dass er Papst Johannes Paul II. in seinem Amt sehr nahe gestanden hat, keine Chance haben. Allerdings war sein Einfluss mit dem Abnehmen der Kräfte Johannes Pauls II. durch Alter und Krankheit in der letzten Zeit erheblich. Sodano wurde am 23. November 1927 in Isola d'Asti geboren. Nachdem er die Päpstliche Diplomatische Akademie absolviert hatte, trat er in den diplomatischen Dienst des Heiligen Stuhls ein. Als Apostolischer Nuntius in Chile, seinem einzigen wichtigen Auslandsposten, wurde er wegen seiner mangelnden Distanz zur Militärdiktatur Augusto Pinochets kritisiert. Sodano verfügt über keinerlei seelsorgliche Erfahrung. Im Gegensatz zu seinem Vorgänger Kardinal Agostino Casaroli ist er in der Welt weitgehend unbekannt.

Alfonso Lopez Trujillo: Sympathien für Opus Dei

Kardinal Alfonso Lopez Trujillo, seit 1991 Präsident des Päpstlichen Familienrates, gilt als konservativer Mann, der durchaus Sympathien für die in Lateinamerika einflussreiche katholische Prälatur Opus Dei hegt. Im Dezember 2004 erregte er große Aufmerksamkeit, als er einen EU-Bericht über »sexuelle und reproduktive Gesundheit«, der sich für weitgehende Straffreiheit bei Abtreibungen einsetzte eine »Schande« nannte und »von einem dunklen und traurigen Augenblick für dieses große Europa sprach«. Der freundliche Kolumbianer wurde am 8. November 1935 in Villahermosa (Diözese Libanon-Honda) geboren und im Jahre 1960 zum Priester geweiht. 1971 wurde Trujillo mit kaum 35 Jahren bereits Weihbischof. Papst Johannes Paul II. kreierte ihn beim Konsistorium am 2. Februar 1983 zum Kardinal. Vor seinem Wechsel nach Rom war Lopez-Trujillo erst Bischofs-Koadjutor und dann Erzbischof von Medellin (ab 1979).

5.4 Wichtige Kardinäle aus aller Welt

Geraldo Majella Agnelo: eine Hoffnung aus Brasilien

Kardinal Agnelo, seit 1999 Erzbischof von Sao Salvador de Bahia/Brasilien, wurde am 19. Oktober 1933 in Juiz de Fora/Bundesstaat Minas Gerais geboren. Die italienischstämmige Familie hatte acht Kinder. Aus bescheidenen Verhältnissen kommend, hat sich dieser Mann eine hochgradige Sensibilität für die Armutsfrage bewahrt. Der im Jahre 1957 zum Priester geweihte Kardinal hat zunächst in seiner Heimat und später an der römischen Benediktiner-Hochschule Sant'Anselmo in Liturgie promoviert. 1978 wurde er Bischof von Toledo und 1982 Erzbischof von Londrina, bevor er

1991 als »zweiter Mann« in die Kongregation für Fragen des Gottesdienstes und der Sakramentenordnung berufen wurde. Dort sammelte er neun Jahre lang Kurienerfahrung, bevor ihn der Papst als Mann des Vertrauens in den Brennpunkt Salvador da Bahia schickte. Das Riesenbistum (3 Mio. Katholiken) gilt in mancher Hinsicht als eine der schwierigsten Diözesen der Welt, nicht zuletzt auch noch deshalb, weil es in der Vergangenheit zu einem heftigen Aufeinanderprallen der Kirche mit synkretistischen, durch Freimaurerlogen geförderte Sekten kam. Der ruhige, Sicherheit ausstrahlende und Vertrauen erweckende Mann der Vermittlung wurde 2003 zum Chef der brasilianischen Bischofskonferenz gewählt, dem größten nationalen kirchlichen Gremium der Welt! 300 Bischöfe gehören ihm an. Wahrhaft ein kleines Konzil im katholikenreichsten Land der Erde! Kein Wunder, dass diese vielseitige und geachtete Persönlichkeit immer öfter genannt wird, wenn von den »papabili« gesprochen wird.

Bernard Agré

Der farbige Kardinal (*1926) aus dem Konsistorium von 2001 ist die große Persönlichkeit der katholischen Kirche der Elfenbeinküste. Noch während der französischen Kolonialzeit geboren, wurde er 1953 zum Priester und 1968 zum Bischof geweiht. Nacheinander leitete der dem Opus Dei nahe stehende Mann die Diözesen Man und Yamousoukro (gleichzeitig neue Hauptstadt und Ort der spektakulären, dem Petersdom nachempfundenen Wallfahrtskirche Notre-Dame-de-la-Paix) und wurde schließlich 1994 Erzbischof der alten Hauptstadt Abidjan.

Aloysius Matthew Ambrozic

Der 1998 zum Kardinal ernannte Erzbischof von Toronto ist ein handfester, tatkräftiger Mann. Er war es, der den Weltjugendtag 2002 nach Toronto holte und zu einem Erfolg machte. Durch die

Medien ging der Kardinal auch, als er zuletzt den Kaplan von Mel Gibson vom Priesteramt suspendierte, weil dieser der Priesterbruderschaft Pius X. nahe stand und das Zweite Vatikanische Konzil nicht anerkannte. Geboren wurde Ambrozic 1930 in Slowenien. Die Kriegsereignisse zwangen die Familie zur Emigration – 1945 nach Österreich (aus dieser Zeit rühren die Deutschkenntnisse des Kardinals) und 1948 nach Kanada. 1955 wurde Ambrozic zum Priester geweiht. Er bewährte sich zunächst als Pfarrer, studierte dann Exegese (Promotion in Würzburg!), wurde zunächst Professor, dann 1976 Weihbischof und 1990 schließlich Erzbischof von Toronto.

Carlos Amigo Vallejo

Der 2003 zum Kardinal erhobene Erzbischof von Sevilla (*1934) ist Franziskaner. Er erregte einiges Aufsehen, da er sich für den zivilrechtlichen Schutz gleichgeschlechtlicher Lebensgemeinschaften aussprach, wenn auch von einer kirchlichen Eheschließung keine Rede sein könne. Christen sollten ganz unabhängig von ihrer sexuellen Orientierung ihren Glauben leben, empfahl der Kardinal und warnte davor, Homosexuellen die Menschenwürde abzusprechen.

Francisco Alvarez Martinez

Der Erzbischof von Toledo/Spanien wurde aufgrund seines Amtes an der Spitze der wichtigen Bischofsstadt Toledo mit dem Kardinalshut ausgezeichnet. Die antike Tradition der Kirchenfürsten, die in der Vergangenheit die Erzdiözese geleitet haben, lässt sich bei einem Besuch der Kathedrale von Toledo erkennen, in der alle Kardinalshüte der bisherigen Erzbischöfe der Stadt aufgehängt sind. Der am 14. Juli 1925 in Santa Eulalia de Ferrones Llanera/Erzdiözese Oviedo geborene Alvarez Martinez wurde im Jahre 1950 zum Priester und im Jahre 1973 nach seiner Berufung zum Leiter der Diözese Tarazona zum Bischof geweiht. Seit 1976 stand er dann an der Spitze der spanischen Diözese Calahorra y La Calzada-Logroño, bevor er 1989 von Papst Johannes Paul II. zum Bischof von Orihuela-Alicante ernannt wurde (1989–1995).

Audrys Juozas Backis

Kardinal Backis, seit 1992 Erzbischof von Wilna/Litauen, wurde am 1. Februar 1937 in Kaunas geboren. Als Kind und Jugendlicher erlebte er am eigenen Leib die Gräuel der stalinistischen Kirchenverfolgung. Wohl deshalb war er der Mann, dem Johannes Paul II. in allen Fragen hinsichtlich der Entwicklung der Kirche in Osteuropa vertraute. Der im Jahre 1961 in Rom zum Priester geweihte Litauer ist Sohn eines Diplomaten, der unter anderem auch lange Jahre als Botschafter in Paris tätig war. Seine Familie war 1938 in die französische Hauptstadt übersiedelt. 1964 trat Backis in den diplomatischen Dienst des Heiligen Stuhls ein und arbeitete seit 1973 im vatikanischen »Außenministerium«. Als Seelsorger kümmerte er sich während seiner Tätigkeit in Rom um die Jugendgruppe des souveränen Malteserordens. Nach seiner Ernennung zum Erzbischof von Wilna im Jahre 1992 trug Backis wesentlich zur Neustrukturierung der litauischen Kirche nach dem Ende der kommunistischen Herrschaft bei, die unter dem Sowjetregime wegen ihrer besonderen Glaubenstreue stark verfolgt worden war.

Philippe Barbarin: Mann mit Zukunft?

Der im Konsistorium des Jahres 2003 zum Kardinal erhobene Philippe Barbarin (*1950) ist nicht nur der zweitjüngste Bischof im Kardinalskollegium, er widerspricht auch dem oft erhobenen Vorwurf, Papst Johannes Paul II. habe besonders in den letzten Jahren seines Pontifikats nur finstere Reaktionäre in das Kardinalat berufen. Der sympathisch wirkende Dynamiker Barbarin ist der Mann, der die Ächtung des französischen Rebellenbischofs Gaillot durchbrochen hat, indem er ihn zu einer Tagung und einem Referat einlud. Der in Marokko geborene Babarin ist von Haus aus promovierter Philosoph. Eloquent und beschlagen äußert er sich zu allen denkbaren gesellschaftlichen und ethischen Fragen und hat sich so innerhalb kurzer Zeit zu einem Hoffnungstsräger der französischen Kirche entwickelt. Barbarin wurde 1977 zum Priester geweiht. Er war Pfarrer in Frankreich sowie Dozent an einem Priesterseminar auf Madagaskar, bevor er zunächst Bischof von Moulins und dann Erzbischof von Lyon wurde. Eine besondere Großtat vollbrachte der stark ökumenisch engagierte Barbarin am 14. April 2004, als es in seiner Gestalt zu einer historisch zu nennenden Begegnung mit dem Patriarchen von Konstantinopel kam. Schade, dass Barbarin noch so jung ist und keine Kurienerfahrung hat, um ernsthaft als Kandidat in Betracht zu kommen. Das wäre einer!

Josip Bozanic

Der 2001 zum Kardinal ernannte Josip Bozanic, der neue Chef der kroatischen Bischofskonferenz, wurde 1949 in Rijeka geboren. Seine Priesterweihe fand 1975 statt. Bischof wurde er 40-jährig im Jahr 1989. 1997 wurde er zum Erzbischof von Zagreb ernannt. Bozanic hat im Nachkriegskroatien einen schweren Stand zwischen nationalen separatistischen Interessen und einer Integration des Landes in Europa. Heftige Diskussionen entzündeten sich anlässlich des Den Haager Kriegsverbrechertribunals.

Juan Luis Cipriani Thorne

Der Erzbischof von Lima ist der erste Purpurträger im Kardinalskollegium, der offiziell der katholischen Prälatur Opus Dei angehört. Der am 28. Dezember 1943 in Lima geborene Peruaner wurde 1977 zum Priester und 1988 zum Bischof geweiht. Vor seiner Berufung nach Lima hat er die Erzdiözese Ayacucho (1995–1999) geleitet. Cipriani Thorne war Vikar des Opus Dei für ganz Peru, ehe er 1988 zum Weihbischof in der Andenstadt Ayacucho ernannt wurde. Zunächst hatte der neue Kardinal Ingenieurwesen studiert und als Spätberufener erst mit 33 Jahren die Priesterweihe erhalten. Als er im Jahre 1997 bei der spektakulären Besetzung der japanischen Botschafterresidenz in Lima zwischen der peruanischen Regierung und den Guerilleros vermittelte, ging sein Name durch die Weltpresse. Die 126 Tage dauernde Besetzung des Gebäudes endete mit der Erstürmung der Residenz; alle Guerillakämpfer wurden erschossen. Cipriani zeigte sich damals bestürzt über das Vorgehen der peruanischen Armee. Kritik unter seinen Amtsbrüdern erntete er, als er im Frühjahr 2000 die Einberufung internationaler Wahlbeobachter kritisierte. Cipriani Thorne gilt als guter Freund des abgesetzten japanischstämmigen Präsidenten Alberto Fujimori.

Ricardo Maria Carles Gordo

Der Erzbischof von Barcelona, der 1994 zum Kardinal ernannt wurde, gilt als strammer Konservativer. Zuletzt machte er im deutschsprachigen Raum von sich reden, als er 2003 Hans Küng in Barcelona für unerwünscht erklärte. Küng konterte, indem er vom »begrenzten Durchblick eines alten Kirchenbeamten« sprach.

Desmond Connell

Der Erzbischof von Dublin ist der erste Kardinal in Irland seit über hundert Jahren. Bisher mussten sich die Iren mit einem Kardinal im nordirischen Armagh begnügen. Der am 24. März 1926 in Dublin geborene Philosoph und Soziologe wurde 1951 zum Priester geweiht. Seit 1972 hatte er einen Lehrstuhl für Metaphysik an der Staatlichen Universität Dublin inne. Der Papstwähler gilt als konservativ und kooperativ sowie als standfest in Fragen der Dogmatik.

Godfried Danneels: Ambitionen auf das Papstamt?

Kardinal Godfried Danneels, seit 1979 Erzbischof von Mechelen und Brüssel/Belgien, wurde am 4. Juni 1933 in Kanegem in der Diözese Brügge geboren. 1983 wurde dem als Mann der Mitte und des Ausgleichs geltenden Flamen von Johannes Paul II. der Kardinalspurpur verliehen. Der frühere Bischof von Antwerpen trat bei Bischofssynoden oft in Erscheinung und ist als Mitglied zahlreicher Kurienorgane häufiger Gast in Rom. Er machte im Heiligen Jahr 2000 mehrmals von sich reden, als er sich in die Debatte um angebliche Rücktrittsabsichten des Papstes einschaltete. Im Januar 2000 pries er sich praktisch selbst als geeigneten Nachfolger an, als er belgischen Medien gegenüber sagte, er fürchte sich nicht davor, Papst zu werden. Im Herbst 2000 äußerte er dann in einem Interview-Buch erneut die Ansicht, Johannes Paul II. könnte zum Ende des Heiligen Jahres zurücktreten. Er gilt als »Positiv-Denker«, kluger Theologe und ist sehr bekannt unter den europäischen Bischöfen. Danneels hätte das Durchschnittsalter, in dem die Päpste in der Vergangenheit gewählt wurden. Eine Chance als »papabile« hat er aber nicht.

Julius Riyadi Darmaatmadja SJ

Der 1934 geborene indonesische Jesuit mit dem unaussprechlichen Namen wurde 1969 Priester, 1983 Bischof und 1994 Kardinal. 1996 übernahm er die Leitung der Erzdiözese Jakarta. Der kluge und weitsichtige, jugendlich wirkende Kardinal bewährt sich in einer außerordentlich komplizierten interreligiösen Situation. Aufsehen erregte er als engagierter Gegner des Irakkrieges und dadurch, dass er sich hinter ein Familienplanungsprogramm der Regierung stellte und es kirchlich unterstützte.

Ivan Dias

Kardinal Dias, seit 1996 Erzbischof von Mumbai (Bombay)/indischer Bundesstaat Maharashtra, wurde am 14. April 1936 in Mumbai geboren. Er ist ein geschickter Vatikandiplomat, der den Heiligen Stuhl in mehr als zwanzig Ländern der Welt vertreten hat, unter anderem 1992 als erster Apostolischer Nuntius in Albanien. Dias gilt dabei aber doch als ein durch und durch spiritueller Mensch. Dias, der im Jahre 1958 zum Priester und 1982 zum Bischof geweiht worden war, eilt der Ruf voraus, sich als guter Seelsorger bewährt zu haben. Während seiner Amtszeit in Albanien trug er auch die Verantwortung für die Seelsorge im Süden des Landes. In seinem Amt als Erzbischof von Bombay hat der neue Kardinal mit der immer wieder drohenden Gefahr zu rechnen, dass extremistische Hindus in der Erzdiözese wie auch in anderen Gegenden Indiens Christen und christliche Einrichtungen angreifen. Dias ruft immer wieder dazu auf, dem Druck der hinduistischen Fundamentalisten standzuhalten. Er könnte aufgrund seiner Erfahrung auch mit der römischen Kurie bei einem möglichen Konklave als »großer Papstwähler« unter den asiatischen Kardinälen in Aktion treten, wenn er auch nicht unumstritten ist. Manche halten ihn für einen moderaten Brückenbauer; andere sehen in ihm den verlängerten Arm Roms, mit dem der Vatikan allzu progressive indische Theologen in Schach zu halten sucht. Von Vatikan-Journalisten wird ihm eine Chance beim Konklave eingeräumt.

Edward Egan: Vertrauensmann der Kurie

Kardinal Edward Egan, Erzbischof von New York, wurde im Mai 2000 vom Papst auf diesen wichtigen Posten berufen. Im Gegensatz zu den meisten anderen nordamerikanischen Kardinälen spricht der am 2. April 1932 in Oak Park/Erzdiözese Chicago geborene langjährige Bischof von Bridgeport/Connecticut fließend Italienisch sowie Spanisch und Französisch. Mit 2,4 Millionen Katholiken ist die Erzdiözese New York nach Los Angeles zwar nur die zweitgrößte Diözese der Vereinigten Staaten, doch im politischen und gesellschaftlichen Leben der USA spielt sie unter allen katholischen Diözesen die wichtigste Rolle.

Egan, der seine Ausbildung zum Priester in Rom mit dem Lizenziat in Theologie und der Promotion in Kirchenrecht abschloss, gilt als Vertrauensperson der römischen Kurie. Immerhin hat er 22 Jahre seines Lebens erst als Professor für Kirchenrecht und dann von 1972 bis 1985 als Richter an der »Römischen Rota«, dem Obersten Verfassungsgericht der Kirche, in Rom verbracht. Der Erzbischof von New York gilt als eher konservativ und hat den Ruf eines ausgezeichneten Organisators mit auch menschlich guten Führungsqualitäten. Bei einem Konklave dürfte er ein wichtiger Mittelsmann zwischen Kurie und amerikanischen Kardinälen sein.

Péter Erdö: jüngstes Mitglied des Obersten Senats der Kirche

Péter Erdö, seit Dezember 2001 Erzbischof von Esztergom-Budapest/Ungarn wurde am 25. Juni 1952 in Budapest geboren. Er ist das jüngste Mitglied im Kardinalskollegium. Mit seinem Amt ist traditionell der Titel des Primas von Ungarn verbunden. Erdö folgt an der Spitze der Erzdiözese Esztergom-Budapest Kardinal Laszlo Paskai nach, dessen Rücktrittsgesuch aus Altergründen der Papst angenommen hatte. Paskai hatte das Erzbistum 15 Jahre lang geleitet. Unter seiner Führung hatte die ungarische Kirche den Übergang von der kommunistischen Ära zur Demokratie erlebt. Erdö war Anfang des Jahres 2000 nach seiner Ernennung zum Weihbischof der ungarischen Diözese Szekesfehervar zum Bischof geweiht worden. Er hat die katholische Peter-Pazmany-Universität in Piliscsaba aufgebaut. Erdös Vorfahren stammen aus Siebenbürgen, wo die Katholiken eine Minderheit bilden.

Francisco Javier Errazuriz Ossa

Kardinal Errazuriz Ossa, seit 1998 Erzbischof von Santiago de Chile, gehört der Schönstattbewegung an. Der am 5. September

1933 in Santiago de Chile geborene Errazuriz Ossa setzte sich nach dem Ende der Militärdiktatur von General Augusto Pinochet im Jahre 1990 für die Versöhnung unter den Chilenen ein. Schon während des naturwissenschaftlichen Studiums in seiner Heimat trat der 1961 zum Priester geweihte Chilene der Schönstattbewegung bei. In Fribourg/Schweiz erwarb er sich ein Lizenziat in Theologie und Philosophie. Seit 1965 war er Generaloberer der Schönstatt-Patres in Chile. 1972 wechselte er als Mitglied des Generalrates der Gemeinschaft nach Schönstatt-Valendar bei Koblenz. 1974 wurde Errazuriz Ossa zum Generaloberen seiner internationalen katholischen Gemeinschaft gewählt. 16 Jahre später ernannte Papst Johannes Paul II. ihn zum Erzbischof und zum Sekretär der Vatikanischen Ordenskongregation. 1996 kehrte Errazuriz Ossa nach seiner Berufung zum Erzbischof von Valparaiso (1996–1998) in seine chilenische Heimat zurück.

Frederic Etsou-Nzabi-Bamungwabi C.I.C.M.

Der farbige Erzbischof von Kinshasa (*1930), der ein halbes Jahrhundert schrecklichstes Leid und Elend miterlebt hat, ist seit 1991 Kardinal – nach dem 1989 verstorbenen Kardinal Malula der zweite Kardinal der Demokratischen Republik Kongo. Und es scheint, als ob es unter Präsident Kabila junior endlich einen Hoffnungsstreifen am Horizont gibt. Etsou gehört als Ordensmann der Kongregation vom Unbefleckten Herzen Mariens an und ist ein Seelsorger von tiefer Spiritualität. Wegen seines pastoralen Geschicks sandten ihn seine Oberen zu ergänzenden Studien nach Paris. Etsou konnte sich rühmen, ein Freund Johannes Pauls II. zu sein. Wie dieser kritisierte er Präsident Bush von der Kanzel herab, zieh ihn der Sünde, den Namen Gottes für einen Krieg zu missbrauchen, und ließ alle Glocken in Kinshasa gegen den Krieg läuten. Etsou ist der afrikanische Kardinal, der davon gesprochen hat, dass der Tag nicht mehr fern sei, an dem afrikanische Missionare nach Europa aufbrechen würden.

Wilfried Fox Napier

Kardinal Fox Napier ist Erzbischof von Durban (Südafrika). Die Ernennung des am 8. März 1941 in Swartberg/Diözese Kokstad geborenen Südafrikaners erhöhte die Anzahl der 2001 kreierten afrikanischen Kardinäle auf drei und stärkte den Katholiken in der Gegend von Durban den Rücken. Fox ist indischer Abstammung und der erste farbige Kardinal.

Francis Eugene George O.M.I.

Der Erzbischof von Chicago, ein Oblate, ist selbst 1937 in dieser Stadt geboren. 1963 wurde er zum Priester, 1990 zum Bischof geweiht. Papst Johannes Paul II. berief ihn zunächst auf den Stuhl des Erzbischofs von Portland und wenig später auf den des Erzbischofs von Chicago. Der Weltöffentlichkeit wurde der amerikanische Kardinal bekannt durch seine Bemühungen um die Bewältigung der Kindesmissbrauchsskandale durch amerikanische Kleriker.

Stephanos II. Ghattas

Kardinal Ghattas ist der dritte Patriarch einer Ostkirche, der von Johannes Paul II. ins Kardinalskollegium aufgenommen wurde. Der am 16. Januar 1920 geborene koptische Patriarch von Alexandrien/Ägypten hatte Papst Johannes Paul II. während dessen Ägyptenreise im Jahre 2000 herzlich empfangen. Neben Ghattas gehören dem Senat der Kirche bereits der maronitische Patriarch Nasrallah Sfeir (Libanon) und der neue Präfekt der Ostkirchenkongregation, der syrische Patriarch Ignace Moussa Daoud, an.

Stephen Fumio Hamao

Der im Jahr 2003 zum Kardinal ernannte Japaner Stephen Fumio Hamao (*1930), der den »Päpstlichen Migrantenrat« leitet, ist ein couragierter Mann. Kaum war er Kardinal, forderte er ein neues Konzil, vor allem, um einer alten Forderung des Zweiten Vatikanischen Konzils neuen Nachdruck zu verschaffen, der Forderung nämlich nach einer vergrößerten Eigenständigkeit der Ortskirchen. Die Ortskirchen seinen schließlich »keine Kinder« und der Katechismus und die westliche Theologie seien »zu weit entfernt von der japanischen Kultur, um sie im Herzen zu treffen«.

Claudio Hummes OFM

Kardinal Hummes, seit 1998 Erzbischof von Sao Paulo/Brasilien, folgte Kardinal Evaristo Arns in diesem Amt nach. Der am 8. August 1934 in Montenegro/Erzdiözese Porto Alegre geborene Franziskaner gilt als Förderer der geistlichen Bewegungen. Er ist deutscher Abstammung und spricht sehr gut Deutsch. Seine Vorfahren stammen aus der Hunsrückgemeinde Buch und waren 1857 nach Brasilien ausgewandert. Hummes wurde 1958 zum Priester und im Jahre 1975 nach seiner Berufung zum Bischofskoadjutor in Santo Andre zum Bischof geweiht. 1996 vertraute Papst Johannes Paul II. ihm dann die Leitung der Erzdiözese Fortaleza an, wo er die Nachfolge von Kardinal Aloisio Lorscheider antrat. Der als konservativ, aber gleichzeitig als äußerst sozial eingestellt geltende Franziskaner hat in der Vergangenheit zahlreiche wichtige Posten innerhalb der Brasilianischen Bischofskonferenz, der größten Bischofskonferenz Lateinamerikas, bekleidet. So war der neue Kardinal von 1979 bis 1982 für die ökumenischen Beziehungen und die Städtepastoral zuständig. Von 1979 bis 1990 hatte er das Amt des nationalen Assistenten für Arbeiterpastoral bei der traditionell stark sozialpolitisch engagierten Bischofskonferenz inne. Hummes wäre ein ernsthafter Papstkandidat, sollte sich die Blickrichtung der Kardinäle nach Lateinamerika richten, wo die katholische Kirche ein unglaubliches Wachstumstempo vorlegt. Papst Johannes Paul II. schätzte in ihm auch den engagierten Menschenrechtskämpfer, als der er sich in 21 Jahren Militärdiktatur in Brasilien erwies.

Lubomyr Husar

Kardinal Husar ist in der Ukraine Großerzbischof von Lemberg. »Mit seiner Ernennung wie auch mit der der beiden oben erwähnten Bischöfe (Jaworski und Pujats; Anm. d. Red.) möchte ich die entsprechenden Kirchen ehren, die besonders im Verlauf des 20. Jahrhunderts harte Prüfungen erdulden mussten und der Welt das Beispiel von so vielen Christen und Christinnen gegeben haben, die ihren Glauben unter Leiden aller Art bezeugt haben, nicht selten sogar bis hin zum Opfer ihres Lebens«, begründete Papst Johannes Paul II. im Jahr 2001 die Verleihung der Kardinalswürde an Husar. Das als ausgeglichen und diplomatisch geltende Oberhaupt der Katholiken des griechischen Ritus in der Ukraine wurde am 26. Februar 1933 in Lemberg geboren.

Marian Jaworski

Kardinal Jaworski, der bei einm Unfall eine Hand verloren hatte, war ein guter Freund des verstorbenen Papstes. Er ist Erzbischof von Lemberg der Lateiner, Oberhaupt der meist polnischstämmigen Gemeinschaft in der Ukraine.

William Henry Keeler

Der amerikanische Kardinal (*1931) und Erzbischof von Baltimore, dem ältesten amerikanischen Bischofssitz, ist seiner Geburt nach ein waschechter Texaner. 1955 in Amerika zum Priester geweiht, durchlief er die klassische »Bischofslaufbahn« mit Studium in Rom, einer Zwischenetappe als Kaplan in seiner Heimat und nachfolgender Kirchenrechtspromotion in Rom. Als Sekretär seines Bischofs nahm Keeler sehr jung am Zweiten Vatikanischen Konzil teil – mittlerweile eine Art Ritterschlag und eine unschätzbare Erfahrung. Johannes Paul II. machte ihn 1994 zum Kardinal.

Michael Kitbunchu

Michael Kitbunchu (*1929), der Erzbischof von Bangkok, wurde 1983 bereits durch Johannes Paul II. zum ersten thailändischen Kardinal ernannt. Kitbunchu, der ein Sprachengenie ist und in Rom studiert hat, ist in seiner Heimat auch bei vielen buddhistischen Mitbürgern beliebt und angesehen, obwohl die Zahl katholischer Christen in Thailand naturgemäß klein ist. Durch die deutschsprachige Presse ging Kardinal Kitbunchu zuletzt, als er es seinen Priestern untersagte, Drogenhändlern ein christliches Begräbnis zu gewähren; Drogenhandel sei »indirekter Mord«.

Nicolás de Jesús López Rodríguez

Der Erzbischof von Santo Domingo (*1936) vertritt nur ein kleines und armes Land. Trotzdem hat das außergewöhnliche Charisma des 1991 zum Kardinal ernannten Mannes ein weltweites Echo hervorgerufen. Immer wieder erhebt er seine Stimme für die Armen, für Gerechtigkeit in der Welt – und er redet den Machthabern mit einer solchen Kraft ins Gewissen, dass seine Stimme nicht weggedrückt werden kann. Der kämpferische Kardinal wurde mit vielen internationalen Auszeichnungen bedacht. Er als Papst – das wäre ein Bekenntnis zu einer gerechteren Welt; aber dies ist mehr als unwahrscheinlich.

Jean-Marie Lustiger: charismatischer Einzelgänger

Kardinal Jean-Marie Lustiger, von Februar 1981 bis Februar 2005 Erzbischof von Paris, wurde am 17. September 1926 als Sohn polnischer Juden in Paris geboren. Innerhalb der Französischen Bischofskonferenz galt er lange Jahre eher als Outsider. Durch seine Berufung zum Erzbischof von Paris hatte er jedoch große Bekanntheit im europäischen Sprachraum erlangt. Lustiger gilt als starke, charismatische Persönlichkeit, die einerseits traditionsbewusst, andererseits aber auch weltoffen ist. Als Berater im »vatikanischen Außenministerium« (II. Sektion des Vatikanischen Staatssekretariats für die Beziehungen mit den anderen Staaten) hat der ehemalige Erzbischof von Paris häufige Kontakte mit dem Vatikan. Bei Papst Johannes Paul II. war er hoch angesehen, seit er in den schwierigen Umbruchzeiten zwischen 1980 und 1989 große Hilfsaktionen aus Frankreich zugunsten der polnischen Gewerkschaft Solidarnosc organisierte. Dass Johannes Paul II. sich mit ihm auch über jüdisch-christliche Fragen beraten hat, wird von französischen Vatikan-Insidern nicht ausgeschlossen. Bei den Juden ist Lustiger allerdings wegen seiner Konversion zum katholischen Glauben nicht gut angesehen. Der Lebensweg des im Konsistorium vom 2. Februar 1983 zum Kardinal kreierten Lustiger ist eng mit dem deutschen Schicksal und mit dem der europäischen Juden verbunden. Im Alter von 13 Jahren wurde der Sohn eines Textilkaufmanns katholisch. Unter dem Schutz des Klerus, der mit den Opfern des Nationalsozialismus sympathisierte, konnte er 1942 den Schulbesuch beenden. Seine Mutter war inzwischen verhaftet und nach Auschwitz transportiert worden, wo sie 1943 starb. Aufgrund seines Militärdienstes, der ihn als Grenadier nach Rastatt/Baden-Württemberg führte, spricht der Erzbischof von Paris gut Deutsch. Als Unterleutnant wurde Lustiger nach Berlin versetzt, wo er die damalige Blockade aus nächster Nähe miterlebte. Nach Abschluss seines Studiums in Theologie und Philosophie in Paris wirkte er als Universitätspfarrer an der Sorbonne. 1959 organisierte er als Direktor des »Centre Richelieu« die Seelsorge an den Pariser Universitäten. Zehn Jahre später trat er seine erste und einzige Stelle als Pfarrer im XVI. Bezirk von Paris an. Am 8. Dezember 1979 wurde er zum Bischof von Orleans geweiht. Der als Einzelgänger bekannte Lustiger ist ein interessanter Mann, hat aber als Papstkandidat keine Chance, auch wenn er manchmal in der Presse als »papabile« genannt wird.

Oscar Andres Rodriguez Maradiaga SDB: der geborene Papst?

Dieser Kardinal ist vielleicht der politischste von allen. Die Leute in Honduras sagen: »Wir haben einen Präsidenten, der redet wie ein Kardinal – und einen Kardinal, der redet wie ein Präsident.« Kardinal Maradiaga, seit 1993 Erzbischof von Tegucigalpa/Honduras, wurde am 29. Dezember 1942 in Tegucigalpa geboren und 1970 zum Priester geweiht. Der Salesianerpater wurde 1978 zum Weihbischof in der Hauptstadt seines immer wieder von Naturkatastrophen heimgesuchten Landes ernannt. International bekannt wurde der polyglotte (auch deutschsprachige) Kardinal als Schirmherr der Entschuldungskampagne anlässlich des Heiligen Jahres 2000. Zuvor hatte Maradiaga bereits durch seine Arbeit als Präsident des Lateinamerikanischen Bischofsrates CELAM (1995 bis 1999) von sich reden gemacht. Italienische Zeitungen haben ihn seit geraumer Zeit als aussichtsreichen Lateinamerikaner auf der Liste, wenn es um die »papabili« geht. Um Papst zu werden, ist er wahrscheinlich zu jung, auch wenn er als Kandidat der amerikanischen Bischofskonferenz gilt.

Theodore E. McCarrick

Kardinal Theodore E. McCarrick, seit November 2000 Erzbischof von Washington/USA, wurde am 7. Juli 1930 in New York geboren. Der frühere Oberhirte von Newark (seit 1986) hat lange seelsorgliche Erfahrung, war aber auch Dozent und später Rektor der Katholischen Universität von Ponce. Von 1971 bis 1977 stand er dem damaligen Erzbischof von New York, Kardinal Terence Cooke, als Sondersekretär zur Seite. 1977 wurde er dessen Weihbischof. Innerhalb der Amerikanischen Bischofskonferenz hat er den Vorsitz des Komitees für internationale Politik. McCarrick gilt trotz seiner mittlerweile 75 Jahre immer noch als interessanter »Newcomer« im Kardinalskollegium.

Cormac Murphy-O'Connor

Kardinal Murphy-O'Connor, seit 2000 Erzbischof von Westminster (Großbritannien), ist als solcher für die britische Hauptstadt London zuständig. Der am 24. August 1932 in Reading/Diözese Portsmouth geborene Brite ist in seinem Amt Nachfolger des an einer schweren Krankheit verstorbenen Benediktiner-Kardinals George Basil Hume. International bekannt ist der neue Kardinal durch seine Arbeit als Vizepräsident der Internationalen Anglikanisch-Katholischen Dialogkommission (ARCIC). Murphy-O'Connor gilt als offen und reformfreudig. Er scheut sich jedoch nicht, den Politikern seines Landes heftig ins Gewissen zu reden, wie jüngst geschehen in Sachen Abtreibung. Die Ernennung des zuvor als Leiter der Diözese Arundel and Brighton (seit 1977) tätigen Murphy-O'Connor zum Kardinal wurde in der britischen Öffentlichkeit und auch in der anglikanischen Staatskirche mit Wohlwollen aufgenommen.

Keith Michael Patrick O'Brien

In seinem Konsistorium des Jahres 2003 hatte Papst Johannes Paul II. eine Riege couragierter jüngerer Bischöfe in das Kardinalskollegium aufgenommen, unter ihnen auch den 1938 geborenen schottischen Erzbischof O'Brien, der sich nicht davor scheut, hemdsärmelig und provozierend in öffentliche Debatten einzugreifen. Er will den Diskurs, greift an und scheut sich nicht vor Debatten. Mal greift er die britische Regierung wegen Missbräuchen beim Sexualkundeunterricht an, ein andermal kämpft er gegen Diskriminierung. Aber auch die eigene Kirche bleibt nicht verschont. Vor (nämlich während der Bischofssynode 1999 in Rom) und nach seiner Kreierung zum Kardinal hat O'Brien eine Neuregelung der Zölibatsfrage angemahnt und sich dabei nicht nur Freunde gemacht. Den Papst hielt es nicht davon ab, diesen sympathischen Fighter zu einem seiner »Paladine« zu machen.

Jaime Lucas Ortega Y Alamino: der lachende Kardinal aus Kuba

Er kann über das ganze Gesicht lachen und durch seine innere Freude anstecken: Kardinal Ortega (*1936), der Erzbischof von San Cristobal, Havanna/Kuba. Dabei hat er es so schwer gehabt wie kaum ein anderer Bischof in der katholischen Kirche. Der Sohn eines einfachen Arbeiters in einer kubanischen Zuckerrohrfabrik musste um seine Ausbildung kämpfen. Um Priester zu werden, musste er Ende der 50er-Jahre das Land verlassen und in Kanada studieren. Er kam zurück, ließ sich 1964 zum Priester weihen. 1966 steckten ihn die Kommunisten in ein Umerziehungslager für Homosexuelle, Kleinkriminelle und andere »unzuverlässige Subjekte«. Der junge Priester entkam ungebrochen dem Arbeitslager und wurde zunächst Pfarrer in seinem Heimatort. Mit ärmsten Mitteln und in beständiger Improvisation, mit großer Liebe zu den Laien, vor allem zu jungen Leuten, arbeitete er sich voran und schuf in einem ideologischen Verelendungssystem Nischen des (auch geistig-geistlichen) Überlebens. Ortega war einer der Ersten, den Papst Johannes Paul II. noch im Jahr seiner Wahl 1978 zum Bischof machte. Der Papst, der selbst aus einem kommunistischen System kam, erkannte in Ortega wohl die analoge Leistung des »jüngeren Bruders«. 1981 wurde Ortega dann Erzbischof. Und 1994 ernannte ihn Johannes Paul II. zum Kardinal. Dann die Sensation: 1998 besuchte der Papst Fidel Castros Zurckerinsel und leitete eine Annäherung zwischen Kirche und Staat ein. Als der Papst am 1. April 2005 im Sterben lag, konnte der Kardinal erstmals seit Jahrzehnten als ein Kirchenvertreter zu den Menschen sprechen und sie auf das Ende des Pontifex vorbereiten. Kardinal Ortega, der Mann, der keine Zeit hatte zu studieren und Diplome zu erwerben, wurde inzwischen vielfach ausgezeichnet. Ein Mann für das Papstamt? Wenn die Kardinäle viel Mut haben und der Heilige Geist etwas nachhilft, gewiss …

Bernard Panafieu

Der im Jahr 1931 geborene Bernard Panafieu, Erzbischof von Marseille seit 1995, wurde von Papst Johannes Paul II. bei seinem Konsistorium im Jahr 2003 möglicherweise deshalb ins Kardinalat gerufen, weil Panafieu ein ausgewiesener Spezialist für den interreligiösen Dialog ist und insbesondere beste Kenntnisse über den Dialog mit dem Islam einbringen kann. Marseille ist ein Brennpunkt dieser Auseinandersetzung, gewissermaßen ein Laboratorium künftiger Zustände.

George Pell

George Pell, geboren am 8. Juni 1941 in Ballarat/Australien, ist seit 2001 Erzbischof von Sydney. Er unterstützt den konservativen Flügel in einem Konklave. Vor seiner Berufung nach Sydney leitete er ab 1966 die Erzdiözese Melbourne. Als Berater im Päpstlichen Familienrat steht er der Kurie nahe und vertritt in Sachen der Sexualmoral und Ethik voll die Linie des verstorbenen Johannes Paul II. Die Region Ozeanien ist im Konklave nur durch zwei Kardinäle vertreten. Neben Pell wählt den neuen Papst auch der Neuseeländer Tom Williams, Erzbischof von Wellington. Die australische Presse handelte ihn 2003 als möglichen Nachfolger von Kardinal Ratzinger an der Spitze der römischen Glaubenskongregation. Es handelte sich dabei aber lediglich um eine Spekulation.

Jean Baptiste Pham Min Man

Eine der stärksten Überraschungen des Konsistoriums von 2003 war die Berufung des Erzbischofs von Ho-Chi-Minh-Stadt, der nordvietnamesischen Hauptstadt. Die nordvietnamesische Kirche, einst von französischen Missionaren begründet, ist stark und vital, trotz oder weil sie sich seit Jahrzehnten in harter kommunistischer Verfolgung befindet. Etwa acht Millionen Menschen dürften sich in Nordvietnam zum katholischen Glauben bekannen. Da das Regime die Religion nicht mit Stumpf und Stiel ausrotten konnte, beschloss sie, die religiösen Gemeinschaften zu unterwandern und zu instrumentalisieren. So nimmt sich das Regime etwa das Recht heraus, die Führer der diversen Religionsgemeinschaften selbst zu bestimmen. Beim Konsistorium und der Kreierung von Kardinal Pham Min Man (*1934) gab es offenkundig keine Abstimmung mit den Kommunisten. Das Regime hat nach langwierigen Verhandlungen mit dem Heiligen Stuhl in letzter Zeit verschiedene neue Bischofsernennungen akzeptiert.

Jose da Cruz Policarpo

Kardinal Policarpo, seit 1998 Patriarch von Lissabon/Portugal, ist in diesem Amt Nachfolger des über die Grenzen Portugals hinaus bekannten Kardinals Antonio Ribeiro. Heute ist er der Vorsitzende der portugiesischen Bischofskonferenz. Der am 26. Februar 1936 in Alvorninha/Patriarchat Lissabon geborene Policarpo wurde im Jahre 1961 zum Priester und 1978 zum Bischof geweiht. 1997 wurde er Erzbischofskoadjutor des Patriarchen von Lissabon. Nicht wenige halten ihn für eine starke, modern denkende, reformerische Kraft mit großer Nähe zu den Menschen.

Janis Pujats

Kardinal Pujats ist Erzbischof von Riga/Lettland. Warum der am 14. November 1930 in Nautreni/Erzdiözese Riga geborenen Pujats »in pectore« gehalten wurde, obwohl die Kirchenverfolgung in dem exsowjetischen Teilstaat mit dem Umbruch zu Ende gewesen war, ist dem Kardinal selbst ebenso ein Rätsel wie den am Vatikan tätigen Letten. Von den zweieinhalb Millionen Einwohnern Lettlands sind 500 000 katholisch. Daneben gibt es etwa ebenso viele Lutheraner, mit denen ein engagierter ökumenischer Dialog besteht, und eine russisch-orthodoxe Minderheit. In Rom, wo die Gerüchteküche stets brodelt, fragt sich mancher, ob der Erzbischof von Riga vielleicht aus kirchenpolitischen Gründen einen vom Kommunismus in der Volksrepublik China verfolgten chinesischen »In pectore«-Kardinal ersetzen musste, weil man die nach der Seligsprechung chinesischer Märtyrer im Herbst 2000 unterkühlten Beziehungen zwischen dem Heiligen Stuhl und Rotchina nicht zusätzlich verschlechtern wollte.

Norberto Rivera Carrera: Kandidat der Lateinamerikaner

Die Erzdiözese Mexico-City umfasst 9 Millionen Katholiken. Ihr Oberhaupt seit 1995: Norberto Rivera Carrera. Er besitzt im Vatikan gute Karten. Rivera Carrera, der von Paul VI. zum Priester geweiht wurde und zeitweise Professor für Ekklesiologie (= Lehre von der Kirche) war, lässt keinen Zweifel zu an seiner unbedingten Romtreue. Im Klerus gibt es auch Widerstand gegen ihn, während ihn die einfachen Mexikaner verehren. Rivera Carrera kommt ihnen auch mit populären Gesten entgegen.

Justin Rigali

Justin Rigali wurde am 19. April 1935 in Los Angeles geboren. Er ist Erzbischof von Philadelphia und hat als Oberhaupt einer der wichtigsten Diözesen in den USA eine Schlüsselrolle innerhalb des amerikanischen Wählerblocks inne. In seiner Erzdiözese leben 1,4 Millionen Katholiken. Als Vatikankenner könnte er die Papstwähler aus Amerika und Südamerika beeinflussen. Zwischen 1970 und 1994 hatte Rigali hochrangige Ämter an der römischen Kurie inne. Von 1985 bis 1989 leitete er die Päpstliche Diplomatenakademie; danach wurde er Sekretär der Bischofskongregation und des Kardinalskollegiums. Er steht dem konservativen Flügel unter den Kardinälen nahe.

Antonio Maria Rouco Varela

Der Erzbischof von Madrid (seit 1994) ist Fernsehzuschauern möglicherweise bekannt als der Mann, der Kronprinz Felipe und sein Letizia in den Bund der Ehe geleitete. Münchner könnten den sympathischen Spanier auch aus seiner Zeit als Subsidiar an St. Raphael kennen, einer Aufgabe, der er sich während seines Kirchenrechtsstudiums in München unterzog. Der 1936 geborene Rouco Varela ist Kardinal seit 1998.

Pedro Rubiano Saenz

Kardinal Saenz, seit 1994 Erzbischof der Erzdiözese Bogotá und Primas von Kolumbien, wurde am 13. September 1932 in Cartago geboren. Der 1956 zum Priester geweihte Kolumbianer hat sich für seinen Einsatz zur Befriedung seines vom Bürgerkrieg zerrissenes Landes hohes Ansehen erworben. Als Vorsitzender der Kolumbianischen Bischofskonferenz (1990–1996) war er federführend bei dem Versuch, zwischen den Guerilleros und der kolumbianischen Regierung zu vermitteln. Der Kolumbianer studierte im kanadischen Quebec und in Washington D.C. und promovierte schließlich an der Universität von Santiago de Chile zum Doktor der Soziallehre. Im Juni 1971 wurde er zum Bischof von Cucuta/Kolumbien geweiht. 1983 wechselte er erst als Erzbischofskoadjutor und dann als Erzbischof in die Erzdiözese Cali über. Als Zeichen seiner Verbundenheit mit dem Bistum Aachen wurde er im September 2000 zum Ehrendomherrn an der Domkirche zu Aachen ernannt.

Iniguez Sandoval

Die neben Kardinal Rivera Carrera beherrschende Gestalt der mexikanischen Kirche ist der 1933 geborene Kardinal Sandoval (Kardinalserhebung 1994). Der Nachfolger des ermordeten Erzbischofs von Guadalajara machte Schlagzeilen, weil er – nicht unähnlich dem ukrainischen Präsidenten – im Jahre 1999 fast einem Giftanschlag auf seine Person erlegen war.

Paul Shan Kuo-hsi

Der 1923 geborene Paul Shan Kuo-hsi, Erzbischof von Kaohsing (Taiwan), hat an die chinesische Regierung appelliert, volle Religionsfreiheit zu garantieren – die Voraussetzung, um die Beziehungen zwischen dem Heiligen Stuhl und Peking zu verbessern. Der asiatischen katholischen Nachrichtenagentur Ucanews zufolge ist Taiwan kein Hindernis mehr für eine Aufnahme von diplomatischen Beziehungen zwischen der Volksrepublik China und dem Vatikan. Die Schwierigkeit sei vielmehr die materialistisch-kommunistische Haltung der Führung in Peking. Die Kirche in Taiwan will sich nicht in Gespräche zwischen Peking und Rom einschalten, um den chinesischen Katholiken nicht zu schaden. Deren Wohlergehen müsse aber an erster Stelle stehen und dürfe nicht durch falsche Kompromisse für die Aufnahme eines Dialogs und diplomatischer Kontakte geopfert werden. China betrachtet die Insel Taiwan als »abtrünnige Provinz« und erwartet vom Heiligen Stuhl einen völligen Abbruch der diplomatischen Beziehungen zu Taipeh als Voraussetzung für eine Verbesserung der Beziehungen Pekings mit dem Vatikan. Die diplomatischen Beziehungen wurden 1957 nach der Abspaltung einer katholisch-patriotischen Vereinigung und der Bischofsweihe von regimetreuen Bischöfen ohne Erlaubnis aus Rom abgebrochen.

Julio Terrazas Sandoval

Kardinal Sandoval ist Erzbischof von Santa Cruz de la Sierra/ Bolivien und Vorsitzender der bolivianischen Bischofskonferenz. Mit dem am 7. März 1936 in Vallegrande/Erzdiözese von Santa Cruz de la Sierra geborenen Redemptoristenpater – ein freundlicher, gewinnender Mann, der in einer der ärmsten Regionen der Welt Bischof war – erhöhte sich die Anzahl der neuen Kardinäle aus Lateinamerika, die am 21. Februar 2001 kreiert wurden, auf elf. Insgesamt kommen 22 Kardinäle aus Mittel- und Lateinamerika.

Christoph von Schönborn: möglicher Nachfolger Ratzingers

Kardinal Christoph Schönborn OP (*1945), seit 1995 Leiter der Erzdiözese Wien, gilt als möglicher Nachfolger von Kardinal Joseph Ratzinger an der Spitze der römischen Glaubenskongregation. Als Sekretär des Redaktionskomitees für den Katechismus der katholischen Kirche hat er wesentlich an Erarbeitung und Herausgabe des neuen Weltkatechismus durch die römische Glaubenskongregation mitgewirkt. Bis zu seiner Berufung zum Weihbischof 1991 war Schönborn als Dogmatikprofessor in Fribourg/Schweiz tätig.

Der dem Dominikanerorden angehörige von Schönborn gilt als Dauphin Ratzingers. Er wurde in Skalsko in der Diözese Leitmeritz als Sohn einer bekannten böhmischen Adelsfamilie geboren. Als »papabile« ist der hochgewachsene Kardinal schon öfter genannt worden, als ihm lieb ist. Ganz davon abgesehen, dass die Zeit für einen deutschsprachigen Papst wohl noch nicht reif ist und Schönborn ein »zweiter Papst aus dem Osten« nach Karol Wojtyla wäre, spricht auch sein relativ jugendliches Alter gegen eine Papstkandidatur.

Adrianus Simonis

Der 1931 geborene Erzbischof von Utrecht und Chef der niederländischen Kirche wurde bereits 1985 zum Kardinal ernannt – und zwar im Zusammenhang mit heftigen Richtungskämpfen in der katholischen Kirche der Niederlande. Simonis stand für die harte römische Linie, die sich schließlich durchsetzte.

Jaime Sin: der große alte Mann der Asiaten

Kardinal Jaime Sin, seit 1976 Erzbischof von Manila/Philippinen, wurde am 31. August 1928 in New Washington/Diözese Kalibo geboren. Kardinal Sin ist der »große Papstwähler« der asiatischen Gruppe. Die asiatischen Kardinäle werden sich sicherlich mit ihm abstimmen. Der chinesischstämmige Leiter der Erzdiözese Manila wurde von Papst Paul VI. am 24. Mai 1976 mit der Kardinalswürde ausgezeichnet. Er wurde wegen seines mutigen politischen Engagements gegen das Militärregime von Präsident Ferdinando Marcos (es dauerte von 1965 bis 1986) weltweit bekannt. Weite Teile der katholischen Kirche auf den Philippinen hatten durch ihren Einsatz für die Menschenrechte und ihre Appelle gegen Korruption und Ausbeutung wesentlich zum Sturz des Diktators im Jahre 1986 beigetragen.

Eusebio Oscar Scheid

Der Erzbischof von Rio de Janeiro, zuvor Erzbischof von Florianopolis, ist Mitglied der Missionarischen Gemeinschaft der Herz-Jesu-Priester und Kardinal seit dem Konsistorium 2003. Seine Eltern stammen aus der Gegend von Tholey im Saarland. Der neue Erzbischof wird wie sein Vorgänger Kardinal Eugenio De Araujo Sales als eher konservativer Theologe betrachtet. Er gilt aber als entscheidungsfreudig und schreckt nicht davor zurück, sich in Konfliktsituationen mit Klerikern und Mitarbeitern seiner Diözese auseinander zu setzen. Die brasilianische Metropole Rio de Janeiro zählt mit knapp vier Millionen Katholiken zu den größten katholischen Diözesen der Welt. Das Amt des Erzbischofs von Rio de Janeiro ist traditionell mit der Kardinalswürde verbunden.

Jean-Louis Tauran

Unter den im Konsistorium von 2003 ernannten Kardinälen war der Mann aus Bordeaux sicherlich der prominenteste. Er ist ein

»Politiker«, leitet im vatikanischen Staatssekretariat die Abteilung »Beziehungen mit den Staaten« und war somit gewissermaßen der Außenminister des verstorbenen Papstes. Der vatikanische Chefdiplomat ist für seine klare Sprache bekannt und gilt als harter Verhandlungsführer. Tauran hat die harte Linie des Papstes gegen den Aggressionskrieg der USA und Großbritanniens gegen den Irak wesentlich lanciert.

Varkey Vithayathil CSSR

Kardinal Vithayathil (*1927) seit 1999 Groß-Erzbischof von Ernakulam-Angamaly (Indien), ist das Oberhaupt der syromalabarischen Christen. Er wurde am 29. Mai 1936 in Parur in seiner heutigen Eparchie geboren. Im Jahre 1954 wurde der Inder, der dem Redemptoristenorden angehört, zum Priester und im Jahre 1996 zum Bischof geweiht. Im Rang eines Apostolischen Administrators hat er bereits seit 1996 den Kirchenbereich im indischen Bundesstaat Kerala geleitet. Ernakulam-Angamaly und das ukrainische Lemberg sind in der Weltkirche die einzigen Sitze eines Groß-Erzbischofs. Der Groß-Erzbischof erregte einiges Aufsehen, als er im vergangenen Jahr eine größere Unahängigkeit der Ortskirchen von Rom einforderte.

Miloslav Vlk: »papabile« aus der Fokolar-Bewegung

Kardinal Miloslav Vlk, der mit dem belgischen Kardinal Godfried Danneels und anderen gemeinsam für eine Ernennung Lehmanns zum Kardinal plädiert haben soll, leitet seit 1991 die Erzdiözese Prag. Der am 17. Mai 1932 in Lisnice geborene Kardinal gehört der auf Ökumene ausgerichteten Fokolar-Bewegung an und wurde schon des Öfteren als »papabile« bezeichnet, auch wenn es sehr unwahrscheinlich ist, dass ein Tscheche auf einen polnischen Papst folgen wird. Auf jeden Fall ist Vlk eine kantige, geprägte Persönlichkeit mit Ehrfurchtgebietender Lebenserfahrung. In der Zeit des Kommunismus musste Vlk sein Leben als Fensterputzer fristen, eine Zeit, die Vlk im Nachhinein als seine wichtigste Vorbereitung auf das Bischofsamt bezeichnet: »Man kann alles verlieren, aber darin Freude und Frieden finden!« Nach der Wende wurde der 1968 zum Priester geweihte Vlk am 14. Februar 1990 zuerst zum Bischof von Budweis ernannt. Am 26. November 1994 wurde er von Papst Johannes Paul II. zum Kardinal kreiert. Der Primas der tschechischen Kirche wurde nach dem Umbruch in Ost- und Mitteleuropa Nachfolger von Kardinal Martini (Mailand) als Vorsitzender des Rates der Europäischen Bischofskonferenzen (CCEE). Bei einer möglichen Papstwahl gilt er – nach dem Wegfall des slowakischen Kardinals Tomko – als »großer Papstwähler«, der auf die osteuropäischen Bischöfe Einfluss nehmen dürfte.

Emmanuel Wamala

Der zweite Kardinal in der Geschichte Ungandas, der 1926 geborene Emmanuel Wamala, ist seit 1994 Erzbischof von Kampala und seit 1994 Kardinal. Er leitet die Kirche in einem Land, das von unglaublichen Tragödien heimgesucht wurde. Im Jahre 1992 wurde Kardinal Wamala selbst das Opfer einer Geiselnahme, der er glücklicherweise entkam.

Gabriel Zubeir Wako

Gabriel Zubeir Wako (*1941), der 2003 ernannte erste Kardinal, der aus dem Sudan kommt, vertritt eine vitale, junge Kirche mit vielen Erwachsenentaufen, die es aber in einem hochagressiven muslimischen Umfeld so schwer hat, dass auch der Kardinal schon für seinen Glauben ins Gefängnis musste.

5.5 Bedeutende italienische Kardinäle

Die Suche nach einem geeigneten Kandidaten für das Papstamt beginnt bei einem Konklave normalerweise bei den Kardinälen, die an der Spitze der großen norditalienischen Erzdiözesen stehen: Turin, Mailand, Bologna, Florenz. Erst danach werden die süditalienischen Erzdiözesen wie Neapel und Palermo in Betracht gezogen. Wer sind die Italiener, denen man Chancen ausrechnet für den Stuhl Petri?

Dionigi Tettamanzi: Bioethik-Experte als Nachfolger von Kardinal Martini

Er hat sich seinen Traum erfüllt: Erstmals in der jüngeren Kirchengeschichte ist der Erzbischof eines wichtigen, mit der Kardinalswürde verbundenen italienischen Metropolitansitzes an einen anderen übergewechselt, der mit noch mehr Prestige verbunden ist: Der langjährige Erzbischof von Genua, Kardinal Dionigi Tettamanzi, ist vom Papst im Juni 2002 zum Nachfolger von Kardinal Carlo Maria Martini SJ auf dem Bischofsstuhl von Mailand ernannt worden. Die Diözese des heiligen Ambrosius und des heiligen Borromäus ist die größte in Italien und gilt traditionell als die bedeutendste überhaupt. Seit der Verleihung der Kardinalswürde durch den Papst im Februar 1998 hat sich Tettamanzi gern selbst als »papabile« dargestellt. Doch für den über die Gebühr ehrgeizigen gebürtigen Piemontesen könnte sich der römische Spruch bewahrheiten: »Wer als Papst ins Konklave hineingeht, kommt als Kardinal wieder heraus.« Papst Johannes Paul II. schätzte den am 14. März 1934 in Renate bei Mailand geborenen Kardinal Tettamanzi nicht zuletzt wegen seiner Mitarbeit an den beiden Enzykliken »Veritatis Splendor« über die Grundlagen der Moral (1993) und »Evangelium Vitae« (1995). Ein »großer Ratgeber« Tettamanzis ist sicherlich der Präfekt der Vatikanischen Bischofskongregation, Kardinal Giovanni Battista Re, ein Studienfreund des neuen Erzbischofs von Mailand. Re soll Hoffnungen auf das Amt des Kardinalstaatssekretärs hegen, sollte es einen neuen Papst geben, heißt es in gut informierten vatikanischen Kreisen. Als früherer Generalsekretär der Italienischen Bischofskonferenz ist Tettamanzi auch ein Schützling des bei den Römern meist unbeliebten Bischofsvikars von Rom, Kardinal Camillo Ruini. Seit 1995 hatte Tettamanzi die Leitung der Erzdiözese Genua inne. Während der Unruhen beim G-8-Gipfeltreffen in Genua im Jahr 2001 hatte Tettamanzi sich in mehreren Erklärungen auf die Seite der »No-Globals« gestellt, was unter den italienischen Gläubigen Irritationen ausgelöst hatte. Tettamanzi steht wie Kardinal Ruini der katholischen Prälatur Opus Dei nahe.

Michele Giordano und Salvatore de Giorgi: kaum Chancen auf das Papstamt

Der am 26. September 1930 in der Diözese Tursi-Lagonegro geborene Erzbischof von Neapel, Kardinal Michele Giordano, ist das »schwarze Schaf« des Kardinalskollegiums. Er ist wegen angeblicher Verwicklung in Wuchergeschäfte seines Bruders ins Zwielicht geraten und wurde von der italienischen Justiz sogar Anfang des Jahres 2001 verurteilt. Im Mai 2002 erregte der Erzbischof erneut unliebsames Aufsehen: Wegen Renovierung eines Gebäudes ohne Baugenehmigung wurde er zu einer Haftstrafe von 4 Monaten und 15 Tagen auf Bewährung und zu einer Geldstrafe von 7000 Euro verurteilt. Der Erzbischof war als Eigentümer eines Palazzos belangt worden, der einige Jahre zuvor der Kirche von einem Privatmann vermacht worden war. Auch der Erzbischof von Palermo, Salvatore de Giorgi, kommt nicht infrage. Im Gegensatz zu seinem »kampfgewohnten« und furchtlosen Vorgänger auf dem Bischofsstuhl der sizilianischen Hauptstadt, Kardinal Salvatore Pappalardo, hat der unauffällige gelernte Journalist seit seiner Kardinalsernennung 1998 niemals wegen mutiger Appelle gegen die von der Mafia aufgebaute »Mauer des Schweigens« von sich reden gemacht.

Tarcisio Bertone: Nicht chancenlos

Erzbischof Tarcisio Bertone – zum Kardinal ernannt beim Konsistorium 2003 – stand lange Jahre dem Präfekten der Römischen Glaubenskongregation, Kardinal Ratzinger, in seinem wichtigen Amt als oberster Hüter der Glaubenslehre der Kirche als Sekretär zur Seite. Bertone wurde am 2. Dezember 1934 in Romano Canavese/Diözese Ivrea geboren. Der zurückhaltende Kirchenrechtler war ins Licht der Weltöffentlichkeit getreten, als er am 26. Mai 2000 gemeinsam mit Kardinal Ratzinger das geheimnisumwobene dritte Geheimnis von Fatima enthüllte. Er hatte die Veröffentlichung des bestgehüteten Geheimnisses der Kirchengeschichte im Auftrag des Vatikans in Zusammenarbeit mit der einzigen Überlebenden der drei Seherkinder des portugiesischen Wallfahrtsortes Fatima, Schwester Lucia dos Santos, vorbereitet. Außerdem war er für die schwierige »Operation« der Wiederaufnahme des afrikanischen »Wunderheilers« Erzbischof Emmanuel Milingo in den Schoß der Kirche zuständig. Papst Johannes Paul II. hatte ihm den Fall Milingo anvertraut, nachdem der Afrikaner wenige Monate nach seiner Aufsehen erregenden Heirat mit der Koreanerin Maria Sung nach dem Ritus der Moon-Sekte bereut hatte. Bei seinem Amtsantritt warnte Bertone im Gespräch mit Journalisten in der Genueser Hafenstadt vor Fremdenfeindlichkeit. Er wandte sich aber gegen Vorschläge, den Muslimen Kirchengebäude als Gebetsräume »auszuleihen«. Zum geplanten Bau einer Moschee in Genua mahnte er das Prinzip der Gegenseitigkeit in Sachen Religionsfreiheit an. Christen in islamischen Ländern stehe ebenfalls das Recht auf eigene Gotteshäuser zu, erinnerte er. Als Erzbischof von Genua war Bertone mit dem Problem der »Globalisierungsgegner« konfrontiert, die Genua nach dem blutigen Gipfeltreffen der sieben meistindustrialisierten Länder im Juli 2001 zu ihrer Symbolstadt erkoren haben. Während der Unruhen am Rande des Treffens war es in der italienischen Hafenstadt zu Zusammenstößen zwischen gewalttätigen Demonstranten und Polizei gekommen. Dabei wurde einer der Demonstranten von einem Angehörigen der Militärpolizei aus Notwehr erschossen. Da der am höchsten gehandelte italienische Kardinal Tettamanzi aufgrund seiner Leutseligkeit und seines Ehrgeizes nicht nur Freunde bei den Kardinälen hat, tippen nicht wenige auf den eher spröden, hochgewachsenen Bertone (oder auf Kardinal Scola), wenn es denn ein Italiener sein sollte.

Giacomo Biffi: Pinocchio und der Weg zu Gott

Kardinal Giacomo Biffi, der Erzbischof von Bologna, hat in den vergangenen Jahren immer wieder wegen unbequemer Äußerungen Aufsehen in den Medien erregt. Konservative Kreise schwören darauf, dass er Chancen als »papabile« hätte. Geht man jedoch davon aus, dass ein Papstkandidat bei einem Konklave als Erstes daraufhin kontrolliert wird, ob er in der Vergangenheit angeeckt ist, dann hat Biffi keine Chance. Mit seiner Forderung, Italien solle bei der Auswahl seiner Immigranten die Katholiken Andersgläubigen vorziehen, weil sie leichter in die Gesellschaft integriert werden könnten, löste der Kardinal einen Sturm der Entrüstung aus – auch bei denen, die insgeheim seiner Ansicht waren. Giacomo Biffi, 118. Bischof von Bologna und Nachfolger des heiligen Petronius, ist von Geburt her Mailänder. Der am 13. Juni 1928 geborene Biffi wurde 1950 zum Priester geweiht und war seit 1975 der »Vize« von Kardinal Martini in der Erzdiözese Mailand. Als er von den Medien angegriffen wurde, weil er die Erlaubnis der anglikanischen Kirche für die Priesterweihe von Frauen kritisiert hatte, antwortete er mit einem Zitat des englischen Dichters Oscar Wilde: »Die beste Möglichkeit, sich von Versuchungen zu befreien, ist, ihnen sofort nachzugeben.« Biffi hat durch seine auch ins Deutsche übersetzten Bücher »Pinocchio oder die Frage nach Gott« und »Aufbruch zur Wahrheit« – ein Sammelwerk unkonventioneller Ansichten – auch viele Freunde unter den deutschen Katholiken gewonnen. Er entschlüsselte, dass sich hinter den Abenteuern des hölzernen Bengeles Pinocchio der Weg des Menschen zu Gott verberge …

Renato Martino

Seit Oktober 2002 Präsident des Päpstlichen Rates Gerechtigkeit und Frieden und Kardinal seit 2003, genießt er als langjähriger Ständiger Beobachter bei den Vereinten Nationen in New York internationales Prestige. Vor seinem Abschied aus New York hatte er sich für die Vollmitgliedschaft des Heiligen Stuhls bei den UN ausgesprochen. Es sei jetzt an der Zeit, dass der Vatikan ein Stimmrecht in diesem internationalen Gremium erhalte, erklärte er in einem Interview mit der katholischen amerikanischen Nachrichtenagentur CNS. Auch wenn sein Job hart gewesen sei, habe er oft von seinem Rederecht Gebrauch gemacht. Wenn er die Meinung des Heiligen Stuhls nicht eingebracht hätte, dann hätten viele diplomatische Entscheidungen der UN anders ausgesehen, sagt Martino. Wertvoll seien auch die zahlreichen persönlichen Kontakte zu den UN-Botschaftern aus aller Welt gewesen. Auf zwei Erfolge der vatikanischen Diplomatie ist er besonders stolz: 1992 bei der Weltkonferenz über Umwelt und Entwicklung erreichte er, dass im ersten Satz des Schlussdokuments verankert wurde: »Der Mensch muss im Mittelpunkt aller Bemühungen um eine nachhaltige Entwicklung stehen.« 1997 sei es ihm gelungen, in eine Entscheidung der UN-Vollversammlung die vatikanische Einstellung zum Status von Jerusalem einzubringen. Die größte Enttäuschung während seiner Karriere sei für ihn gewesen, dass es ihm nicht gelungen war, den ersten Golfkrieg im März 2003 zu verhindern, obwohl er jeden Tag mit dem Generalsekretär der Vereinten Nationen und dem Präsidenten des Weltsicherheitsrats in Kontakt getreten sei.

Attilio Nicora: Präsident der Wirtschaftspräfektur des Heiligen Stuhls

Attilio Nicora, seit Oktober 2002 Präsident der Wirtschaftspräfektur des Heiligen Stuhls (APSA), wurde am 16. März 1937 in Varese/Erzdiözese Mailand geboren. Nicora war von 1992 bis

1997 Bischof der norditalienischen Diözese Verona. Danach war der erfahrene Jurist als »Rechts-Delegierter« der Präsidentschaft der Italienischen Bischofskonferenz für juristische Fragen zuständig und hat als Präsident die Wirtschaftspräfektur des Heiligen Stuhls übernommen. Er wurde Nachfolger von Kardinal Sergio Sebastiani, der sein Amt aus Altergründen abgegeben hatte. Als Chef der Wirtschaftspräfektur ist Nicora für die Erstellung der vatikanischen Haushaltspläne zuständig. Das lange Zeit herrschende Defizit im Haushalt des Heiligen Stuhls ist in der Zwischenzeit ausgeglichen und es werden wieder schwarze Zahlen geschrieben trotz der hohen Ausgaben für Radio Vatikan und die Vatikan-Zeitung »Osservatore Romano«, die kein Geld mit Werbung verdienen dürfen.

Ennio Antonelli: ein neuer »papabile« aus Florenz

Ennio Antonelli wurde am 18. November 1936 in Todi/Mittelitalien geboren. Im Mai 2001 wurde er Erzbischof von Florenz; am 21. Oktober 2003 erhielt er die Kardinalswürde. Vom gut informierten Vatikanexperten des »Corriere della Sera«, Luigi Accattoli, wurde er als einziger neuer Kardinal als »papabile« eingestuft. Accattoli beschreibt Antonelli als guten Seelsorger, der auch ein leidenschaftlicher Kunstliebhaber ist, und würdigt ihn als Verfasser des neu überarbeiteten »Katechismus für Erwachsene« der Italienischen Bischofskonferenz. Sein besonderes Engagement gilt gemäß Accattoli der Verteidigung von Frieden und Gerechtigkeit in der Welt. Nach dem Schulbesuch in Todi und Assisi trat Antonelli auf Wunsch seines Bischofs ins Päpstliche Römische Priesterseminar ein. An der Päpstlichen Lateranuniversität studierte er Philosophie und Theologie. Zum Priester wurde der der Katholischen Aktion Italiens nahestehende Antonelli am 2. April 1960 geweiht. Die Bischofsweihe erhielt er am 29. August 1982 nach seiner Berufung zum Bischof von Gubbio. Danach war er von 1988 bis 1995 Erzbischof von Perugia, wo er sich besonders für die Formation von Pastoralarbeitern einsetzte. Als Sekretär der Italienischen Bischofskonferenz ab 1995 bis zu seiner Ernennung zum Erzbischof von Florenz gehörte er auch der Kommission für die Glaubensdoktrin an. Vom »Corriere della Sera« wird Antonelli als ein »guter Mensch und guter Seelsorger« beschrieben; er sei in der Lage, beste Beziehungen zu seinen Mitmenschen herzustellen, wie er es in der Vergangenheit an verschiedenen Wirkungsstätten unter Beweis gestellt habe. Darüber hinaus sei er alles andere als ein Machtmensch und habe im Büro der Italienischen Bischofskonferenz und beim Umgang mit der Kurie oft gelitten.

Severino Poletto: der Hüter des Grabtuchs

Kardinal Poletto ist seit 1999 Nachfolger von Kardinal Giovanni Saldarini als Erzbischof von Turin. In diesem Amt ist er – wie seine Vorgänger – Hüter des weltberühmten »Turiner Grabtuchs«. In dem Leintuch, das in der Kathedrale von Turin aufbewahrt wird, soll Christus zu Grabe getragen worden sein. Das berühmte Grabtuch war Papst Pius XII. nach dem Zweiten Weltkrieg von den Mitgliedern der italienischen Königsfamilie Savoyen geschenkt worden. Der Papst hatte die Erzbischöfe von Turin daraufhin zum Hüter des Grabtuchs bestimmt. Der am 18. März 1933 in Salgareda/Diözese Treviso in der Region Venetien geborene Poletto war vor seiner Berufung an die Spitze der Erzdiözese Turin Bischof von Asti, der Heimatdiözese von Kardinalstaatssekretär Angelo Sodano. Der neue Kardinal wurde im Jahre 1957 zum Priester und im Jahre 1980 zum Bischof geweiht, nachdem Papst Johannes Paul II. ihm erst als Koadjutor und dann als Ordinarius die Leitung der Diözese Fossano übertragen hatte. In seinem ersten Amtsjahr musste Poletto bereits eine enorme Bewährungsprobe überstehen: Im Sommer 2000 fungierte er als Gastgeber für mehr als zwei Millionen Besucher, die zur Jubiläumsausstellung des traditionellen Grabtuchs Christi in die norditalienische Metropole kamen. Im Januar 2003 hatte

Poletto Aufsehen erregt, als er in einem Interview mit der römischen Tageszeitung »La Repubblica« alle Katholiken in Italien dazu ermutigte, muslimische Einwanderer zum Christentum zu bekehren. Toleranz, Aufnahmebereitschaft und Hilfe für Einwanderer seien wichtig, aber sie entbinden die Christen nicht von ihrer Pflicht zur Verbreitung des Evangeliums. Mit Feingefühl und Respekt vor den Eigenheiten könnten auch Muslime und Buddhisten davon überzeugt werden, inmitten eines christlichen Umfelds selbst zum Christentum überzutreten.

Camillo Ruini: wenig Chancen für den Generalvikar

Camillo Ruini (*1931), der Generalvikar von Rom, wurde 1991 Kardinal. Obwohl (vielleicht sogar weil) er dem verstorbenen Papst nahe wie kaum ein anderer war (unvergessen seine Predigt während der Heiligen Messe am Vorabend des Papsttodes, als er verkündete »Der Papst sieht und berührt schon den Herrn«) und die Kurie wie seine Westentasche kennt, hat der Italiener aus Sassuolo kaum eine Chance im Konklave. Ruinis Gesundheit ist angeschlagen und er hat wenig Rückhalt bei den übrigen italienischen Kardinälen.

Angelo Scola: The man who?

Langjähriger Rektor der Päpstlichen Lateran-Universität, ist seit 2000 Patriarch von Venedig. Im Konsistorium 2003 wurde er zum Kardinal ernannt. In seinem Amt folgt er Kardial Marco Ce, dessen Rücktrittsgesuch Johannes Paul II. bei Erreichung des 76. Lebensjahres angenommen hatte. Ce hatte das Bistum 23 Jahre geleitet. Als Patriarch von Venedig tritt Scola in die Fußstapfen mehrerer aus der Lagunenstadt in den Vatikan übergesiedelter Päpste: Von den vier nach dem Zweiten Weltkrieg gewählten Päpsten waren zwei zuvor Patriarchen von Venedig, Johannes XXIII. und Johannes Paul I. Auch Pius X. war vor seiner Wahl zum Papst Bischof der Lagunenstadt. Vor seiner Berufung 1995 als Rektor der Päpstlichen Lateran-Universität war Scola Bischof von Grosseto (Toskana). Er studierte unter anderem in Fribourg (Schweiz), wo er über Thomas von Aquin promovierte. Danach studierte er in München und Paris und wurde später Assistent des Philosophen Ottfried Höffe in Freiburg im Breisgau. Der aus einfachen Verhältnissen stammende Scola gilt über die Grenzen Italiens hinaus als renommierter Theologe und hochintelligenter Apologet der katholischen Kirche. Der klar konservative Theologe Scola ist neben Hans Urs von Balthasar und Joseph Ratzinger Mitbegründer der internationalen theologischen Zeitschrift »Communio«, ein Fachblatt, das internationale Meinungsführerschaft erlangt hat. Bis zu seiner Bischofsernennung im Jahr 1991 war der aus der norditalienischen Lombardei gebürtige Scola aktives Mitglied der kirchlichen Bewegung »Comunione e Liberazione« (CL), die in Italien als renommiertes Sprungbrett für kirchliche Aufsteiger gilt. Scola hat zwei Bücher in Form von Interviews herausgegeben, und zwar eines mit dem großen inzwischen verstorbenen Theologen Henry de Lubac »Dialogo sul Vaticano II« (Dialog über das Zweite Vatikanische Konzil«) und eines mit Kardinal Henri du Lubac, »Vagliate ogni cosa e trattenete cio che e buono« (»Wägt alles ab und behaltet, was gut ist«). Der Patriarch von Venedig wurde am 7. November 1941 als Sohn eines Lastkraftwagenfahrers in Malgrate (Erzdiözese Mailand) geboren. Er war am 18. Juli 1970 zum Priester und am 21. September 1991 zum Bischof geweiht worden. Der als konservativer Kirchenmann geltende Scola war auch schon Präses des Päpstlichen Instituts »Johannes Paul II.« für Studien über Ehe und Familie. Der Titel Patriarch von Venedig geht auf eine Tradition zurück, der zufolge dem Bischof von Venedig der Titel eines lateinischen Patriarchen zusteht.

Viele vatikanische Beobachter trauen es ihm zu, dass schließlich er es sein könnte, der aus dem Konklave als neuer Papst hervorgehen wird, soll es denn ein Italiener sein. Hält man seine großherzige und starke Persönlichkeit und seine intellektuelle Kraft gegen die Persönlichkeit seines »Konkurrenten« Tettamanzi, könnte die Wahl auf ihn fallen. Möglicherweise hat er unter allen italienischen Kardinälen am Ende die besten Karten.

Crescenzio Sepe: der Favorit der Süditaliener

Der 2001 zum Kurienkardinal ernannte Sepe wurde 1943 in Carinaro geboren. Sepe war die erfolgreiche Organisation des Priestertreffens aus aller Welt zum 50. Priesterjubiläum von Papst Johannes Paul II. am 1. November 1996 zu verdanken. Journalisten ist Sepe aufgrund seiner delikaten Tätigkeit als »Supervisor« des »Osservatore Romano« im Vatikanischen Staatssekretariat wohlgesinnt. Die dem deutschen »Spiegel« vergleichbare italienische Wochenzeitschrift »Espresso« schrieb über Sepe am 27. Januar 2000, er sei der »perfekte erfolgreiche Kuriale aus der persönlichen Kurie von Johannes Paul II.« Er habe die richtigen Schritte zum richtigen Zeitpunkt gemacht und sei nun für seine gute Regie des Heiligen Jahres in perfekter Zusammenarbeit mit der römischen Stadtverwaltung belohnt worden. Der am 2. Juni 1943 in Carinaro/Diözese Aversa geborene Sepe hat seine ersten Karriereschritte als Nuntiaturrat in Lateinamerika und Asien gemacht. Im Jahre 1984 gelang es Sepe während seiner Zeit als Mitarbeiter des Staatssekretariats – so der »Espresso« –, seinen süditalienischen Freund Mario Agnes vom Papst zum Direktor der Vatikanzeitung »Osservatore Romano« berufen zu lassen. Drei Jahre später wurde Sepe Assessor im Vatikanischen Staatssekretariat, das heißt dessen Nummer drei. Zu Beginn 1992 kletterte er die Karriereleiter weiter hoch, als er zum Bischof ernannt und zum Sekretär der Vatikanischen Klerus-Kongregation berufen wurde. Danach organisierte er mit Erfolg und in enger Zusammenarbeit mit Don Liberio Andreatta, dem Leiter der mächtigen »Opera Romana Pellegrinaggi« (Römisches Pilgerwerk), vatikanische und andere Megaveranstaltungen – eine davon fand sogar in Yamoussoukro/Elfenbeinküste statt, wo eine Art Petersdom mitten in der Savanne erbaut worden war. Heute ist er Präfekt der Vatikanischen Kongregation für die Glaubensverbreitung.

5.6 Sechs deutsche Kardinäle als Papstwähler

Nach der Ernennung von Bischof Lehmann und Erzbischof Degenhardt (mittlerweile verstorben) zu Purpurträgern am Sonntag, 28. Januar 2001, hätten die Deutschen die stolze Zahl von sieben Papstwählern einbringen können, wenn zum Zeitpunkt des achten Konsistoriums von Papst Johannes Paul II. ein Konklave stattgefunden hätte. Allerdings ist nicht gesagt, dass die deutsche Gruppe von jetzt sechs Kardinälen einheitlich wählt. Kurienkardinal Walter Kasper und Kardinal Karl Lehmann (Mainz) dürften mit dem liberalen Kreis um den Mailänder Kardinal Martini zumindest zunächst für einen liberalen Kandidaten stimmen. Kurienkardinal Joseph Ratzinger (siehe Kapitel »Einflussreiche Kurienkardinäle«), Kardinal Joachim Meisner (Köln) und Kardinal Friedrich Wetter (München) dürften ihr geheimes Votum einem konservativen Kandidaten für die Nachfolge Petri auf dem Papststuhl geben. Der eher als »Mann der Mitte« geltende Berliner Kardinal Georg Sterzinsky könnte sich der einen wie der anderen Gruppe zugesellen. Die beiden weiteren deutschen Kardinäle Augustinus Mayer OSB und der emeritierte Münchner Professor Leo Scheffczyk dürfen aus Altersgründen an einer Papstwahl nicht mehr teilnehmen.

Karl Lehmann: langes Warten auf den Kardinalshut

Der Bischofsstuhl von Mainz ist nicht automatisch mit der Kardinalswürde verbunden. Dennoch erschien es sozusagen als »Strafaktion«, dass Lehmann bei den vergangenen Konsistorien von Papst Johannes Paul II. übergangen wurde. Die deutsche Öffentlichkeit hat sich gefreut, dass der Mainzer Bischof, der so lange auf den Kardinalspurpur warten musste, wider Erwarten doch noch in den Senat der Kirche aufgenommen wurde. Die Berufung erfolgte fast 18 Jahre nach seiner Ernennung zum Oberhirten der Diözese Mainz (1983) und mehr als 13 Jahre nach seiner Wahl zum Vorsitzenden der Deutschen Bischofskonferenz (1987). In der Person Lehmanns wurde ein Geistlicher ausgezeichnet, der ungeachtet seiner Vitalität und emotionalen Stärke als behutsamer Reformer in der Kirche gilt. So plädiert er für Milde im Umgang mit den wieder verheirateten Geschiedenen. Immer wieder hat der am 16. Mai 1936 in Sigmaringen in Baden-Württemberg geborene Kardinal auch zu sozialpolitischen Fragen Stellung bezogen und den Dialog mit Staat und Gesellschaft gesucht. Nach dem Abitur 1956 begann Lehmann ein Studium der Theologie und der Philosophie in Freiburg im Breisgau, das er in Rom fortsetzte. Aus dieser Zeit stammen auch seine italienischen Sprachkenntnisse. Seine akademische Laufbahn begann der Bischof von Mainz nach der Habilitation 1967 mit der Berufung zum Professor an der Universität Mainz. Später ging er nach Freiburg.

Der Vorsitzende der Deutschen Bischofskonferenz hatte sich durch sein engagiertes Eintreten für den Verbleib der Kirche in der staatlichen Schwangerschaftskonfliktberatung im Vatikan unbeliebt gemacht. Letzten Endes gab er aber den Bitten des Papstes nach und veranlasste, dass in den Beratungsstellen der Kirche keine Bescheinigungen mehr ausgestellt werden, die Voraussetzung für einen Schwangerschaftsabbruch sind. Der für sein ungestümes Temperament ebenso wie für seine Intelligenz und seine Schaffenskraft bekannte Kardinal ist ein Fußballfan. Mit der Verleihung der Kardinalswürde an Lehmann brachte der Papst seinen Dank dafür zum Ausdruck, dass der Vorsitzende der Deutschen Bischofskonferenz die Einheit der Bischöfe gewahrt und im Streit um die Teilnahme an der staatlichen Schwangerschaftskonfliktberatung letzten Endes doch als Vermittler aufgetreten war. Seit Mitte der 80er-Jahre ist Lehmann Honorar-Professor der Universitäten Mainz und Freiburg und Mitglied der Akademie der Wissenschaften und der Literatur.

Walter Kasper: liberaler Ökumene-Experte

Kardinal Walter Kasper – zum Zeitpunkt seiner Ernennung noch Sekretär des Päpstlichen Rates für die Einheit der Christen – wurde von Papst Johannes Paul II. bereits am Sonntag, 21. Januar 2001, gemeinsam mit dem emeritierten Münchner Theologieprofessor Leo Scheffczyk zum Kardinal designiert. Die Verleihung der Kardinalswürde an den früheren Bischof von Rottenburg-Stuttgart kam insofern überraschend, als dieser bei Ankündigung des Konsistoriums noch nicht offiziell vom Papst zum Nachfolger des australischen Präsidenten des Vatikanischen Einheitsrates, Edward Cassidy, berufen worden war. Das Rücktrittsgesuch Cassidys war vom Papst am 3. März 2001 angenommen worden.
Erst im Juni 1999 hat der am 5. März 1933 in Heidenheim/Brenz (Diözese Rottenburg-Stuttgart) geborene Kasper den Bischofsstuhl seiner Diözese verlassen, um nach Rom umzusiedeln. Seine Ernennung zum Kardinal bezeichnete Kasper als eine Ermutigung für die Ökumene. Den Papst kannte Kasper aus der Zeit, als beide noch Professoren waren. Schon mit 31 Jahren war der heutige Ökumene-Experte Professor in Münster geworden. Von 1970 bis 1989 lehrte er an der Theologischen Fakultät der Universität Tübingen. 1989 ernannte Johannes Paul II. Kasper dann zum Bischof der Diözese Rottenburg-Stuttgart, dem mit zwei Millionen Katholiken viertgrößten Bistum in Deutschland. Mit seinen Büchern, die in viele Sprachen übersetzt wurden, erwarb sich der Kardinal einen weltweiten Ruf als Theologe.
Bereits seit mehr als zwanzig Jahren bemüht der Schwabe sich um den Dialog mit den anderen christlichen Konfessionen. Als einer der beiden Präsidenten der katholisch-lutherischen Dialogkommission hatte er wesentlichen Anteil an der gemeinsamen Erklärung zur Rechtfertigungslehre, die am Reformationstag 1999 un-

terzeichnet wurde. Damit waren Katholiken und Lutheraner einander nach 450 Jahren Spaltung einen wichtigen Schritt näher gekommen. 1994 kam es zum Konflikt mit Rom, als der Theologe gemeinsam mit dem Freiburger Erzbischof Oskar Saier und dem Mainzer Bischof Karl Lehmann in einer Erklärung für Milde in der Frage der Zulassung der wieder verheirateten Geschiedenen zur Kommunion plädierte.

In den 60er-Jahren war Kasper Assistent des »Rebellentheologen« Hans Küng. Bei Vorlesungsreisen in der ganzen Welt hatte der Theologe Gelegenheit, die verschiedensten Konfliktsituationen innerhalb der Kirche authentisch kennen zu lernen. Als Kardinal im Vatikanischen Einheitsrat will er dazu beitragen, die Römische Kurie zu reformieren, die bisher mangelnde Information und Koordination innerhalb der einzelnen Kurienbehörden zu verbessern und den »römischen Zentralismus« abzubauen. Der Umgang des Vatikans mit den einzelnen Bistümern sei ein wichtiger Prüfstein für den ökumenischen Umgang der katholischen Kirche mit den anderen christlichen Konfessionen.

Über den Umgang mit den wieder verheirateten Geschiedenen muss nach Meinung des Kardinals »weiter nachgedacht werden«. Im Zusammenhang mit den Kardinalsernennungen sprach Kasper sich für eine Stärkung der kollegialen Strukturen in der Kirche aus. Im Gespräch mit der Autorin erklärte der Kardinal bezüglich des »antirömischen Komplexes« in vielen Ortskirchen: »Es handelt sich hierbei nicht um einen Sterbevorgang der Kirche, sondern letztlich um eine Wachstumskrise, die wir durchstehen müssen, indem wir beides betonen: die Einheit im Petrusamt und die Vielfalt, in der in der einen Kirche die verschiedenen Kulturen Platz haben müssen.«

Joachim Meisner: der Antipode aus Köln

Kardinal Joachim Meisner, seit Dezember 1988 Erzbischof von Köln, war bei Papst Johannes Paul II. hoch angesehen und hat

nach wie vor insgesamt gute Karten im Vatikan. Der frühere Bischof von Berlin wurde am 25. Dezember 1933 in Breslau geboren und am 22. Dezember 1962 zum Priester geweiht. Papst Johannes Paul II. verlieh Meisner am 2. Februar 1983 den Kardinalspurpur. Damals kreierte der Papst nur 18 Kardinäle, darunter den Mailänder Kardinal Carlo Martini. Meisner war danach Bischof von Berlin (1980–88). Er kam nach Köln auf Intervention des verstorbenen Papstes, nachdem das Domkapitel ihn abgelehnt hatte.
Der Kardinal gehört zur konservativen Gruppe der deutschen Bischöfe und gilt als ihr Wortführer. Als Meisner nach Köln umsiedelte, konnte noch niemand ahnen, dass sich ein Jahr später die Grenzen des geteilten Deutschland öffnen würden. Zum silbernen Bischofsjubiläum am 21. Mai 2000 würdigte der Präfekt der Römischen Glaubenskongregation, Kardinal Joseph Ratzinger, Meisner mit den folgenden Worten: »›Bleiben‹ – lieber Kardinal Joachim, in schwierigen Zeiten in der DDR hast du erfahren, was das heißt: bleiben. Du hast dich der Diktatur nicht gebeugt. Du hast keine falschen Kompromisse geschlossen, du wusstest: Nur Christus bleibt. Und wenn wir bei ihm bleiben, auch in widrigen Winden, dann stehen wir recht. (…) ›Bleiben‹ – das ist nichts Statisches und Bequemes. Zum Bleiben gehört der fortwährende Dienst der Reinigung. Heute geht uns in diesem Zusammenhang das Wort von der ›ecclesia semper reformanda‹ (der ›immer zu reformierenden Kirche‹) sehr leicht von den Lippen, weil wir dabei immer an die anderen denken und an die Strukturen, die zu verändern sind, besonders weit weg von Rom.«
Aus seiner schlesischen Heimat, der er immer zutiefst treu geblieben sei, habe der Erzbischof von Köln eine »gemütvolle Frömmigkeit« mitgebracht, in der nicht nur der Kopf, sondern auch das Herz seinen Platz habe und dazu eine »innere Heiterkeit, die zwar vom Kölner Humor durchaus verschieden ist, aber sich mit ihm doch leicht zusammenfindet«, sagte Ratzinger. Die betende Kirche sei Meisner immer wichtiger gewesen als die diskutierende, bescheinigte der Präfekt der Römischen Glaubenskongregation dem

Erzbischof von Köln am Tag, an dem Meisner das 25-jährige Priesterjubiläum feierte.

Georg M. Sterzinsky: Bischof in Berlin zur Zeit der Wende

Kardinal Georg Maximilian Sterzinsky, der am 9. September 1989 zum Bischof geweiht und in sein Amt als Bischof von Berlin eingeführt wurde, war für den Papst ein wichtiger Informant über das schwierige Zusammenwachsen der beiden Teile Deutschlands. Dass dieses Zusammenwachsen gelingen möge, lag Johannes Paul II. sehr am Herzen.

Der am 9. Februar 1936 in Warlack/Ostpreußen (Erzdiözese Warmia) geborene Sterzinsky wurde am 29. Juni 1960 in Erfurt zum Priester geweiht. Mit Johannes Paul II. verbindet ihn unter anderem das gemeinsame Erleben eines historischen Augenblicks: Er war am 3. Oktober 1989 zu Besuch in Rom und zufällig auch zum Abendessen an der Tafel Johannes Pauls II. eingeladen, als sich die Grenzen zwischen Ost- und Westberlin erstmals seit der Errichtung des »Eisernen Vorhangs« öffneten. Papst Johannes Paul II. kreierte Sterzinsky beim Konsistorium am 28. Juni 1991 zum Kardinal. Am Vatikan gilt der Berliner Kardinal als Experte für Einwanderungsfragen und für die Integrierung von Einwanderern aus fremden Kulturen in die Gesellschaft.

Während des alle fünf Jahre fälligen Ad-limina-Besuchs der deutschen Bischöfe im Vatikan im Herbst 1999 richtete Kardinal Sterzinsky eine Ansprache an den Papst, in dem er diesem für seinen Beitrag zur Wende und sein Wirken für den Umschwung in der politischen Entwicklung in Europa und weltweit dankte. Dabei sagte er: »Die Kirche in Ostdeutschland hat mit ihren Gläubigen in nur wenigen Jahren Entwicklungen durchgemacht, welche die Kirche in der Bundesrepublik Deutschland nach dem Ende der nationalsozialistischen Gewaltherrschaft in Jahrzehnten erfahren musste. Der Weg in eine Gesellschaft unter den Bedingungen einer

Demokratie führte sie durch eine Jahrzehnte andauernde Herrschaft des kommunistischen Weltanschauungssystems, die sich unmittelbar an die NS-Diktatur anschloss.« Sterzinsky hob hervor, die politische Wende habe für die Kirche Probleme wie eine zu starke Anpassung an den säkularen Zeitgeist mit sich gebracht. Auch in Fragen von Ehe und Familie gelte es, den Wert und die Würde – und auch das Glück – der menschlichen Person und der menschlichen Gemeinschaft zu bewahren, indem die religiöse und sakramentale Dimension der ehelichen Gemeinschaft gewahrt bleiben müsse.

Am wohlsten fühlt er sich, wenn er als Seelsorger wirken und Armen und Verfolgten helfen kann, so wie in seiner Priesterzeit in den 70er-Jahren in Erfurt in der damaligen DDR. Der Berliner Erzbischof Sterzinsky besucht Flüchtlinge, kümmert sich um Obdachlose und engagiert sich für illegale Einwanderer. Er ist Spezialist für Einwandererprobleme und hat präzise Vorgaben für deren Integrierung erlassen. Die CDU zog seinen Unwillen auf sich, als sie das Zuwanderungsgesetz modifizieren wollte. Das westliche Konsumtreiben, das auch die ehemalige DDR ergriffen hat, sieht er gar nicht gern. In seinen Ruf erheblich schädigende Schlagzeilen ist Sterzinsky aufgrund seines Haushaltsdefizits geraten. Den fälligen Sanierungskurs schob er so lange hinaus, dass es zu einem Skandal kam. »50 Millionen Euro würden ihm aus der Misere helfen«, schrieb die »Süddeutsche Zeitung« am 11. März 2003 in einem Profil des Kardinals. Ein externer Finanzausschuss soll nun die Sanierung überwachen, die von der amerikanischen Agentur McKinsey eingeleitet worden ist. Doch seine Treue zu Glaube, Papst und kirchlichem Lehramt sind im Vatikan hoch geschätzt.

Friedrich Wetter: seit 20 Jahren an der Spitze der Glaubenskommission

Kardinal Friedrich Wetter ist der 73. Bischof auf der Kathedra des heiligen Korbinian, des fränkischen Wanderbischofs, der im

8. Jahrhundert aus Arpajon in der Nähe von Paris nach Altbayern kam und in Freising und Umgebung wirkte. Wetter folgte dem heutigen Präfekten der Römischen Glaubenskongregation, Kardinal Joseph Ratzinger, im Jahre 1982 in seinem Amt als Erzbischof von München und Freising nach. In drei Seelsorgsregionen zählt das Erzbistum München und Freising 755 Pfarreien mit mehr als zwei Millionen Katholiken.
Der bescheiden und vornehm auftretende Wetter wurde am 20. Februar 1928 als Sohn einer Eisenbahnerfamilie in Landau/Pfalz geboren. Er war wie Kardinal Lehmann Alumne des deutschsprachigen päpstlichen Kollegs Germanicum et Hungaricum. Von 1948 bis 1956 studierte er an der päpstlichen Gregoriana-Universität Theologie. Zum Priester wurde der spätere Münchner Kardinal am 10. Oktober 1953 in Rom geweiht. Nach seiner Promotion im Jahre 1956 war er von 1956 bis 1958 als Kaplan in Speyer tätig. Von 1962 bis 1967 unterrichtete er als Assistent und Dozent am Priesterseminar in Speyer. Er lehrte nach seiner Habilitation in München 1965 als Dozent und Professor für Fundamentaltheologie an der Philosophisch-Theologischen Hochschule in Eichstätt (1962–1967) und bis zu seiner Ernennung zum Bischof von Speyer durch Papst Paul VI. im Jahre 1968 Dogmatik an der Katholisch-Theologischen Fakultät der Universität Mainz. 14 Jahre lang wirkte er in seinem pfälzischen Heimatbistum als volksverbundener und engagierter Seelsorger, der in dieser Zeit auch zahlreiche Kontakte zu den vom kommunistischen System bedrängten Kirchen in der ehemaligen DDR und im vormaligen Ostblock knüpfte.
Von 1970 bis 1981 hatte Wetter den Vorsitz der Deutschen Bischofskonferenz inne. Seit 1981 ist er Vorsitzender der Glaubenskommission der Deutschen Bischofskonferenz. Für den Fortschritt in der Ökumene setzte er sich als Mitglied des Kontaktgesprächskreises zwischen der Deutschen Bischofskonferenz und dem Rat der Evangelischen Kirchen Deutschlands (EKD) sowie als Mitglied der internationalen Kommission für den theologi-

schen Dialog zwischen der katholischen Kirche und den Kirchen der Orthodoxie ein. Die Römer sind Wetter sehr verbunden, weil er mit Spenden die wunderschöne antike römische Titelkirche Santo Stefano Rotondo hat restaurieren lassen. Dabei wurde der Altarraum wieder in seiner ursprünglichen Rundform hergestellt. Am 28. Februar 2003 musste Wetter mit Erreichen der Altersgrenze seinen Rücktritt einreichen, der Papst hat ihn aber noch in seinem Amt belassen.

5.7 Die Jesuitenkardinäle

Einem Jesuiten liegt das Einschlagen einer kirchlichen Karriere von seiner inneren Einstellung her fern – sonst wäre er nicht in den Jesuitenorden eingetreten. Für alle Ordenskongregationen in der Welt gilt die Regel, dass deren Angehörige die beim säkularen Klerus übliche Promotion zum Monsignore überspringen und vom Papst – wenn überhaupt – direkt zum Bischof oder auch zum Kardinal ernannt werden.

Manche Gläubige fragen sich, warum im Gegensatz zu den Mitbrüdern aus anderen Orden noch niemals in der Geschichte der Kirche ein Jesuit den Papstthron bestiegen hat. Die Antwort findet sich in der Ordensregel des heiligen Ignatius von Loyola (1491–1556). Der Spanier, der 1534 in Paris den Jesuitenorden gegründet hatte, war der Meinung, die Jesuiten sollten das Erklimmen der Karriereleiter in der Kirche anderen überlassen. Er bestimmte, den Jesuiten sollten keine hohen kirchlichen Ämter anvertraut werden, damit ihre Mobilität – das heißt ihr ständig wechselnder Einsatz an den Brennpunkten der Mission – erhalten bleibe.

Jesuiten, die auf Wunsch des Papstes dennoch in hohe kirchliche Ämter aufsteigen, verlieren nach der Regel des heiligen Ignatius nach einiger Zeit automatisch ihre Rechte im Orden. Sie dürfen auch an keinen Generalkongregationen mehr teilnehmen. Dennoch gibt es heute in der Welt zwischen 70 und 80 Jesuitenbischöfe, allerdings fast nur in armen Entwicklungsländern, wo diese Bischöfe zuvor als Missionare tätig waren. Der General des mit seinen heute rund 22 000 Mitgliedern immer noch größten Männerordens der Welt hat die Aufgabe, beim Papst Bedenken anzumelden, wenn dieser Mitglieder der Gesellschaft Jesu in den Bischofsrang erheben oder mit der Kardinalswürde auszeichnen will.

Ihre Unabhängigkeit geht den Jesuiten über alles – auch wenn sie sich in Sachen der Mission noch heute als die »Elitetruppe« des Papstes verstehen und die »Speerspitze« der Kirche in der Glaubensverbreitung darstellen. Zu ihrer vorrangigen Aufgabe machten sie die Missionierung besonders in schwierigen »Grenzgebieten« wie China, Japan, Südamerika und Afrika (Äthiopien), aber auch in Russland und in den ehemals kommunistischen Staaten Ost- und Mitteleuropas.

Ihre außerordentliche Klugheit und Bildung hat Jesuiten in der Vergangenheit zu Beratern an Königs- und Kaiserhöfen gemacht. Nach dem Zweiten Vatikanischen Konzil erregten die Jesuiten lange Zeit weltweit Aufsehen wegen ihres Einsatzes für Gerechtigkeit und Frieden – eines Einsatzes, der manchem für einen Geistlichen zu weit ging. Ihr politisches Engagement und ihr Engagement für die Armen in Lateinamerika, oft an der Seite linksgerichteter Ideologen, zwang den verstorbenen Papst mehrere Male, die Jesuiten zur Ordnung zu rufen und sie daran zu erinnern, dass die Übernahme eines politisches Amtes und politische Parteinahme nicht mit dem Amt eines Priesters zu vereinbaren sind.

Unwillen hatte in der Gesellschaft Jesu beim letzten Konsistorium im Februar 2000 erregt, dass der Jesuitengeneral erst einen Tag vor der Ernennung von drei Jesuitenkardinälen, darunter der Erzbischof von Buenos Aires, Jorge Maria Bergoglio, darüber informiert worden war und es somit zeitlich unmöglich war, die vom heiligen Ignatius gewünschte Formalität, beim Papst Einspruch zu erheben, zu erfüllen. Gemeinsam mit dem Mailänder Kardinal

Carlo Maria Martini, der auch heute noch als »papabile« genannt wird, ist Bergoglio der einzige Papstwähler aus der Reihe der Jesuiten, dem reale Chancen eingeräumt werden.

Jorge Maria Bergoglio SJ: neuer Stern am Himmel der »papabili«

Ein Jesuit aus Lateinamerika an der Spitze der möglichen Kandidaten bei einer Papstwahl? Das wäre dann ein »schwarzer Papst« ganz besonderer Art, meinen die Römer, denn der Jesuitengeneral wird in der Ewigen Stadt traditionell auch als »schwarzer Papst« bezeichnet. Noch nie in der Kirchengeschichte wurde ein Mitglied der Gesellschaft Jesu zum Papst gewählt. Noch nie gab es einen Papst aus Lateinamerika, wo heute die Mehrzahl der insgesamt 2 Milliarden und 200 000 Katholiken lebt. Der amerikanische Block (Süd- und Nordamerika) umfasste nach dem achten Konsistorium im Februar 2000 rund 30 Prozent der Papstwähler. Das »Paparoulette« brachte die italienische Wochenzeitschrift »Espresso« ins Rollen, als sie einen bisher in der Öffentlichkeit fast völlig unbekannten neuen »papabile« (»Papstbaren«) kürte: den Erzbischof von Buenos Aires, Kardinal Jorge Maria Bergoglio SJ (62). Nachdem er um sich – im Gegensatz zu einigen anderen Kardinälen – keinerlei Aufsehen machte, war er nur einer von 44 »Neuen« im Kirchensenat. Obwohl Bergoglio Kardinal und Erzbischof einer großen Diözese ist, entspricht sein Auftreten einfach dem eines guten Seelsorgers, der Publizität eher scheut als sucht.

Gerade wegen seiner großen Bescheidenheit und Einfachheit ist er ein in der heutigen Zeit außergewöhnlicher Mann: Als eine Gruppe von argentinischen Gläubigen aus seiner Diözese zur Verleihung der Kardinalswürde nach Rom reisen wollte, um ihn zu feiern, stoppte er die Initiative und bewegte seine »Fans« dazu, das gesparte Reisegeld für die Armen zu spenden. Der 1936 geborene Bergoglio, der neben verschiedenen anderen Sprachen übrigens auch Deutsch spricht, war ursprünglich Chemiker. Er leitet seit 1998 die Erzdiözese Buenos Aires und ist seit 2001 Kardinal. Bergoglio wurde 1969 zum Priester geweiht und machte bei den Jesuiten bereits früh Karriere. Nur vier Jahre nach seiner Priesterweihe (!) wählten ihn seine Jesuiten-Mitbrüder bereits zum Provinzial, ein Zeichen höchsten Vertrauens. 1992 wurde er Weihbischof und sechs Jahre später Erzbischof-Koadjutor der Erzdiözese Buenos Aires. Bergoglio ist in seiner Heimat Argentinien »Kult« – ein leiser Mann ohne jede Show-Attitüde, in der Sache jedoch der unbestechlichste Kämpfer für die Armen, der sich vor radikalen Positionen ebenso wenig fürchtet, wie davor, bei sich selbst anzufangen. Bergoglio besitzt weder ein eigenes Haus noch ein Auto; er benutzt nur öffentliche Verkehrsmittel.

Carlo Maria Martini SJ: »Ex-papabile« und »großer Papstwähler«

Die dumme Redensart »vom Martini rosso zum Martini bianco« – unter Anspielung auf den roten oder weißen italienischen Aperitif »Martini« – bleibt jedem Journalisten im Halse stecken, der es tatsächlich mit dem ernsten und streng wirkenden, hochgewachsenen Mailänder Kardinal zu tun hat. In der Tat war der am 15. Februar 1927 in der norditalienischen Metropole Turin geborene Bibelwissenschaftler seit seiner Kardinalskreierung durch Johannes Paul II. am 2. Februar 1983 der »papabile par excellence«.

Martini wurde 1952 zum Priester geweiht und war von 1969 bis 1978 Rektor des Päpstlichen Bibelinstituts in Rom. Martini gilt als »großer Papstwähler« und Wortführer der liberalen Gruppe der Kardinäle innerhalb eines möglichen Konklaves und weniger selbst als »papabile«. Seit 1979 stand Martini bis zu seinem Rücktritt als Erzbischof von Mailand an der Spitze der Diözese des heiligen Ambrosius und des heiligen Karl Borromäus, die traditionell für die bedeutendste Diözese überhaupt gehalten wird. Im Herbst 2002 nahm der Papst seinen Rücktritt an und ernannte den Genueser Erzbischof Dionigi Tettamanzi zum Nachfolger Martinis.

Giovanni Battista Montini, Papst Paul VI., leitete die Erzdiözese Mailand, bevor er zum Nachfolger von Johannes XXIII. gewählt wurde. Vor seiner Ernennung zum Erzbischof von Mailand hätte Martini bei der Wahl eines Jesuitengenerals gute Erfolgschancen gehabt. Aufgrund seiner außerordentlichen Bildung und Intelligenz sowie seiner absoluten Seriosität und seiner Erfahrung hätte Martini wohl als einziger neben dem Präfekten der Römischen Glaubenskongregation, Kardinal Joseph Ratzinger, das perfekte geistige Rüstzeug für einen neuen Papst. Doch weder der eine noch der andere haben in einem Konklave eine große Chance.

Durch seine in zahlreiche Sprachen übersetzten Bücher ist Martini bei den Gläubigen in Europa wegen seiner universalen Sicht der Probleme, seiner weitreichenden seelsorglichen Erfahrung und wegen seiner fortschrittlichen Überzeugungen bezüglich des interreligiösen und ökumenischen Dialogs sehr geschätzt. Die Erklärung der Vatikanischen Glaubenskongregation »Dominus Iesus« kritisierte Martini als »zu hart formuliert«.

Vor allem bei seinen europäischen Mitbrüdern im Bischofsamt, die mehr Mitspracherecht bei Entscheidungen zum Beispiel über Bischofsernennungen und eine Reduzierung des »römischen Zentralismus« wünschen, ist der langjährige Präsident des Rates der Europäischen Bischofskonferenzen (CCEE) hoch geschätzt. Bei der Europäischen Bischofssynode im Oktober 1999 in Rom plädierte Martini für mehr Kollegialität in der Kirche. Gleichzeitig sprach er Themen wie den chronischen Priestermangel in Europa und die Position der Frauen in der Kirche sowie die Mängel in der Bußpraxis offen an.

Er glaube zwar nicht, dass es Zeit für die Einberufung eines Dritten Vatikanischen Konzils sei, sagte der Kardinal in einem Interview mit der italienischen katholischen Zeitschrift »Jesus« im Oktober 2000. Dennoch sei es an der Zeit, neue Strukturen zu schaffen, in denen in wirklich kollegialer Weise brennende Probleme

von den Bischöfen gelöst werden könnten. Die bisherige Struktur der Bischofssynoden weise den Mangel auf, dass die Bischöfe in nur vier Wochen zu gemeinsamen Entscheidungen über delikate Fragen gelangen müssten, gab er zu bedenken.
Martini würde die beim Zweiten Vatikanischen Konzil ausgeklammerten Fragen des Pflichtzölibats für Priester und die Anweisungen der »Pillenenzyklika« »Humanae Vitae« von Papst Paul VI. gerne im Hinblick auf die Situation in der Kirche innerhalb eines großen Kreises von Bischöfen diskutieren. Auch bezüglich der Kirchenfernen und der Zulassung der wieder verheirateten Geschiedenen zur Kommunion schlägt Martini eine mitleidvolle Haltung und besondere seelsorgliche Maßnahmen vor. Gerechtigkeit und Solidarität sind weitere wichtige Themen für Martini.
Den Papstthron zu besteigen ist keineswegs der Traum des Jesuiten. Mit Erreichen der Altergrenze von 75 Jahren und auch aufgrund seiner angeschlagenen Gesundheit hat sich Martini zurückgezogen, um sich in Jerusalem und Rom in Ruhe seinen Bibelstudien widmen zu können. Doch kann man nicht ausschließen, dass gerade sein vorgerücktes Alter ihn zu einem »Übergangspapst«, wie Johannes XXIII. einer war, prädestinieren könnte. Nach einem so langen Pontifikat wie dem Johannes Pauls II. rechnet man einem jungen Kardinal kaum eine Chance zu.

5.8 »Pressure Groups« bei der Papstwahl?

Das Opus Dei und seine Beziehungen

Die katholische Prälatur Opus Dei spielt eine wichtige Rolle in der katholischen Kirche von heute, da sie über Geld, Macht und gute politische Beziehungen in Spanien und in Italien, aber auch in lateinamerikanischen Ländern verfügt. Ihre Anhänger sind für die Maßstäbe der heutigen säkularisierten Welt ungewöhnlich fromm. Papst Johannes Paul II. schätzte das »Werk Gottes« wegen seiner Linientreue zum Papst und zur kirchlichen Lehre so sehr, dass

während seines Pontifikats immer wieder gesagt wurde, die einst als Elitetruppe des Papstes bezeichneten Jesuiten seien in dieser Funktion von den Mitgliedern des Opus Dei abgelöst worden.
Das »Werk Gottes« zählt etwa 80 000 Mitglieder weltweit und hat Zehntausende von Sympathisanten, die ihm nicht direkt angehören, doch auf die Vorteile der guten Beziehungen innerhalb einer mächtigen katholischen Gemeinschaft nicht verzichten wollen. In den deutschsprachigen Ländern wurde das Opus Dei wegen angeblicher Heimlichtuerei über die Identität seiner Mitglieder und seiner Regeln in den vergangenen Jahrzehnten stark angefeindet. In der Zwischenzeit gibt es jedoch mehr Transparenz über die Zugehörigkeit der einzelnen Mitglieder als früher. Mehr als die Hälfte der Mitglieder sind in Spanien und Lateinamerika beheimatet.
Die Zahl der Priester des Opus Dei beträgt gut 1700. Oft handelt es sich bei den Geistlichen um Spätberufene, die bereits einen Beruf – meist akademischer Art – ausgeübt haben. Eine wichtige Rolle spielen auch die so genannten Numerarier, die als Laien meistens in akademischen Berufen tätig sind und zu den Intellektuellen in der Kirche gehören. Ihr bestes Beispiel ist der Pressesprecher Papst Johannes Pauls II., Joaquin Navarro-Valls. Sollte der nächste Papst Spanier oder Lateinamerikaner sein, dürfte Navarro-Valls sein einflussreiches Amt als Vatikansprecher wohl weiterführen.
Der smarte, grau melierte Spanier, der erst in den letzten Tagen von Johannes Paul Erschütterung, sogar Tränen zeigte, hat eine steile Karriere hinter sich und galt als einer der engsten Vertrauensleute von Johannes Paul II. So wurde er im Vorfeld der brisanten Kubareise des Papstes im Februar 1998 vom Papst persönlich nach Havanna gesandt, um bei einem Gespräch mit Fidel Castro das Terrain für die schwierige Visite zu bereiten. Navarro ist gelernter Arzt und auf Psychiatrie spezialisiert. Er könnte sich gut vorstellen, wieder in seinem alten Beruf zu arbeiten, wenn er einmal nicht mehr Vatikansprecher sein sollte, vertraute er der Verfasserin an.
Erstes offizielles Opus-Dei-Mitglied im Kardinalskollegium ist nach dem Konsistorium vom 21. Februar 2001 der Erzbischof von

Lima, Juan Luis Cipriani Thorne. Der am 28. Dezember 1943 in der peruanischen Hauptstadt geborene neue Kardinal zählt gemeinsam mit dem Wiener Kardinal Christoph von Schönborn, dem bosnischen Kardinal Vinko Puljic, dem Ungarn Peter Erdö, dem Franzosen Barbarin und dem Ungarn O'Brien zu den jüngeren Papstwählern. Sein diplomatisches Geschick und seinen Mut stellte Cipriani Thorne unter Beweis, als er sich im Winter 1996 zum Vermittler zwischen den Guerilleros und der damaligen Regierung Fujimori machte, nachdem ein Kommando der Terroristengruppe Tupac Amaru 70 Personen in der Japanischen Botschaft in Lima gekidnappt hatte.

Nach Angaben der italienischen Monatszeitschrift »Espresso« vom 3. Februar 2000 ist auch der spanische Camerlengo der Kirche und frühere vatikanische »Innenminister«, Kardinal Edoardo Martinez-Somalo, dem Opus Dei wohlgesinnt. Auf die Frage, ob er dem »Werk Gottes« angehöre, antworte er Journalisten gegenüber aber nur mit einem Lächeln, schreibt »Espresso«. Martinez-Somalo hat eine Schwester, die zu den Numerariern zählt, und einen Neffen, welcher der »Priestergemeinschaft vom Heiligen Kreuz« angehört.

Der heutige Genueser Kardinal Dionigi Tettamanzi hat einige Zeit an der römischen Opus-Dei-Universität vom Heiligen Kreuz gelehrt. Als Sympathisanten des »Werkes Gottes« gelten weiter die Kurienkardinäle Angelo Sodano, Jozef Tomko und Alfonso Lopez Trujillo.

Orden und Organisationen

Aber auch andere katholische Gruppierungen haben während des Pontifikats Johannes Pauls II. ihre Angehörigen in der Nähe des Papstes zu platzieren gewusst und werden dies natürlich bei einem neuen Papst ebenso versuchen. Zum Beispiel hatte die katholische ökumenische Fokolar-Bewegung den Schweizer Hans-Peter Röthlin, heute Präsident der deutschen katholischen Hilfsorganisation »Kirche in Not«, als Untersekretär im Päpstlichen Medienrat entsandt. Die Focolari haben als Papstwähler in einem Konklave den Prager Kardinal Miroslav Vlk.

Ein enger Freund der Fokolar-Bewegung ist auch der deutsche Kurienerzbischof Paul-Josef Cordes, Präsident des »Päpstlichen Entwicklungsministeriums«, wie der Päpstliche Rat »Cor Unum« auch genannt wird. Cordes ist ein absolut linientreuer Mann der Kirche. Erzbischof Cordes, der 1934 in Kirchhundem im Sauerland geboren ist, gilt als ein klassisches Beispiel dafür, dass Ernennungen an die Kurie manchmal auch dem Zufall zuzuschreiben sind und keineswegs, wie es gerne heißt, nur dem viel beschworenen, aber nicht immer tatsächlich vorhandenen Karrieredenken. Seine Berufung nach Rom im Januar 1980 als Vizepräsident des Päpstlichen Laienrates verdankt der zurückhaltende und immer freundliche blonde Erzbischof seiner persönlichen Bekanntschaft mit dem verstorbenen Papst. Nur wenige Wochen vor der Wahl Karol Wojtylas zum Papst hatte Cordes im September 1978 nämlich die Aufgabe, den damaligen Erzbischof von Krakau während des Besuchs einer Gruppe polnischer Bischöfe in der Bundesrepublik zu begleiten. Der Krakauer Kardinal fand damals im Schatten des polnischen Primas, Kardinal Stefan Wyszynski, wenig Beachtung. Und so hatte er Gelegenheit zu ausführlichen Gesprächen mit dem damaligen Paderborner Weihbischof Cordes. Als der Weihbischof am Tag der Amtseinführung im Vatikan dem neuen Papst gratulieren wollte, ging dieser mit ausgebreiteten Armen auf ihn zu und fragte: »Was sagen Sie nun?« Cordes hat als »Entwicklungsminister« des Heiligen Stuhls viele Problemländer bereist.

Der persönlichen Bekanntschaft mit dem Papst bei dessen erster USA-Reise hat auch der gegenwärtige Präsident des Päpstlichen Medienrats, der amerikanische Erzbischof John Foley, seine Berufung an den Vatikan im Jahre 1984 als Nachfolger des schwer kranken polnischen Kurienkardinals Andrzej Deskur zu verdanken. Der am 29. Februar 1924 in Kielce geborene Deskur wurde beim Konsistorium am 25. Mai 1985 vom Papst zum Kardinal kreiert und gilt als enger Freund Johannes Pauls II. Seine Stimme würde er bei einem Konklave gemeinsam mit seinen polnischen Mitbrüdern Jozef Glemp (Gnesen und Warschau), Henryk Gulbinowicz (Breslau) und Franciszek Macharski (Nachfolger des Papstes auf dem Bischofsstuhl in Krakau) einbringen. Deskur hatte am Tag der Wahl von Papst Johannes Paul II. einen Hirnschlag erlitten und sein Amt aus gesundheitlichen Gründen sechs Jahre später vorzeitig abgeben müssen. Eine zusätzliche polnische Stimme bei einem Konklave ist durch den Präfekten des Obersten Tribunals der Obersten Apostolischen Signatur, Erzbischof Zenon Grocholewski gewährleistet, der beim Konsistorium am 21. Februar 2001 Kardinal geworden ist.

Tatsache ist, dass die Mitglieder der verschiedenen katholischen Bewegungen gerne herangezogen werden, wenn es um die Vergabe wichtiger Posten im Vatikan, zum Beispiel auch im Medienbereich geht.

Eine weitere mächtige Bewegung in Italien ist die »Comunione e liberazione«, die sich im Medienbereich um den weltbekannten italienischen Politiker Giulio Andreotti und seine katholische Monatszeitschrift »Trenta Giorni« (»Dreißig Tage«) gruppiert. Die in Italien auch politisch einflussreiche Bewegung rekrutiert viele ihrer Mitglieder an der Katholischen Herz-Jesu-Universität in Mailand, zu der für den Fachbereich Medizin die Gemelli-Klinik in Rom gehört. Gerade viele aus Süditalien stammende Studenten der Medizinischen Fakultät, die der Gemelli-Klinik angegliedert ist, sind froh, in der auf gemeinschaftliche Hilfe bedachten katholischen Bewegung »Comunione e liberazione« eine Aufnahmestruktur in der anonymen Riesenstadt Rom zu finden.

Auch die weltweit verbreitete Schönstatt-Bewegung kann einen Papstwähler beim nächsten Konklave aufweisen, nämlich den Erzbischof von Santiago de Chile, Francisco Javier Errazuriz Ossa.

Bei Papst Johannes Paul II. waren weitere geistliche Bewegungen wie die konservativen »Legionäre Christi« und die Bewegung der Neokatechumenalen, die sich in der Evangelisierung kirchenfer-

ner Gläubiger vor allem in anonymen Großstädten engagieren, hoch angesehen. Der Einfluss der beiden letztgenannten Gruppierungen wird bei der anstehenden Papstwahl allerdings als verhältnismäßig gering eingeschätzt.
Dasselbe gilt für die verschiedenen Ordensgemeinschaften, auch wenn die Gesellschaft Jesu mit Kardinal Carlo Maria Martini einen Kandidaten ins Rennen gebracht hat, der praktisch seit seiner Kreierung zum Kardinal als »papabile« gilt und zum jetzigen Zeitpunkt als Anführer der Gruppe der Reformer bei einem Konklave ein äußerst wichtiger Mann ist. Als weiterer interessanter Jesuit in einem Konklave gilt ein Lateinamerikaner, der erst am 21. Februar 2001 Kardinal geworden ist: der Erzbischof von Buenos Aires, Jorge Mario Bergoglio SJ. Die anderen Jesuiten, die als Kardinäle an einem Konklave teilnehmen könnten, unter ihnen der Erzbischof von Kaohsiung (Taiwan), Paul Shan Kuo-hsi SJ, und der Slowake Jan Korec (Erzbischof von Nitra) sind eher Außenseiter.
Nach dem Tod des als »papabile« geltenden Brasilianers Kardinal Luca Moreira Neves hat der Dominikanerorden nur noch den ebenfalls als »papabile« eingestuften Wiener Kardinal Christoph von Schönborn als Papstwähler.
Die Benediktiner, die schon verschiedene Päpste gestellt haben, sind zum jetzigen Zeitpunkt nur noch mit zwei deutschsprachigen Kardinälen im Kardinalskollegium vertreten, die beide aufgrund des Überschreitens der Altersgrenze nicht mehr zu den Papstwählern zählen.
Der in Rom lebende Kardinal Augustinus Mayer OSB gehört zur konservativen Gruppe unter den über 80-Jährigen. Der Benediktiner-Kardinal kennt nicht nur die deutschen, sondern auch die amerikanischen Verhältnisse ausgezeichnet. Er gilt als Freund des ebenfalls aus Bayern stammenden Kardinals Joseph Ratzinger, der sich aufgrund seiner exponierten Stellung als Präfekt der Römischen Glaubenskongregation nur wenigen Menschen anvertrauen kann. Der am 23. Mai 1911 im bayerischen Wallfahrtsort Altötting geborene Mayer war 13 Jahre lang als Sekretär der Kongregation

für die Ordensleute und danach einige Jahre lang als Präfekt der Kongregation für die Sakramente und den Gottesdienst im Vatikan tätig. Zuletzt wirkte er als Präsident der Päpstlichen Kommission »Ecclesia Dei«. Sie nimmt sich der traditionalistischen Priester an, die nach den unerlaubten Bischofsweihen durch den französischen Erzbischof Marcel Lefebvre im Jahre 1988 Rom treu geblieben sind.

Der Franziskanerorden ist beim Konklave mit dem Alterzbischof von Budapest, Laszlo Paskai und dem Südafrikaner Fox Napier vertreten. Nach dem Konsistorium vom 21. Februar 2001 können die Franziskaner jedoch noch einen wichtigen aus Lateinamerika stammendenm häufig als »papabile« gehandelten Papstwähler einbringen: Dabei handelt es sich um den Erzbischof von Sao Paulo (Brasilien), Claudio Hummes OFM.

Wichtige Kurienmitglieder haben in den vergangenen Jahrzehnten die Salesianer gestellt. Der Orden Don Boscos zählt zu seinen Mitgliedern Erzbischof Tarcisio Bertone von Genua und den Erzbischof von Tequcigalpa, Honduras, Kardinal Maradiago Rodriguez. Beide stehen weit oben in der Kandidatenliste, insbesondere Maradiago, dem sein junges Alter allerdings ebenso im Weg steht, wie seine frühzeitige öffentliche Lancierung als Papstkandidat.

Der Vatikan und die »Hausmächte« Süd- und Norditalien

Sollte man das bei den über den Vatikan schreibenden Buchautoren beliebte Wort der »Pressure-Groups« im Vatikan überhaupt benützen, dann würde es noch am ehesten auf die Aufteilung der Macht unter den Kurienangehörigen in eine süditalienische und in eine norditalienische Gruppe passen.

Eine dritte Machtgruppe, die sich mit den Kurienmitgliedern nicht immer einig ist, stellt das Vikariat Rom unter dem Bischofsvikar Kardinal Camillo Ruini dar. An der Kurie, heißt es, habe man sich oft geärgert, wenn Kardinal Ruini sich bei seinen allwöchentlichen

Treffen mit dem Papst den direkten Segen des Papstes für seine Projekte geben ließ, ohne diese mit dessen engsten Mitarbeitern abgesprochen zu haben.
Ruini ist der Schutzherr für den Genueser Anwärter auf den Papstthron bei einem Konklave, Dionigi Tettamanzi, und würde bei dessen Wahl sicher als die »Graue Eminenz« im Hintergrund agieren. Tettamanzi hatte Ruini in der Vergangenheit als Sekretär der Italienischen Bischofskonferenz (CEI) und somit als dessen »rechte Hand« als Präsident der CEI gedient. Der Präsident der Italienischen Bischofskonferenz wird übrigens im Gegensatz zu allen anderen Bischofskonferenzen in der Welt, die ihren Vorsitzenden selbst wählen, vom Papst persönlich ernannt.
Einzelne Sprachgruppen, wie etwa die amerikanische, machen beim »Machtspiel« der Italiener um gute Posten nicht mit, auch wenn ein Amerikaner, Bischof James Harvey, zum gegenwärtigen Zeitpunkt als Nachfolger von Kardinal Dino Monduzzi einen der wichtigsten Posten in der Nähe des Papstes als Präfekt des Päpstlichen Hauses einnimmt.
Wer sind also die mächtigen Drahtzieher der süditalienischen und der norditalienischen Gruppe? Die ehrgeizigen Süditaliener scharen sich um Erzbischof Crescenzio Sepe, der als Sekretär der Vatikanischen Kommission für das Heilige Jahr einen Karrieresprung gemacht und sich damit die Kardinalswürde verdient hat.
Der norditalienische Clan dagegen scharte sich lange Jahre um den ehemaligen vatikanischen Außenminister und im Herbst 2000 aus Altersgründen zurückgetretenen langjährigen Präfekten der Vatikanischen Kongregation für die Orientalischen Kirchen, Kardinal Achille Silvestrini, sowie um den bisherigen Präfekten der Vatikanischen Kongregation für das katholische Erziehungswesen, Kardinal Pio Laghi, der ebenfalls als Papstwähler nicht mehr agieren kann. Silvestrini und Laghi sind wegen Erreichens des 80. Lebensjahres von der Papstwahl ausgeschlossen, haben aber sicher eine wichtige Beraterfunktion während der neun Tage Trauer um den Papst.

Aus dem norditalienischen Brescia stammt übrigens auch Erzbischof Giovanni Battista Re, der seit September 2000 als Präfekt der Vatikanischen Bischofskongregation einen der wichtigsten Posten in der Kirche innehat. Sein Lehrmeister im vatikanischen Staatssekretariat, der spätere Erzbischof von Florenz und »große Papstwähler« bei den beiden Konklaven 1978, Giovanni Benelli, hat ihn auf jeden Fall Diskretion als oberste Richtschnur gelehrt. Kardinal Re könnte einmal ein guter Kardinalstaatssekretär sein, sollte wieder ein Nichtitaliener im dritten Jahrtausend den Papstthron besteigen. Im Gegensatz zu den Süditalienern macht die norditalienische Clique um sich kein Aufsehen, zumindest nicht unter den Vatikanjournalisten. Umso mehr sorgte das Buch »Wir klagen an« für Aufregung, das gerade die Norditaliener, wiederum eingeteilt in die Gruppe aus der norditalienischen Region Emilia Romagna (unter Führung von Silvestrini und Laghi) und den Clan aus dem norditalienischen Piacenza des Karrieredenkens um jeden Preis beschuldigt – sei dieser Vorwurf nun gerechtfertigt oder nicht.
Bei den Autoren des Buches »Via col vento in Vaticana« (deutsch: »Wir klagen an«) handelt es sich wie gesagt um eine bis dahin unbekannte Gruppe kurialer Monsignori, die zusammen unter dem Pseudonym »I Millenari« (»Die Tausendjährigen«) unterzeichneten. Sie behaupten, bei einem Konklave werde der Clan der Norditaliener – von der Region Emilia Romagna über die Region Piemont bis zur Region Lombardei – eine entscheidende Rolle unter den italienischen Papstwählern spielen. Vielleicht werden sie ja einen Mann der Kurie als eigenen Kandidaten küren und ihn gegen die konservative Gruppe um Kardinal Tettamanzi und Kardinal Ruini sowie gegen die liberale Gruppe um Kardinal Martini ins Rennen schicken? Rund um den Vatikan sowie in italienischen Buchhandlungen wurde das Buch, in dem die Monsignori ihrem Frust über mangelnde Versetzung an bessere Posten Luft machten, sofort aus dem Verkehr gezogen. Wer das Buch erwerben wollte, musste es bei dem für seine antiklerikalen und anarchistischen

Publikationen bekannten Mailänder Kaos-Verlag direkt bestellen oder es sich aus der italienischsprachigen Schweiz kommen lassen. Auf 300 Seiten haben die »Millennarier« eine giftige Mischung aus Insiderwissen sowie aus alten und neuen Anekdoten über angebliche Machenschaften im Schatten des Petersdoms zusammengetragen. In ihrem Buch denunzieren die Monsignori auch angeblichen sexuellen Missbrauch und spekulieren über eine Vatikaninfiltration durch die Freimaurer.
Aber vor allem schlägt ihr Sprecher, der inzwischen verstorbene Monsignore Luigi Marinelli, Exbüroleiter der Vatikanischen Kongregation für die orientalischen Kirchen, die Einführung einer Vatikan-Gewerkschaft nach Art der polnischen Solidarnosc vor, welche die Arbeitsrechte der Vatikanangestellten vertreten sollte. Auf die Frage des Mailänder »Corriere della Sera«, warum er denn mit seinen ganzen Klagen nicht zum Papst persönlich gegangen sei, antwortete Marinelli noch wenige Monate vor seinem Tod: »Und was hätte der Papst denn schon tun können. Nehmen wir mal eine Promotion. Natürlich kann der Papst nicht jede einzeln verhandeln. Er muss den anderen vertrauen. Und so gibt es eben viele, die dies ausnützen.« Papst Johannes Paul II. habe nichts von den Machenschaften gewusst, gestand Marinelli, der von sich sagte, er habe 35 Jahre lang Ungerechtigkeiten an seinem Arbeitsplatz ertragen müssen und müsse sich jetzt deswegen auch im Namen der Mitautoren von »Via col vento in Vaticano« vor dem Obersten Verfassungsgericht der Kirche, der »Römischen Rota«, verantworten. Nach einer ersten Einberufung des Prälaten, der bisher als Einziger der Autoren »geoutet« wurde, ist über den Fall öffentlich nichts mehr bekannt geworden. Als der Papst in seiner Ansprache beim alljährlichen Empfang für die römische Kurie im Januar 2001 vor »Karrieredenken« warnte, dürfte er wohl die geringe Zahl der ehrgeizigen »Aufsteiger« in vatikanische Ämter im Hinterkopf gehabt haben. Einem altgedienten Vatikankorrespondenten erscheint es jedenfalls lächerlich, wenn als Indiz für Karrierestreben die verschiedenen Es-

senseinladungen in römische Restaurants angeführt werden, bei denen dann angeblich die Seilschaften zwischen dem wichtigen Bischof und dem auf Aufstieg bedachten Seminaristen und »Vatikananfänger« zusammengewunden werden. In Rom und im Vatikan werden Informationen unter den Prälaten wie unter den Politikern und Journalisten nun einmal beim gemeinsamen Mittag- oder Abendessen ausgetauscht. Dass dabei auch Freundschaften geschlossen werden, weiß jeder, und niemand stört sich daran. »Manus manum lavat« (»Eine Hand wäscht die andere«) ist ein lateinisches Sprichwort, das im Vatikan wie auch in anderen Machtzentralen in der Welt immer noch seinen ursprünglichen Sinn hat.

Dass die einzelnen Sprachgruppen miteinander befreundet sind, ist auch kein Geheimnis. Vor allem die französisch- und die englischsprachigen Vatikanmitarbeiter frequentieren einander, während die spanischsprachigen sich mit den Italienern noch am ehesten arrangieren und mit ihnen an einem Strang ziehen.

Natürlich gibt es auch eine Gruppe der deutschen Mitarbeiter an der Kurie, die sich untereinander kennen und Informationen austauschen. Allerdings ist dies sicher alles andere als eine »Pressure-Group«. Kurienkardinal Augustinus Mayer OSB erklärte im Gespräch mit der Verfasserin: »In vielen Ausführungen über den Vatikan ist heute dauernd von Karrieredenken und ›Streben nach Macht‹ die Rede. Dabei wird leider oft vergessen, dass viele ›Kurialen‹ am Vatikan vor allem der Sache des Herrn nach bestem Wissen und Gewissen dienen wollen und die ihnen gegebene ›Macht‹ für dieses Ziel und nicht zur persönlichen Profilierung einsetzen.«

5.9 Die Gruppe der »Märtyrerkardinäle«

Eine Art Märtyrer unter den Papstwählern sind diejenigen Kardinäle, die aus ehemals oder nach wie vor kommunistischen Ländern kommen. Sie haben sich in Zeiten der Kirchenverfolgung unerschütterlich, wenn auch nicht immer wirklich bis hin zum Blutvergießen für den katholischen Glauben eingesetzt. Diese Gruppe ist neu in einem Konklave. Es handelt sich um eine kleine, aber von ihrer Symbolik her bedeutsame Gruppe.

Der große alte Mann unter den Papstwählern und Vermittler zwischen den verschiedenen Blöcken bei den zurückliegenden Konklaven war der verstorbene Kardinal Franz König von Wien. Er war auch die Bezugsperson für die Kardinäle aus Osteuropa. Seine Rolle in dieser Richtung könnte beim kommenden Konklave der Mailänder Kardinal Carlo Maria Martini SJ übernehmen. Als langjähriger Präsident des Rates der Europäischen Bischofskonferenzen (CCEE) kennt Martini alle osteuropäischen Bischöfe und ihre Probleme bei der Integrierung in ein immer egoistischer werdendes und auf seine Eigeninteressen bedachtes Westeuropa.

Die »Märtyrerkardinäle« sind bei einem Konklave an der päpstlichen Macht für sich selbst wahrscheinlich nicht wesentlich interessiert, aber sie können richtungweisend wirken. Sie werden sicher einen Mann bevorzugen, der als guter Seelsorger gilt und möglichst nicht in irgendwelche Machtspiele verwickelt ist.

Zu den Kardinälen, die Verfolgung und Leid aus eigener Erfahrung kennen, gehören unter anderen der slowakische Bischof von Nitra, Kardinal Jan Chryzostom Korec SJ, der neun Jahre lang in einer Fabrik in Bratislava (Pressburg) Teerfässer entladen hat. Als die kommunistischen Behörden herausbekamen, dass er der jüngste Bischof der tschechischen Kirche im Untergrund war, verhafteten sie ihn und ließen ihn acht Jahre im Gefängnis sitzen.

Märtyrer der Kirche ist auf ähnliche Weise auch der Erzbischof von Prag, Kardinal Miroslav Vlk. Er war zu Zeiten Stalins Arbeiter in einem Automobilwerk in Prag, während des Regimes Breschnews arbeitete er als Fensterputzer auf dem Wenzelsplatz und war schließlich zur Umbruchzeit Gorbatschows als Archivar in der Tschechoslowakischen Staatsbank tätig. Der am 17. Mai 1932 in Lišnice geborene Vlk löste Kardinal Martini nach der Wende im Osten als Vorsitzender des Rates der Europäischen Bischofskon-

ferenzen ab. Auch er wurde schon als »papabile« genannt, obwohl er als osteuropäischer Bischof nach einem polnischen Papst wohl kaum eine Chance haben dürfte.
Eine mögliche Kandidatur Vlks würde sicherlich von der katholischen Fokolar-Bewegung unterstützt, die von der Trientinerin Chiara Lubich gegründet wurde und neben der unter Papst Johannes Paul II. favorisierten katholischen Prälatur Opus Dei Einfluss im Vatikan gewonnen hat. Vlk gilt als großer Anhänger und Befürworter der international verbreiteten ökumenisch ausgerichteten Bewegung. Er könnte gemeinsam mit Kardinal Martini die Stimmen aus Osteuropa beeinflussen.
Zur Gruppe der »Märtyrerkardinäle« gehören weiter Persönlichkeiten wie der Erzbischof von Havanna, Jaime Lucas Ortega y Alamino, der von den kommunistischen Behörden in Kuba zu jahrelanger Lagerarbeit verurteilt wurde, sowie einige andere Kardinäle aus Lateinamerika, Asien und Afrika (sie Einzelporträts).

6. Das Leben der Päpste einst und jetzt

Das tägliche Leben eines modernen Papstes hat mit dem eines seiner Vorgänger vor Jahrhunderten kaum noch etwas gemeinsam. Übertriebener Prunk und die Zurschaustellung klerikaler Macht gehören der Vergangenheit an. Dafür regiert der Terminkalender inzwischen auch den Tagesablauf des Oberhauptes der katholischen Kirche. Verließen die Päpste früher den Vatikan kaum oder gar nicht, so gehören Auslandsreisen heute zum festen Programm. Da das Arbeitspensum die Möglichkeiten eines Einzelnen überschreitet, unterstützt ein ganzer Stab an Mitarbeitern den Papst bei der Bewältigung seiner Aufgaben.

6.1 Der Alltag eines Papstes

Wie lebt ein Papst heute? Vom Triumphalismus früherer Zeiten – großen Gelagen und prächtigen Reiterspielen im damals noch nicht geteilten Belvedere-Hof – ist nicht viel übrig geblieben. Der Apostolische Palast ist aber immer noch einer der prächtigsten in Rom, mit wunderbaren Deckenfresken und Gemälden ausgeschmückt, welche die großen Museen in der Welt vor Neid erblassen lassen.

Große Feste und Empfänge finden jedoch nur noch zu ganz besonderen Gelegenheiten statt, zum Beispiel bei einem Konsistorium. Da laden die neu ernannten Purpurträger ihre Freunde und Verwandten in die Vatikanischen Gärten zu einem gesetzten Essen oder zu einem schicken Stehempfang mit vielen feinen Häppchen und Champagner ein.

Im Gegensatz dazu gibt es gemäß den vatikanischen Gepflogenheiten bei den so genannten »visite di calore«, den »Höflichkeitsbesuchen«, bei denen die frisch ernannten Purpurträger in den Sälen des Apostolischen Palastes Gratulanten empfangen, nichts zu essen und zu trinken. Die »visite di calore« im Vatikan sind für das Volk der Gläubigen eine sich nur alle zwei oder drei Jahre ergebende einzigartige Gelegenheit, sich unter die gratulierenden Kardinäle und Bischöfe, Politiker und Diplomaten zu mischen und den sonst für einen normalen Sterblichen unerreichbaren Kirchenfürsten – vielleicht ist unter ihnen sogar ein künftiger Papst – die Hand zu schütteln und ihnen den Ring zu küssen. Bei den »visite di calore« steht die Familie des neuen Purpurträgers im Kreis um ihren Anverwandten herum und empfängt ebenfalls Glückwünsche. Bei einem der letzten Konsistorien waren Aufsehen erregend kurze Miniröcke zu sehen: Offensichtlich war es dem von weit her angereisten neuen Kardinal nicht gelungen, seine hübschen kleinen Nichten dazu zu bewegen, die im Vatikan bei feierlichen Anlässen für Damen vorgeschriebenen möglichst langen und möglichst schwarzen Kleider oder Kostüme zu tragen …

Päpstlicher Prunk in der Vergangenheit

Die Zeiten, in denen die Päpste feinsinnige Kunstverständige und Mäzene waren und selbst prächtige Familienpaläste besaßen wie der aus der Fürstenfamilie Barberini stammende Urban VIII. (1623–1644), sind vorbei. Heute brauchen die Päpste Sponsoren wie Banken oder große Konzerne, um Arbeiten wie die Restaurierung der Fassade des Petersdoms zum Heiligen Jahr 2000 und die der Michelangelo-Fresken in der Sixtinischen Kapelle zu finanzieren.

Wer sehen will, in welch großem Stil die Päpste und ihre Familie zur Renaissancezeit lebten, braucht nur den heute in ein staatliches Museum umgewandelten Palazzo Barberini in Rom zu besuchen, wo es auch ein entzückend eingerichtetes päpstliches Appartement zu sehen gibt. Obwohl die boshaften Römer sagten: »Quello, che non fecero barberi, fecero Barberini« (»Was die Bar-

baren nicht getan haben, haben die Barberini angerichtet«), war die Fürstenfamilie ein Paradebeispiel für die Macht einiger reicher Adliger im früheren Rom, die das Stadtbild durch prunkvolle Bauten und städtebauliche Maßnahmen veränderten.
Dem Barberini-Papst Urban VIII. wurde vorgeworfen, dass er angesichts des wirtschaftlichen Stillstands, von dem das damalige dritte Jahrzehnt in ganz Europa betroffen war und unter dem besonders auch der Kirchenstaat zu leiden hatte, zu großen Aufwand treibe. Er verschönerte Rom mit dem Tritonenbrunnen auf der Piazza Barberini und ließ den Palazzo Barberini bauen. Er tat all dies nur, um seinen Herrschaftsanspruch auch im Glanz einer kosmopolitischen Stadt widergespiegelt zu sehen. Der besonderen Vorliebe des Papstes für die Kunst ist der grandiose Baldachin des Bernini in der damals soeben erst fertig gestellten Petersbasilika zu verdanken, die der Papst selbst 1626 einweihte.
Die Barberini waren nicht nur Mäzene in großem Stil, sondern auch eifrige Sammler berühmter Kunstwerke, die in der heute staatlichen Gemäldegalerie im Palazzo zu sehen sind. Urban VIII. ließ zu seinem Ruhm einen Saal seines Palazzo mit einem prächtigen Deckengemälde versehen, das seine Papstkrönung darstellt. Er war seiner Zeit voraus, indem er einen anderen Saal des Palazzo mit einer für seine Zeit geradezu revolutionären Deckendarstellung ausmalen ließ, in der sich die Erde um die Sonne dreht und er selbst als Beschützer der Tugenden und schönen Künste porträtiert ist. Damit wollte Urban VIII. der Nachwelt beweisen, dass er Sympathie für Galileo Galilei und Verständnis für dessen kopernikanische Lehre empfand, auch wenn der Naturforscher seiner These, dass sich die Erde um die Sonne dreht, im Jahre 1633 unter dem Pontifikat des Barberini-Papstes abschwören musste. Der Papst hatte die Inquisition verstärkt, dennoch wurde die Verdammung der Galilei'schen Lehre, die erst unter dem Pontifikat Johannes Pauls II. zurückgenommen werden sollte, eher den Verhältnissen der Zeit als den Personen zugeschrieben.
Urban VIII. war ein intelligenter und gelehrter Mann, ein guter

Schriftsteller und Dichter in lateinischer wie italienischer Sprache. Er förderte die Musik und gab den Missionen neue Impulse, die sich unter seinem Pontifikat bis nach Siam, auf die Philippinen und nach Japan ausdehnten. Dem Nepotismus huldigte er stärker als alle anderen Päpste des Jahrhunderts. Seinen Bruder Antonio und seine Neffen Francesco und Antonio den Jüngeren erhob er zu Kardinälen, um den Einfluss seiner Familie zu stärken. Sich selbst und seine Verwandten ließ er vom »päpstlichen Hofbildhauer« Bernini in Marmorbüsten verewigen.
Urban VIII. bereicherte seine Familie so maßlos, dass er auf dem Sterbebett Gewissensbisse bekam. Die Verschwendungssucht, die er bei seiner Familie an den Tag legte, stand in krassem Gegensatz zu den kargen finanziellen Beiträgen, mit denen er die katholische Sache im Dreißigjährigen Krieg unterstützte. Als Urban VIII. am 29. Juni 1644 starb, wurde er in der Apsis von St. Peter beigesetzt, wo sich das von Bernini geschaffene Grabmal erhebt. Es gilt als beispielhaftes Meisterwerk der Grabkunst im 17. Jahrhundert.
Ein fürstliches Leben wie unter dem Pontifikat des Barberini-Papstes gibt es im Apostolischen Palast schon seit mindestens zwei Jahrhunderten nicht mehr. Der Tag des Papstes sieht mit seiner ungeheuren Ansammlung an Verpflichtungen eher nüchtern aus.

Ein voller Terminkalender heute

Ein Papst kann sich seinen Tageslauf nicht aussuchen. Er ist weitgehend von den Aufgaben des Tages bestimmt. Einmal länger ausschlafen – das gibt es nur im Urlaub. Einziger Augenblick an der frischen Luft ist ein kleiner Spaziergang nach dem Mittagessen auf der kleinen Terrasse, die zum päpstlichen Privatappartement gehört – dass sie von Fernsehkameras auch vom Dach des Petersdomes aus nicht einsehbar ist, versteht sich von selbst. In den Vatikanischen Gärten ging Johannes Paul II. im Gegensatz zu seinen Vorgängern nie spazieren, um seinen lufthungrigen Mitarbeitern in der römischen Kurie nicht in die Quere zu kommen. Denn

wenn ein Papst spazieren gehen will, selbst wenn er nur in den vatikan-internen Gärten wandelt, sind Sicherheitsvorkehrungen und Absperrungen unerlässlich.
Der Tag für den verstorbenen Papst begann um 5.30 Uhr. Um 7 Uhr, nach der Meditation, feierte er in seiner Privatkapelle die Frühmesse. Daran nahmen fast immer Vertreter verschiedener Nationen teil. Sie wurden nicht – wie für Vatikanbesucher üblich – über die Präfektur des Päpstlichen Hauses eingeladen, sondern vom Privatsekretär des Papstes zugelassen. Ein guter Draht zu diesem und ein guter Grund, warum man an der Frühmesse des Papstes teilnehmen wollte, waren wichtig. Aus Platzmangel blieb die Anzahl der Gäste bei der morgendlichen Messe auf etwa 50 beschränkt.
Gegen 8 Uhr wurde es Zeit zum Frühstück. Dazu lud der Papst oft Gäste ein, die an der Frühmesse teilgenommen hatten und mit denen er sich ausführlicher unterhalten wollte. Das Frühstück wurde wie die anderen Mahlzeiten von den polnischen Ordensfrauen zubereitet, die den Haushalt führten.
Über die Essgewohnheiten eines Papstes ist normalerweise nichts zu erfahren. Doch in polnischen Kreisen in Rom wusste man, dass Johannes Paul II. vor allem zum Mittagessen wenig zu sich nahm und am Abend gerne Käse, Salate und polnische Süßspeisen aß. Schlesische Mohnplätzchen schmeckten ihm dem Vernehmen nach besonders gut. Nach dem Frühstück begab sich der Papst in sein Arbeitszimmer, um dort mit seinen engsten Mitarbeitern das Tagesprogramm zu erörtern.
Danach blieb er bis 11 Uhr allein in seinem Arbeitszimmer. Dies war die Zeit der schöpferischen Arbeit und des Nachdenkens. In diesen Stunden hatte außer seinem Privatsekretär niemand Zutritt zum Papst. Nach 11 Uhr begannen die Privataudienzen. Sie fanden in der Privatbibliothek des Papstes statt, wenn es sich um Mitarbeiter aus den päpstlichen Ämtern, um Staatsoberhäupter und andere hoch stehende Persönlichkeiten handelte, oder in den verschiedenen Repräsentationszimmern des päpstlichen Apparte-

ments. Besonderen Wert maß der Papst den Begegnungen mit den Bischöfen aus aller Welt bei, die ihm bei den so genannten »Ad-limina-Besuchen«, die alle fünf Jahre fällig sind, über den Stand ihrer Diözesen berichteten. Zunächst wurde jeder Bischof vom Papst einzeln empfangen. Später richtete er bei einer gemeinsamen Audienz eine Ansprache an die Ad-limina-Gruppen. Auch eine Konzelebration in der Privatkapelle des Papstes sowie ein Mittag- oder Abendessen mit den Bischöfen auf Ad-limina-Besuch waren im päpstlichen Programm vorgesehen. Die Zahl der Privataudienzen schwankte zwischen 450 und 500 (!) pro Jahr – im Nachhinein betrachtet ein unglaubliches Pensum, das Johannes Paul II. auch dann noch kaum verringerte, als seine Kräfte Monat für Monat nachließen.
Zu den Gästen der vormittäglichen Audienzen zählten nach einem bestimmten Plan auch die Leiter der römischen Dikasterien (Kurienbehörden) sowie andere Kurienmitarbeiter, die nach ihrer jeweiligen Kompetenz und unabhängig von ihrem Rang vom Papst zu sich gebeten wurden. Auch residierende Bischöfe und Nuntien (Vatikanbotschafter) aus aller Welt, die von Johannes Paul II. das eine oder andere Problem beurteilen lassen wollten, standen auf der Liste der Audienzteilnehmer. Weiter wurden während der Vormittagsaudienzen Politiker und Vertreter aus der Diplomatie – in Rom gibt es am Heiligen Stuhl akkreditierte Botschafter aus rund 175 Ländern der Welt – sowie Repräsentanten der Wissenschaft und des kulturellen Lebens empfangen.
Die noch verbleibende Zeit am Vormittag war Gruppenaudienzen gewidmet. Zu ihnen kommen die Teilnehmer an den Jahresvollversammlungen der verschiedenen Kurienbehören, der in Rom oder im Vatikan stattfindenden Tagungen und Kongresse, aber auch Pilgergruppen, die zu Jubiläumsfeiern oder aus anderen besonderen Anlässen in die Ewige Stadt reisen. Gewöhnlich fanden diese Audienzen in den prunkvoll ausgestatteten Sälen des Apostolischen Palastes statt. Wenn die Gruppe mehr als 2000 Personen umfasste, wurde die Audienzhalle Pauls VI. benutzt.

Der Mittwochvormittag war der wöchentlichen Generalaudienz vorbehalten. Diese hielt der Papst im Spätherbst und Winter in der Audienzhalle Pauls VI. ab, im Sommer auf dem Petersplatz. Im Winter begann diese große Audienz um 11 Uhr, im Sommer meistens um 10 Uhr. Wenn es die große Anzahl von Pilgern (zum Beispiel um die Osterzeit herum) erforderte, wurde zusätzlich zur Audienzhalle der Petersdom in Anspruch genommen. Im Petersdom wurden besonders große Gruppen für gewöhnlich getrennt empfangen. In der Audienzaula gibt es hinter der großen Halle mehrere kleine Räume, in denen der verstorbene Papst nach Abschluss der Generalaudienz ausgewählte Besucher gesondert begrüßte.
Nach den Audienzen stand um 13.30 Uhr das Mittagessen auf dem Programm. Gewöhnlich war dies ein Arbeitsessen, zu dem Gäste eingeladen wurden. So wurden zum Beispiel vor den großen Auslandsreisen des Papstes, aber auch vor Reisen innerhalb Italiens und vor den römischen Pfarreibesuchen am Sonntag gezielt gut informierte Personen zur Vorbereitung der Visiten an den päpstlichen Mittagstisch gebeten. Am Mittwoch speiste gewöhnlich der Bischofsvikar von Rom, Camillo Ruini, mit dem Papst, um ihm, der bekanntlich auch Bischof von Rom ist, über die Situation in seiner Diözese zu berichten. Ruinis Gespräche wurden wegen des direkten Zugangs zum Papst von der Kurie häufig kritisch betrachtet – es war gewissermaßen der Weg über die Via ordinaria hinweg.
Nach dem Mittagessen ruhte sich der Papst eine halbe Stunde aus. Anschließend verbrachte er etwa eine Stunde auf der Terrasse des Apostolischen Palastes. Dort las er das Brevier, betete den Rosenkranz und ging ein wenig spazieren. Später kehrte das Kirchenoberhaupt in sein Arbeitszimmer zurück, wo er bis zum späten Nachmittag in Ruhe arbeitete, ohne wie am Vormittag jemanden zu empfangen.
Um 18.30 Uhr begannen die Audienzen für die leitenden Prälaten im Vatikanischen Staatssekretariat. Feste Sprechzeiten zweimal

wöchentlich hatten der Kardinalstaatssekretär (Sodano), der von seinem Rang her der zweite Mann nach dem Papst im Vatikan ist. Auch der in jüngerer Zeit neu ernannte »vatikanische Innenminister«, wie der Substitut oder Sekretär für die öffentlichen Angelegenheiten der Kirche genannt wird, sprach zweimal wöchentlich zu festen Zeiten beim Papst vor. Nur einmal pro Woche wurden dagegen regelmäßig der Präfekt für die Vatikanische Bischofskongregation und der Präfekt der Römischen Glaubenskongregation vom Papst zur Berichterstattung empfangen.

Um 19.30 Uhr nahm der Papst das Abendessen ein. Um diese Zeit blickten die Römer vom Petersplatz aus zu den beiden beleuchteten Fenstern im oberen Stock an der rechten Seite des Apostolischen Palastes hoch und stellten kundig fest: »Aha, der Papst ist schon beim Essen.« Auch beim Abendbrot saßen gewöhnlich wie beim Mittagessen Gäste aus nah und fern mit am Tisch, doch hatte diese intimere Mahlzeit weniger den Charakter eines Arbeitsessens.

Nach dem Abendessen ging der Papst nochmals in sein Arbeitszimmer. Dort studierte er Akten, die vom Vatikanischen Staatssekretariat und den vatikanischen Behörden an ihn weitergeleitet wurden. Alle Dokumente des Heiligen Stuhls, auch die weniger bedeutenden, die nicht seine Unterschrift trugen, wurden konsequent durchgesehen. Anschließend zeichnete er sie ab und versah sie mit Anmerkungen oder lud die Verantwortlichen zur Besprechung über Änderungen des vorgeschlagenen Textes für den folgenden Tag ein. Die späteren Abendstunden gehörten der Vorbereitung für die Verpflichtungen des nächsten Tages, der Erledigung der wichtigsten Korrespondenz und der Lektüre von Büchern. Über die wichtigsten Nachrichten aus der internationalen Presse erhielt der Papst jeden Morgen eine Presseschau, die von seinen Mitarbeitern zusammengestellt wurde.

Übrigens sah der Papst fast nie fern. Er hat sich aber durchaus wichtige und kontroverse Filme, wie Mel Gibsons »The Passion« vorführen lassen und sie mit seinem engsten Kreis diskutiert. Normalerweise verfolgte der Privatsekretär die täglichen Abendnachrichten am Fernsehen bei den Schwestern in der Küche und berichtete dem Papst anschließend darüber. Der intensive Tagesablauf des Papstes endete gewöhnlich gegen 22.45 Uhr mit einem persönlichen Gebet und dem abendlichen Stundengebet in der Privatkapelle.

Manchmal zwangen wichtige Umstände den Papst auch zu einer Änderung des Programms. Doch auf seine religiösen Übungen hat Johannes Paul II. nie verzichtet. Die Anbetung des Allerheiligsten, das Stundengebet, eine geistliche Lesung pro Tag und das Beten des Kreuzwegs jeden Freitag hatten für ihn absoluten Vorrang. Das zeigte sich noch auf dem Sterbebett, als er selbst am 1. April 2005 noch fragte, ob heute Freitag sei. Als man es bejahte, verlangte der Papst danach, dass man den Kreuzweg beten solle.

Jede Woche empfing der Papst von seinem Beichtvater das Sakrament der Buße. Über die Identität des Beichtvaters wird im Vatikan strenges Stillschweigen bewahrt. Man weiß bis heute nicht, ob es ein Italiener oder ein Ausländer ist. Papst Paul VI. hatte danach einen Jesuiten, den italienischen Pater Paolo Dezza, zum Beichtvater gewählt. Der im Konsistorium von 1991 zum Kardinal kreierte, inzwischen im Alter von über neunzig Jahren verstorbene Dezza soll Papst Johannes Paul II. zu Beginn seiner Amtszeit ebenfalls als Beichtvater gedient haben.

Selbst wenn es für die normalen Gläubigen kaum zu fassen ist: Auch der Papst, Stellvertreter Christi auf Erden, besaß die Demut zum Sündenbekenntnis und suchte den Frieden, den der Herr den Gläubigen im Sakrament der Buße und der Versöhnung schenkt.

6.2 Der Papst ist ein Team

Die engsten Mitarbeiter

Jeder neu gewählte Papst verfügt über absolute Freiheit in der Wahl seiner engsten Mitarbeiter. Die Nominierung des Kardinalstaatssekretärs und die Ernennung des Substituten im Vatikanischen Staatssekretariat (»vatikanischer Innenminister«) sind normalerweise seine ersten entscheidenden Amtshandlungen. Die Wahrung der Kontinuität nach dem Tod eines Papstes wird von seinem Nachfolger häufig durch die Bestätigung des Kardinalstaatssekretärs und anderer hoher Posten wie des Außen- und Innenministers in ihren Ämtern demonstriert. So ernannte Papst Johannes Paul II. den »Außenminister« seines Vorgängers, Agostino Casaroli, einige Monate nach seiner Papstwahl zum Kardinalstaatssekretär und damit zu seinem engsten Mitarbeiter, obwohl er wegen seiner eigenen negativen Erfahrungen mit dem Kommunismus nicht immer mit der von Papst Paul VI. geförderten Ostpolitik der Kompromisse einverstanden war.

Nur einmal in der jüngeren Geschichte hat ein Papst die Kardinäle mit seiner ersten Entscheidung vor den Kopf gestoßen. Pius X. (1903–1914) berief noch am Tag seiner Wahl den 37-jährigen Raffaele Merry del Val, der während des Konklaves die Rolle des Konklavesekretärs innegehabt und Sympathie und Hochschätzung des neuen Papstes gewonnen hatte, zu seinem Staatssekretär – und Merry del Val war zu diesem Zeitpunkt natürlich noch nicht einmal Kardinal.

Der Kardinalstaatssekretär ist nach dem Papst die Nummer zwei in der Kirche, der Substitut die Nummer drei. Erst dann folgen der vatikanische »Außenminister« und die Chefs der wichtigen Kurienämter. Alle Chefs der Kurienbehörden müssen beim Tod eines Papstes zurücktreten. Dagegen bleiben die Sekretäre der vatikanischen Kongregationen ebenso in ihren Ämtern wie der Kämmerer der Kirche und der Protodiakon sowie der Dekan und der Vizedekan des Kardinalskollegiums.

Meistens behält der neue Papst seinen allerengsten Vertrauten, seinen Sekretär, auch nach der Papstwahl in seinen Diensten. Die letzten vier Päpste vor Johannes Paul II. hatten ihre Sekretäre jedenfalls schon in ihren vorherigen Ämtern zur Seite gehabt. Die Bekanntschaft des päpstlichen Sekretärs ist nützlich, wenn man ein Anliegen an den Papst persönlich hat oder auf eine Einladung zur

Frühmesse in die päpstliche Privatkapelle und vielleicht sogar zum anschließenden Frühstück spekuliert. Der Sekretär antwortet für den Papst am Telefon, und es kommt vor, dass er an seiner Stelle mit dem amerikanischen oder russischen Präsidenten oder aber mit dem italienischen Staatspräsidenten spricht. Der verstorbene italienische Staatspräsident Sandro Pertini, der immer vorgab, ein Atheist zu sein, war während seiner Amtszeit ein häufiger Anrufer. Und auch wenn er nur bis zum Sekretär von Johannes Paul II. vorgedrungen war, behauptete er hinterher: »Ich habe gerade mit dem Papst gesprochen.«

Zu den engen Mitarbeitern eines Papstes, die oft kurz oder lang nach dem Tod eines Papstes ausgetauscht werden – im Vatikan nennt man solche Versetzungen »hoch- und damit wegloben« –, gehören der Päpstliche Zeremonienmeister und der Präfekt des Päpstlichen Hauses. Gewöhnlich werden beide zu Bischöfen ernannt und erhalten eine Diözese in ihrer näheren Heimat. Papst Johannes Paul II. hatte mit seinen engsten Mitarbeitern eine Neuregelung eingeführt, indem er beide bereits während seiner Amtszeit als höchstes Zeichen des Vertrauens zu Bischöfen ernannte. Der Privatsekretär Monsignore Dziwisz wurde gleichzeitig der Vizepräfekt des Päpstlichen Hauses und hatte damit die Möglichkeit, gemeinsam mit dem Präfekten über die dem Papst täglich auferlegten Verpflichtungen zu bestimmen. Erzbischof Dziwisz wurde in den letzten Jahren und Monaten des vergangenen Pontifikates zur grauen Eminenz, an der niemand vorbeikam, der das Ohr des Papstes haben wollte.

Wie die »Tausendjährigen« in ihrem Buch »Via col vento in Vaticano« ganz richtig feststellen, ist mit dem Amt des Präfekten des Päpstlichen Hauses viel Macht im Vatikan verbunden.

Gelassenheit und Geduld sind unverzichtbar für die Arbeit des Präfekten des Päpstlichen Hauses. Der »Protokollchef« muss nämlich Kardinälen, Bischöfen, Botschaftern und deren »Schützlingen« sowie auch »Wohltätern der Kirche« oder auch ganz einfachen Gläubigen, die vom Papst in Audienz empfangen werden wollen, klar machen, dass Zeit und Kräfte des Oberhaupts der katholischen Kirche nicht unbegrenzt sind. An den Präfekt des Päpstlichen Hauses müssen die Anfragen um Audienzen und die Bitten um die kostenlosen Eintrittskarten zu den großen Zeremonien mit dem Papst und zur Teilnahme an den Generalaudienzen gerichtet werden (die Fax-Nummer der »Prefettura Pontificia« lautet 0039-06-6988-5863). Der Papst empfing im Prinzip jede Persönlichkeit des öffentlichen Lebens und auch jede Gruppe, die darum nachsuchte.

Auch die Organisation von Rombesuchen des Papstes und Reisen innerhalb Italiens unterliegen der Verantwortung des Protokollchefs. Jeden Tag gehen zudem Hunderte von Telefonaten beim Präfekten des Päpstlichen Hauses ein: »Exzellenz, bitte, ich muss dringend mit dem Papst sprechen«, heißt es da immer wieder. Nur ein Beispiel: Nach dem Schreiben von Papst Johannes Paul II. »An die Frauen« konnte die Präfektur sich kaum vor den Dankesanrufen von internationalen Frauenvereinigungen aus aller Welt retten, die dem Papst am liebsten auch gleich noch persönliche Ratschläge für den Umgang mit Frauen erteilen wollten.

Aus Tausenden von Personen, die bei der Generalaudienz in der ersten Reihe sitzen und möglichst dem Papst vorgestellt werden wollen, muss der Protokollchef 40 bis 50 heraussuchen. Dazu bedarf es Fingerspitzengefühls, und nicht selten müssen Nachforschungen über die betreffenden Personen angestellt werden. Einmal hatten sich zwei Guru-Vertreter der Bewegung Sri Chinmoy unter Vorspiegelung falscher Tatsachen Plätze in der ersten Reihe erschlichen und sich vom Papst eine Fackel entzünden lassen. Mit dem Foto dieser Szene betrieben sie später Reklame für ihre Sekte.

Diskretion ist oberste Richtschnur. Und doch hat ein früherer Präfekt des Päpstlichen Hauses ein Buch über seine Erlebnisse an der Seite der Päpste geschrieben, das er allerdings erst posthum veröffentlichen ließ: Es handelte sich dabei um den französischen Kurienkardinal Jacques Martin, der in dem Buch »Meine sechs

Päpste« (»Mes six Papes«) sogar einen von Johannes Paul II. vollzogenen Exorzismus beschreibt – bei dem er an der Tür gelauscht hatte. Ein Vorgang, der den guten Nachruf des Kurienkardinals nicht gerade beförderte.

Ein Mann von Bedeutung: der Zeremonienmeister

Zum engsten Team des Papstes gehört neben seinem Privatsekretär und dem Protokollchef ein weiterer außerordentlich wichtiger Mann: der Päpstliche Zeremonienmeister. Ohne seinen Zeremonienmeister, den italienischen Bischof Piero Marini, hätte der alte und kranke Papst die anstrengenden Gottesdienste in den vergangenen Jahren gar nicht durchstehen können. Nur das völlige Vertrauen in die perfekte Organisation Marinis, der dem Papst »zuarbeitete«, hielt Johannes Paul II. in schwierigen Situationen wie bei seinem Schwächeanfall am Altar während des Besuchs im bosnischen Sarajewo aufrecht. Der »Mann an der Seite des Papstes« steht neben ihm am Altar, sorgt für den reibungslosen Ablauf der Gottesdienste, dirigiert Messdiener und Lektoren, weist den Chören sowie den Kameraleuten ihre Plätze zu und begleitet jede der Gesten und Schritte des Papstes. Im Fall von Johannes Paul II. war das keine leichte Aufgabe, denn der Papst neigte bis zuletzt dazu, protokollsprengende, spontane Zeichen zu setzen, die seiner Entourage oft den Angstschweiß auf die Stirn trieben.

Ebenso wie der Päpstliche Reisemarschall muss der Zeremonienmeister vor einer Auslandsreise des Papstes alle Orte, die der Papst besuchen will, inspizieren und mit den Verantwortlichen vor Ort den Ablauf der Zeremonien absprechen. Große Veranstaltungen werden unter Aufsicht des Zeremonienmeisters geprobt, der die Möglichkeit hat, bestimmte Riten in der Päpstlichen Liturgie abzuschaffen und andere einzuführen. Auch bei einem Konklave nimmt der Zeremonienmeister, der aber vom neuen Papst meistens ausgewechselt wird, eine wichtige Funktion ein.

6.3 Die Sixtinische Kapelle – der Wahlort

Der strenge »Inquisitionspapst« Paul IV. (1555–1559) wollte das gigantische Fresko des »Jüngsten Gerichts« in der Sixtinischen Kapelle abkratzen lassen, weil er die nackten Figuren als skandalös empfand. Doch schließlich folgte er einer Entscheidung des Konzils von Trient einen Monat vor dem Tod Michelangelos und beauftragte 1558 den mit dem Spitznamen »Der Hosenmaler« in die Geschichte eingegangenen Michelangelo-Schüler Daniele di Volterra, die Nacktheit einiger Figuren des »Jüngsten Gerichts« mit Hosen und verschleiernden Hüllen zu bedecken. Wenn die wahlberechtigten Kardinäle 15 oder spätestens 20 Tage nach dem Tod eines Papstes in der Sixtinischen Kapelle »Veni Creator« singend ins Konklave einziehen, dann präsentiert sich ihnen das »Jüngste Gericht« auf der Altarwand in seiner ursprünglichen Frische. Elf Jahre hat die von der japanischen Nippon Television Network Corporation gesponserte Restaurierung der Fresken in der Sixtinischen Kapelle gedauert. Gerade die farblich aufgefrischten Szenen der Hölle im unteren Teil des »Jüngsten Gerichts« werden die Kardinäle wohl nachhaltig an die Verbindlichkeit des für das Konklave gegebenen Schwures der völligen Geheimhaltung erinnern. Doch Kardinäle sind Menschen – und selbst der verstorbene Kardinal König hat es gegen Ende seines Lebens mit der Diskretion in Bezug auf längst vorüber gegangene Ereignisse nicht mehr so genau genommen. Insofern kann man geheime Vorgänge bei früheren Papstwahlen aus der gewonnenen Zeitdistanz oft ziemlich genau rekonstruieren.

Seit Ostern 1994 können die Michelangelo-Fresken in der Sixtinischen Kapelle auch von Besuchern wieder in ihrer ganzen Pracht bewundert werden. Insgesamt wurden 38 Schleier und »Hosen« dort abgetragen, wo der originale Pinselstrich Michelangelos und seine Farben tatsächlich noch vorhanden waren. Ein Abtragen aller Hüllen war nach Auskunft des vatikanischen Chefrestaurators Gianluigi Colalucci nicht möglich, weil der Hosenmaler seiner

Aufgabe so gründlich nachgekommen war, dass er Michelangelos Malerei nicht nur übermalt, sondern an einigen Stellen sogar ganz abgekratzt hatte. Dagegen hatten einige nicht namentlich genannte Künstler, die später noch einmal ans Werk gegangen sind, wenigstens den originalen Pinselstrich Michelangelos unter ihrer eigenen Malerei belassen. Im Gespräch mit der Verfasserin, die als eine der ersten Journalisten in der Welt Anfang 1994 auf das siebenstöckige Gerüst steigen durfte, um die soeben fertig gestellte Restaurierung aus der Nähe zu betrachten, erwähnte Colalucci eine Reisebeschreibung aus dem 18. Jahrhundert. Darin berichtet der französische Reiseschriftsteller Jean Richard, er habe in der Sixtinischen Kapelle einige »äußerst mittelmäßige Maler« beobachtet, welche aus puritanischem Geist heraus die »schönste Nacktheit, welche die Welt je gesehen hat«, übermalt hätten. Nach Angaben des Chefrestaurators konnte der Apostel Andreas bei der »Jahrhundert-Restaurierung« der »Sixtina« zum Glück von seinen hässlichen dunklen Hosen befreit werden, während die »Schleier« von Petrus und Johannes dem Täufer erhalten bleiben mussten, weil darunter nichts mehr zu finden war. Jedoch seien diese beiden Figuren von Daniele da Volterra wenigstens mit eleganten Slips im Tanga-Stil ausgestattet worden, und nicht mit schlecht gemalten Hosen. Bei der Restaurierung habe man laut Colalucci auch bestätigen können, dass die Muttergottesfigur und die Christusfigur in der Mitte des gigantischen Gemäldes niemals nackt gewesen seien, sondern mit Sicherheit schon von Michelangelo selbst »bekleidet« worden waren. Auch dass die Christusfigur ganz sicher keinen Bart getragen habe, wie oft vermutet worden war, sei von den Restauratoren entdeckt worden. Am überraschendsten für alle Beteiligten sei die Freilegung des Himmels im Hintergrund des »Jüngsten Gerichts« gewesen, der nach der Restaurierung in hell- bis dunkelblauen Schattierungen erstrahlt. Er war von Michelangelo mit teuren, in Venedig eingekauften Lapislazulifarben gemalt oder besser »hergestellt« worden. Vom ikonografischen Gesichtspunkt her habe man auch eine Neuigkeit gefunden: Aus dem furchtsamen Gesichtsausdruck der Heiligen um Christus herum sei zu schließen, dass dieser in der Michelangelo-Version des »Jüngsten Gerichts« seinen Richtspruch noch nicht gefällt habe. Keiner der Heiligen, auch nicht Petrus und Paulus, konnte sich also völlig sicher gewesen sein, ob er in den Himmel komme oder nicht, so der Restaurator im Gespräch mit der Verfasserin.

Ob die Kardinäle beim Konklave auch einen Blick nach oben werfen werden, auf den Sündenfall? Der inzwischen verstorbene italienische Vatikan-Korrespondent Domenico del Rio hatte das Privileg, während der Arbeiten an den Deckenfresken auf die Brücke zu steigen, um die Restaurierung aus der Nähe zu begutachten. Er geriet daraufhin in der linksliberalen italienischen Tageszeitung »La Repubblica« ins Schwärmen: »Ich war im Paradies. Ich habe der Schlange ins Auge gesehen. Michelangelos Fresken sind wahrhaft das Paradies auf Erden.« Gerade hier erlebten die Restauratoren eine Überraschung: Die Figuren des Sündenfalls sind nämlich alle Linkshänder. Eva greift mit der linken Hand nach dem Apfel. Der Engel, der Adam und Eva aus dem Paradies vertreibt, hält das Schwert in der linken Hand. Selbst die Schlange ist linksherum um den Baum gewickelt. Und die aus der Schlange herauswachsende weibliche Gestalt reicht Eva den Apfel mit der linken Hand. Auch Adam hält sich mit der linken Hand an einem Ast fest.

»Entdeckt« wurde diese Besonderheit von einem der drei mit dem »Jahrhundertputz« beauftragten Restauratoren der Vatikanischen Museen, Professor Maurizio Rossi. Dass diese Besonderheit in der Vergangenheit noch nie jemandem aufgefallen war, begründet er so: »Die Malerei Michelangelos ist so gewaltig und schlägt den Zuschauer so stark in ihren Bann, dass Besonderheiten vom Bewusstsein verdrängt werden. Ich habe die Szene des Sündenfalls jahrelang vor Augen gehabt und nichts von den ›Linkshändern‹ bemerkt.«

Ursprünglich hatte Michelangelo die Darstellung des Sündenfalls nach Ansicht Rossis seitenverkehrt gemalt. Rechts sollte der Sündenfall, links die Vertreibung aus dem Paradies stehen. Doch irgendjemand – vielleicht der jähzornige Auftraggeber Papst Julius II. (1503–1513), der Michelangelo ständig zur Fertigstellung der Sixtinischen Kapelle drängte – könnte ihn darauf aufmerksam gemacht haben, dass der zeitliche Ablauf der Ereignisse umgekehrt war. Dadurch sei der Maler und Bildhauer in ein schreckliches Dilemma gestürzt worden, vermutet Rossi. Doch habe Michelangelo schnell einen Trick zur Lösung des Problems gefunden: In dem Augenblick, in dem er die Zeichnung vom Karton auf die Wand als Fresko übertrug, genügte es, den Karton umzudrehen, um die Szenen in der richtigen Reihenfolge erscheinen zu lassen. Ein Problem aber war geblieben: Alle Figuren wurden dadurch notgedrungen zu Linkshändern.

»Die Schwierigkeit meiner Arbeit ist, dass sie nicht mein Beruf ist. Ich vergeude meine Zeit ohne jedes Ergebnis. Gott helfe mir.« Dieser Stoßseufzer Michelangelos stammt aus einem Brief an seinen Vater Ludovico vom 27. Januar 1509. Zu diesem Zeitpunkt arbeitete der Künstler bereits seit acht Monaten an der Dekoration der Sixtinischen Kapelle, und die Arbeiten schritten schnell voran. Seinen Ruf, er sei kein Maler, hatte Michelangelo sich selbst geschaffen. Mit dieser Ausrede hatte er sich nämlich anfangs erfolgreich um den Auftrag von Papst Julius II. della Rovere zur Innenausstattung der »Sixtina« im Vatikan gedrückt. Doch gerade er, der überzeugte Nichtmaler, war dazu auserwählt worden, das umfangreichste und gewaltigste Werk zu schaffen, das je einem Maler abgefordert wurde. Michelangelo malte, wie er Steine behaute: plastisch, gewalttätig, mit einem vollendeten Gefühl für Form und Gestalt. Dass er auch ein ausgeprägtes Gefühl für Farben besaß, war die geradezu revolutionäre Neuentdeckung Michelangelos als Maler bei der Restaurierung seiner Fresken in der Sixtinischen Kapelle. Dies ist ein Beweis mehr dafür, dass die Geschichtsschreiber und Kunstkritiker aller Zeiten des Öfteren von späteren Generationen eines Besseren belehrt werden: So müssten der berühmte Geschichtsschreiber Vasari oder sein Kollege Condivi, die Michelangelos Qualitäten als Maler infrage stellten, und nachfolgende

Generationen von Kunsthistorikern, die sich von dieser Meinung beeinflussen ließen, umlernen, wenn sie die Ergebnisse der Restaurierung der Sixtinischen Kapelle mit heutigen Augen sehen könnten. Bei der Reinigung der insgesamt 14 Lünetten in der Sixtinischen Kapelle war das mystische Halbdunkel, das über den Figuren Michelangelos lag, entfernt worden. Danach sprangen dem Beobachter die leuchtenden Farben, die dem Temperament des Künstlers entsprachen, geradezu ins Gesicht. Der Anblick der Originalfarben war in der Geschichte nur wenigen Menschen vergönnt gewesen, denn bereits 50 Jahre nach Beendigung der Arbeiten im Jahre 1541 dürften die Fresken Michelangelos nach Meinung der Vatikanexperten bereits so schmutzig gewesen sein wie zum Zeitpunkt des Beginns der Restaurierung im Jahre 1984. Schuld daran waren Weihrauchwolken und Kerzenruß. Bei der Reinigung der Fresken wurde der Dreck abgetragen, doch der Schleier der Patina belassen. Man verwendete dafür eine Art Gelatine, die nach einigen Minuten wieder abgetragen wurde. Der Pinsel wurde für die Reinigung so gut wie gar nicht benutzt oder höchstens, um Risse auszufüllen, die bei den Arbeiten am Fundament der »Sixtina« entstanden waren, erklärte der nach Beendigung der Restaurierung verstorbene Direktor der Arbeiten, Professor Fabrizio Mancinelli, im Gespräch mit der Autorin.
Allein die Restaurierung der Lünetten – jener vierzehn halbrunden Kompositionen, die den unteren Teil des Gewölbes ausmachen – hatte vier Jahre gedauert. Die gleiche Zeit brauchte Michelangelo, um das ganze Gewölbe auszumalen, während die Gestaltung der gesamten Sixtinischen Kapelle insgesamt neun Jahre in Anspruch nahm – wenn man von den großen Zeitabständen absieht, in denen Michelangelo das Werk ausführte.
Die japanische Fernsehgesellschaft Nippon Television Network Corporation hat sich für drei Millionen Dollar die weltweiten Exklusivrechte der Fernseh- und Bilddokumentation der Restaurierung gesichert. Das Sponsorsystem ersetzt heute das Mäzenatentum des Mittelalters und der Renaissance, mit dem Unterschied,

dass damals kreativ gearbeitet und »produziert« wurde, während heute nur mit fremder Finanzkraft die Restaurierung großer Werke durchgeführt wird.
Die von Papst Sixtus IV. in Auftrag gegebene Sixtinische Kapelle ist seit ihrer Gründung mit dem Konklave verbunden. Papst Sixtus IV. (1471–1484) wollte in der verschwenderischen, auf Genuss ausgerichteten Renaissancezeit eine Stätte für Hofzeremonien schaffen. Der Saal ist 40,93 Meter lang und 13,41 Meter breit – die gleichen Maße, die den Schriften entsprechend der Salomonische Tempel hatte. Die Höhe beträgt vom Boden bis zur Decke 20,70 Meter.
Am 9. August 1483, dem Jahrestag der Wahl Sixtus' IV., wurde die erste heilige Messe in der Sixtinischen Kapelle gefeiert, am 15. August wurde die Sixtinische Kapelle während einer feierlichen Zeremonie der Himmelfahrt der Muttergottes geweiht. Zur ursprünglichen Ausschmückung gehören auch 28 Porträts der ersten Päpste, bekleidet mit den liturgischen Gewändern ihrer Zeit und geschmückt mit den jeweiligen Wappen. Unter jedem Papst sind Name, Herkunft und die Dauer seines Pontifikats angegeben. Ursprünglich hatte Papst Julius II., ein Neffe von Papst Sixtus IV., die Darstellung der zwölf Apostel als Deckendekoration der Sixtinischen Kapelle gewünscht. Doch Michelangelo setzte seine Idee durch. Das Deckenfresko kostete den Künstler ungeheure Anstrengungen, er musste es auf dem Rücken liegend malen. Dies führte dazu, dass er bei der Einweihung seines fantastischen Werks mit Rückenschmerzen ans Bett gefesselt war. Den Auftrag zur Ausstattung der Sixtina hatte Michelangelo eigentlich von dem kunstsinnigen Papst Paul III. (1534–1549) erhalten. In jahrelangem Ringen mit dem aus der römischen Fürstenfamilie Farnese stammenden Papst hatte Michelangelo schließlich das »Jüngste Gericht« vollendet. Als der Papst das Werk am 31. Oktober 1541 erstmals erblickte, soll Paul III. gebetet haben: »O Herr, rechne mir meine Sünden nicht an, wenn Du kommen wirst zum Weltgericht.« Das »Jüngste Gericht« ist der »Tag des Zorns« der Renais-

sance, die in die Phase ihres Niedergangs eingetreten war, und gleichzeitig auch eine grandiose Bezeugung der katholischen Reform, die Papst Paul III. so sehr gewünscht hatte. Bei der Enthüllung seines Werks wusste Michelangelo noch nicht, dass dieses Werk vom Konzil von Trient als obszön verworfen werden sollte. Er rächte sich am Zeremonienmeister von Paul III., Kardinal Biagio da Cesena, der sein Werk als obszön beurteilt hatte, indem er ihn mit langen Eselsohren versah und als Minos, den Hüter der Unterwelt darstellte.

Die Schlüssel in die richtigen Hände legen

Der Papst wollte am Platz bleiben, solange es die göttliche Vorsehung erlaubt. Wie aus den im April 2003 veröffentlichten Gedichten Johannes Pauls II. »Römisches Triptychon«, einer Art geistlichen Vermächtnisses, hervorgeht, dachte er nie an seinen Rücktritt – und hielt diese Vorstellung in allen Schmerzen seiner letzten Monate und Wochen eisern durch. Die Gedichte sind eine Hymne an die Schönheit der Schöpfung und an die ewige Suche des Menschen nach dem Anfang und dem Ende.

Auch auf das Ende seines Pontifikats ging der Papst überraschenderweise ein. Das Schlüsselwort: »Du bist Petrus, auf diesen Fels will ich meine Kirche bauen« taucht in den Gedichten kurz in Latein auf. Der Schlüssel, das Symbol in der Hand des Nachfolgers Christi auf dem Petrusstuhl, ist eines der Leitmotive der Gedichte. Dazu kommentierte Kardinal Joseph Ratzinger, der als Dekan des Kardinalskollegiums bei einer Papstwahl wichtige Leitungsfunktionen innehat, bei der Erstaufführung: »Diese Schlüssel in die richtigen Hände zu legen: Das wird die enorme Verantwortung in diesen Tagen sein.«

Bei der Meditation über die Genesis wanderte die Erinnerung des Papstes zurück zu den beiden Konklaves im Drei-Päpste-Jahr 1978. »Menschen, denen man aus Sorge um das Erbe die Schlüssel anvertraut hat, versammeln sich hier und lassen sich beeindrucken von der Malerei der Sixtina. So war es im August, und so war es dann im Oktober des denkwürdigen Jahres zweier Konklave. Und so wird es wieder sein, wenn es erforderlich wird, nach meinem Tode.« Mit den Todesahnungen Johannes Pauls II. verbinden sich überraschenderweise aber auch Meditationen über die Weitergabe des Lebens. In einer Meditation über die Erschaffung von Mann und Frau, die von Michelangelo in der Sixtinischen Kapelle dargestellt wird, heißt es: »… und wenn sie ›ein Fleisch‹ werden – eine wundersame Vereinigung – dann wird an ihrem Horizont Vaterschaft und Mutterschaft offenbar.« Den Mangel an Scham von Adam und Eva vor dem Sündenfall verbindet Karol Wojtyla mit einem Spruch aus seiner Jugend: »Casta placent superis: pura cum veste venite, et manibus puris sumite fontis aquam.« (»Das, was rein ist, ist dem Himmel genehm, kommt sauber gekleidet und mit sauberen Händen, schöpft das Quellwasser.«) »Diese Worte habe ich acht Jahre lang täglich gelesen, als ich durch das Eingangstor des Gymnasiums in Wadowice ging«, erinnerte sich der Dichter-Papst.

6.4 Die unaufhaltsame Karriere des Papamobils

Mit dem beweglichen »Reise-Papst« Johannes Paul II. hat auch ein Fahrzeug Karriere gemacht: das »Papamobil«. Der inzwischen so gebräuchliche Name für das Auto, in dem sich der verstorbene Papst – meistens von Panzerglas geschützt – fortbewegte, stammt ursprünglich aus England. Dort wurde das Fahrzeug, das Papst Johannes Paul II. während seiner ersten Großbritannienreise von 25. Mai bis 2. Juni 1982 benutzte, als »pope mobile« bezeichnet.
Rund ein Jahr nach dem Attentat auf dem Petersplatz vom 13. Mai 1981 hatten die obersten vatikanischen Sicherheitskräfte wie auch die Sicherheitskräfte vor Ort erkannt, dass das Ober-

haupt der Kirche in einem mit kugelsicheren Scheiben ausgerüsteten Fahrzeug transportiert werden musste. So wurde das erste Papamobil mit einem kugelsicheren Glasaufsatz gebaut, hinter dem sich der Papst den Menschenmassen ohne Gefährdung seines Lebens zeigen konnte.

Das berühmteste Fahrzeug des Papstes, dessen Foto um die Welt ging, ist jedoch keineswegs ein kugelsicheres Papamobil, sondern ein kleiner Geländewagen. Es handelt sich um einen weißen Jeep, in dem Johannes Paul II. beim Attentat von den Kugeln des Türken Ali Agca getroffen in den Armen seines Privatsekretärs Don Stanislaus Dziwisz zusammenbrach. Im Vatikan wird der Wagen – wie das entsprechende Fiat-Modell – »campagnola« genannt. Das Unglücksfahrzeug wurde nämlich keineswegs aus dem Verkehr gezogen, sondern gehörte auf ausdrücklichen Wunsch des Papstes nach wie vor – auch weiterhin ohne kugelsichere Scheiben – zum päpstlichen Fuhrpark.

Während der Sommerzeit benutzte der Papst den wendigen kleinen Wagen zum »Abfahren« der einzelnen Pilgerabteilungen auf dem Petersplatz. Auch während zahlreicher Heilig-Jahr-Veranstaltungen im Jahr 2000 hatte der Jeep noch gute Dienste geleistet. Wenn es zu regnen drohte, benützte der Papst dagegen bei den Generalaudienzen auf dem Platz eine schwarze Limousine mit einem aufklappbaren Dach, das bei Bedarf auch schnell geschlossen werden konnte, damit der Papst nicht nass wurde.

Dreißig Papamobile in aller Welt

Rund um die Welt verstreut gibt es derzeit rund dreißig Papamobile. Bei diesem Fahrzeug handelt es sich um einen Geländewagen vom Typ Landrover oder einen so genannten »Pickup« – halb Auto, halb Lastwagen – verschiedener Automarken, darunter Mercedes, Toyota, Renault, General Motors, Peugeot und Mitsubishi. Rund zehn Papamobile stehen in Afrika, etwa fünfzehn in Nord-, Süd- und Mittelamerika, während vier bis fünf solche

Fahrzeuge in Asien bereitstehen. Diese Papamobile sollten sich innerhalb eines Kontinents bewegen, für den Fall, dass der Papst dem Besitzerland des Papamobils oder einem Nachbarland einen Besuch abstatten wollte

In der Regel wurden, um Stress bei Pannen zu vermeiden, zwei Papamobile bereitgestellt. Diese konnten auch aus dem vatikanischen Wagenpark stammen, wenn das Gastland nicht in der Lage war, für den Papstbesuch ein eigenes Auto bauen zu lassen. So wurde zum Beispiel für den Papstbesuch in Nigeria von 21. bis 23. April 1998 ein Mercedes aus dem vatikanischen Wagenpark per Schiff von Italien in die nigerianische Großstadt Lagos transportiert. Einen Ersatzwagen gab es in diesem Fall nicht, da es sich um eine »Blitzreise« handelte, wie sie gegen Ende des Pontifikats von Johannes Paul II. öfters organisiert wurden, um den Papst nicht zu sehr anzustrengen.

Nach seiner Rückkehr aus Afrika wurde dasselbe Fahrzeug der berühmten deutschen Herstellerfirma gleich wieder auf die Reise geschickt, diesmal allerdings auf dem Landweg. Die Reise führte nach Österreich, dem der Papst im Juni 1998 einen mehrtägigen Besuch abstattete. Auch als Ersatzfahrzeug wurde ein Mercedes für den Papst bereit gestellt. Bei seinen Reisen in deutschsprachige Länder – Bundesrepublik, Österreich und Schweiz – hat der Papst immer ein Papamobil der Marke Mercedes verwendet. Anlässlich der aufsehenerregenden Kubareise des Papstes von 21. bis 25. Januar 1998 dagegen wurde ein Papamobil (Herstellerfirma General Motors) auf die Zuckerinsel transportiert, das Johannes Paul II. bereits 1984 während seines Kanadabesuchs benutzt hatte. Das Ersatzfahrzeug (Typ Toyota) kam aus Venezuela.

Was wenige wissen: In vielen Museen der Welt gibt es bereits Papamobile zu besichtigen. Bei seiner allerersten Reise, die ihn vom 25. Januar bis 1. Februar 1979 nach Santo Domingo in die Dominikanische Republik, nach Mexiko und auf die Bahamas führte, bediente sich der Papst eines äußerst kuriosen und nicht mit kugel-

sicheren Scheiben abgesicherten Gefährts, das heute im Museum von Santo Domingo zu bewundern ist.
Der Vatikan hat noch nie den Bau eines Papamobils in Auftrag gegeben, da dies zu den Aufgaben des vom Papst besuchten Gastlandes gehört. Dennoch befinden sich im Vatikan sechs Papamobile, die dem Heiligen Stuhl im Anschluss an Auslandsreisen des Papstes zum Geschenk gemacht wurden. Diese Fahrzeuge werden von den Organisatoren der Papstreisen im Vatikan verschickt, wenn vor Ort keine Autofirma des besuchten Landes ein eigenes Papamobil konstruiert.
Wenn diese Papstfahrzeuge einmal außer Dienst sind, landen sie nicht auf dem Autofriedhof oder auf einer Auktion für »Oldies« prominenter Persönlichkeiten der Geschichte, sondern in den Vatikanischen Museen. Dort sind auch die von den Vorgängern Johannes Pauls II. benutzten Kutschen und Oldtimer zu sehen.
In der nunmehr 25-jährigen Geschichte der Papstreisen hat sich die Notwendigkeit eines Ersatzfahrzeugs übrigens schon oft erwiesen. Insbesondere an zwei Episoden erinnern sich Eingeweihte: Die erste spielte sich im südspanischen Granada bei der ersten Spanienreise des Papstes vom 31. Oktober bis 9. November 1982 ab. Als die temperamentvollen Einwohner der Stadt von ihren Balkonen und vom Straßenrand aus einen aus Hunderttausenden von Papierschnitzeln und -fitzeln bestehenden Freudenregen über den Papst niedergehen ließen, gerieten diese in die Lüftung des Papamobils und brachten den Motor zum Stillstand. Ein anderes Mal war es der Pontifex selbst, der ein Papamobil lahm legte, nachdem er die Klimaanlage zum Ausfallen gebracht hatte, und zwar in Colombo (Sri Lanka), der Endstation der Asienreise des Papstes vom 11. bis 21. Januar 1995. Der Grund für die Panne: Der Papst hatte auf dem Weg vom Flughafen in die Stadt bei feuchtheißem Klima die beiden Seitenfenster herunterkurbeln lassen, damit ihn die jubelnden und Blumen werfenden Menschen am Straßenrand besser sehen konnten und er selbst sie besser grüßen und segnen konnte. Die Folgen waren ein vorübergehendes Un-

wohlsein des polnischen Papstes, der schwüles Wetter schlecht vertragen konnte, und ein vorübergehender Ausfall des Papamobils.

An eine kuriose Begebenheit erinnern sich nur lang gediente Papstjournalisten: Im September 1994 wurde mit einem Lastenflugzeug der UN-Friedenstruppe UNPROFOR ein Landrover aus dem Vatikan vom italienischen Küstenstützpunkt Falconara aus nach Sarajevo geflogen. Dies galt als Indiz dafür, dass die aus Sicherheitsgründen umstrittene und vom Vatikan nicht offiziell angekündigte Papstreise ins Kriegsgebiet doch stattfinden würde. Daraufhin besorgten sich auch noch die letzten Reporter aus Rom eiligst kugelsichere Westen und Helme und reisten bei Nacht und Nebel nach Falconara ab.

Doch während sie noch im Zug saßen, wurde die Papstreise von den Vereinten Nationen abgesagt, und die Aufregung war umsonst. Der Papst, der die Reise persönlich sehr ersehnt hatte, war tief enttäuscht. Der Landrover kehrte eine Woche nach seiner Ankunft in Sarajevo nach Rom zurück und wurde erst dreieinhalb Jahre später während des tatsächlichen Papstbesuchs in Sarajevo am 12. und 13. April 1998 wieder hinübertransportiert und benutzt.

Das Papamobil ist ganz einfach ein zeitgemäßes Mittel der Fortbewegung für das Oberhaupt der katholischen Kirche, das sich während der Generalaudienzen auf dem Petersplatz so vielen Gläubigen so nah wie möglich und aus der Menge hervorgehoben zeigen will.

In der Vergangenheit nahm die Funktion des Papamobils der päpstliche Tragsessel ein, die »sedia gestatoria«. Papst Paul VI. hat den Tragsessel, in dem er selbst noch bei wichtigen Anlässen und großen Zeremonien getragen worden war, als unzeitgemäß abgeschafft.

Wer einen solchen Sessel aus vergangenen Zeiten und seinen Prunk bewundern will, kann seine Neugier bei einem Besuch des der Lateran-Basilika in Rom angegliederten Lateran-Museums stillen.

Dort können auch die Uniformen der ehemaligen Nobelgarde des Papstes (aus meist römischen Adligen bestehende so genannte »guardia nobile«) und anderer Würdenträger bewundert werden.

6.5 Die Schweizergarde – Geheimnisse und Traditionen

Die Päpste hatten für sie immer ein freundliches Wort, denn sie kennen ihren schweren Dienst. Papst Johannes Paul I. soll in den kaum 33 Tagen seines Pontifikats sogar lange Gespräche mit dem wachhabenden Schweizergardisten vor dem päpstlichen Appartement geführt haben, weil er sich im Vatikan so einsam fühlte.
Das Leben der 1506 von Papst Julius II. gegründeten Schutztruppe des Papstes ist hart. Doch dafür haben die Schweizergardisten eine Arbeit, von der andere nur träumen können. Dem Papst zu dienen und Staatsoberhäupter aus aller Welt und gekrönte Häupter einmal ganz aus der Nähe zu sehen – das ist ihr Privileg.
Nur noch einmal im Jahr werden die in der Rüstkammer der Schweizergarde aufbewahrten, aus dem 16. Jahrhundert stammenden rund 70 Brustpanzer angelegt: am 6. Mai, wenn die neuen Schweizergardisten im Vatikanischen Damasushof den Eid auf die Gardefahnen leisten. Dieser Tag erinnert an den »Sacco di Roma«, an den Überfall der kaiserlichen Soldateska auf Rom und den Vatikan im Mai 1527. Der Überlieferung zufolge fielen damals 147 Schweizergardisten, während 42 Überlebende den Papst in den ummauerten Fluchtweg der Päpste zwischen dem Vatikan und der Engelsburg geleiten und in Sicherheit bringen konnten.

Ein Jurist an der Spitze der Schutztruppe

Die Schweizergarde ist heute 110 Mann stark. Auch in der Vergangenheit bestand sie nie aus mehr als 200 Mann. Kommandant ist Elmar Theodor Mäder, der die Schweizergarde seit seiner Berufung nach Rom von innen kannte und sich als Wahlrömer in der Ewigen Stadt völlig zu Hause fühlt. Der dunkelhaarige, gut aussehende Deutschschweizer, seit 1998 Vizekommandant der päpstlichen Schutztruppe, wurde im Oktober 2002 mit 39 Jahren vom Papst zum Obersten der Garde ernannt.

In seinem neuen Amt ist er Nachfolger von Pius Segmüller. Nach nur vierjähriger Amtszeit war Segmüller überraschend zurückgetreten und hatte eine Berufung als Polizeikommandant in Luzern angenommen.

Mäder wurde am 23. Juli 1963 geboren. Er ist mit der katholischen Schweizerin Theresia Blöchlinger verheiratet und hat drei Kinder. Nach dem Abitur besuchte er die Hochschule für Wirtschaft und Sozialwissenschaften in St. Gallen und studierte später an der Universität Fribourg Rechtswissenschaften. Nach seiner Promotion in den Rechtswissenschaften 1990 arbeitete er als Kanzler eines Gerichts und als Steuerberater in einem großen Unternehmen. Am 2. Juni 1998 wurde er gemeinsam mit Pius Segmüller an die Spitze der Schweizergarde berufen.

Auch Alois Estermann, des Papstes liebster »Bodyguard«, war wie Mäder vor seiner Ernennung zum Obersten der Schweizergarde Vizekommandant der päpstlichen Schutztruppe gewesen.

Gemeinsam mit seiner venezolanischen Ehefrau Gladys war Estermann am 4. Mai 1998 nur wenige Stunden nach seiner Ernennung ermordet worden. Die Mutter des mutmaßlichen Mörders Cedric Tournay, der nach vatikanischer Version in einem Raptus gehandelt und sich anschließend selbst erschossen hat, versucht verzweifelt, den Mordfall neu aufzurollen. Frau Muguette Baudat-Tournay wollte die Unschuld ihres Sohnes beweisen. Nach ihrer Ansicht wurden alle drei von einer vierten Person ermordet.

Der neue Kommandant Elmar Theodor Mäder hat sich für seine Aufgabe viel vorgenommen. Er will dafür sorgen, dass in der Truppe nach den Jahren des Schocks über den Mord an Estermann eine lange Periode der Ruhe einkehrt.

Gardisten mit Gardemaß

Wie viel Unkenntnis über die Schweizergarde herrscht, schilderte der Präsident des Päpstlichen Medienrats, der amerikanische Erzbischof John Foley, bei der Vorführung des bisher einzigen Films, der über die Schweizergarde von dem amerikanischen Regisseur Mario Biasetti gedreht wurde: Einmal habe ein aus den USA stammender Journalist bei ihm vorgesprochen, der unbedingt einen amerikanischen Angehörigen der Schweizergarde interviewen wollte. Als der Reporter hörte, es gebe dort nur Schweizer, deren Muttersprache Deutsch, Französisch oder Italienisch, keinesfalls aber Englisch sei, habe er empört ausgerufen: »Das ist eine Diskriminierung!«

Pro Jahr werden 30 bis 35 neue Gardisten vereidigt. Für eine Aufnahme in die Schutztruppe des Papstes gibt es strikte Kriterien: Die Bewerber müssen Schweizer Staatsbürger, ledig, katholisch und mindestens 1,74 Meter groß sein. Sie müssen sich für mindestens zwei Jahre Dienst verpflichten und bereits eine militärische Ausbildung in ihrer Heimat absolviert haben. Neben rund 70 Hellebardieren gibt es 4 Offiziere und 25 Unteroffiziere, die oft Jahrzehnte Dienst im Vatikan leisten. Dazu kommt der Gardekaplan, der im Offiziersrang steht. Major Peter Hasler, der unter anderem für die Ausrüstung der Schweizergardisten zuständig ist, erinnert sich im Gespräch mit der Verfasserin, dass er als junger Gardist beim Staatsbesuch von General de Gaulle im Jahre 1959 das letzte Mal im Dienst einen Brustpanzer getragen habe. Papst Paul VI. hatte 1970 das Tragen von Brustpanzern durch die Schweizergarde bei feierlichen Anlässen wie Staatsbesuchen neben anderen als nicht mehr zeitgemäß erachteten Traditionen im Vatikan abgeschafft.

In einem Schreiben an den französischen Kardinalstaatssekretär Jean Villot vom September 1970 begründete der Papst die Aufhebung aller militärischen Corps außer der Schweizergarde damit, dass die religiöse Mission des Papstes auch im äußeren Bild des Vatikans in Erscheinung treten sollte. Das traf damals die 1801 gegründete Nobelgarde ebenso wie die 1850 entstandene Palatin-Ehrengarde. Aus der päpstlichen Gendarmerie wurde die »Vigilanza«, der heute von Italienern versehene Polizeidienst im Vatikan. Die »Vigilanza« ist auch für die persönliche Sicherheit des Papstes während seiner In- und Auslandsreisen zuständig und kontrolliert an mehreren Wachposten innerhalb des Vatikans, wer dort ein und aus geht.

Gefärbte Straußenfedern auf dem Helm

Kaum ein Tourist ahnt, wie viel Arbeit dahintersteckt, damit sich die Soldaten der kleinsten, friedlichsten und wahrscheinlich auch traditionsreichsten Armee der Welt immer »tipptopp« in der Öffentlichkeit präsentieren. Da gibt es zahllose kleine Geheimnisse im Umgang mit den spätmittelalterlichen Kriegstrachten: So färben, wie Major Hasler verrät, die in Florenz gefärbten Straußenfedern auf den Gardistenhelmen bei Regen ab. Und ist die mit viel Liebe von Klausurschwestern in Rom hergestellte weiße Halskrause der Gardistenuniform erst einmal rot betropft, kann sie nicht mehr verwendet werden. Deswegen muss der dienstobere Offizier, wenn bei feierlichen Anlässen wie dem päpstlichen Segen »urbi et orbi« – für die Stadt und den Erdkreis – der weiße Helm mit einem roten Busch getragen werden soll, erst einmal nach einem besorgten Blick gen Himmel entscheiden: Regnet es oder regnet es nicht? Sieht es nach Regen aus, bleiben die Straußenfedern zu Hause. Der Helm kann dem Schweizergardisten während seines Dienstes ebenfalls einige Probleme bereiten. Ist er nicht gut angepasst, kann er schon nach zehn Minuten übel drücken. Dabei ist nicht das Gewicht das Problem, sondern der Sitz des Eisen- oder Aluminiumhelms.

Bei der perfekt maßgeschneiderten Uniform der Schweizergardisten gibt es eine Raffinesse, die nur ein perfekter Schneider zustande bringt: Die gelbblauen Streifen an den Ärmeln und an den Hosen sind nicht, wie es auf den ersten Blick scheint, in den

Stoff eingewebt, sondern fallen lose über das durchgehend rote Untergewand der Schweizergardisten, sodass ein Pludereffekt entsteht.

Auf den Leib geschneidert werden die Uniformen den Gardisten von einer im Schweizergardequartier untergebrachten eigenen Schneiderei. Diese hat alle Hände voll zu tun, wenn im Juni der »Uniformwechsel« von Winter auf Sommer und im Oktober der Wechsel von Sommer auf Winter stattfindet.

Der Stil der heutigen Uniformen geht auf die Zeit des Ersten Weltkriegs zurück und hat sich im Lauf der Zeit nach den Trends der zivilen Mode und nach militärischen Vorbildern geändert. Falsch ist übrigens die immer wieder erzählte Anekdote, die Uniform der Gardisten sei von dem italienischen Renaissancekünstler Michelangelo entworfen worden.

In der Rüstkammer der Schweizergarde, die dem Publikum nicht zugänglich ist, werden die historischen Schwerter wie auch die heute noch benutzten Schwerter und Hellebarden der Garde aufbewahrt. Ein Kuriosum stellen die mächtigen »Zweihänder« dar, die bei feierlichen Anlässen mitgeführt werden und nach der Gardeüberlieferung aus der legendären Burgunderbeute stammen sollen. Die Vatikansoldaten müssen schon aufpassen, damit sie nicht mit den mächtigen Schwertern an einer der zahlreichen Treppen innerhalb des Vatikans stolpern. Die im Wach- und Ehrendienst benutzten Hellebarden sind 2,50 Meter lang.

Wenn ein Gardist über die übliche Amtszeit von zwei Jahren hinaus dem Vatikan treu bleibt und erst nach fünfjähriger Amtszeit den Dienst quittiert, darf er seine Uniform zur Erinnerung mitnehmen. Doch das Schwert, die Gürtelschnalle mit den Initialen GSP – sie stehen für »Guardia Svizzera Pontificia« – und der Helm müssen in der Waffenkammer der Schweizergarde zurückgelassen werden. Zur Erinnerung können die Gardisten sich allerdings von einem geschickten Kunstschmied eine Kopie herstellen lassen.

Beliebtes Fotomotiv und Auskunftei

Die besondere Schutztruppe des Papstes gehört neben ihrem Dienstherrn und den berühmten Monumenten Roms zu den am meisten fotografierten Attraktionen der Ewigen Stadt. Ein Foto mit der Dienst habenden Wache am Vatikanischen Glockentor auf dem Petersplatz oder am Eingang zur Vatikanischen Audienzhalle ist absolutes Muss vor allem für die japanischen Touristen. Nach dem Fototermin muss der Schweizergardist dann auch gleich noch als Helfer in der Not dienen: Er weist den deutschsprachigen Touristen den Weg zum deutschen Friedhof hinter der Audienzhalle, dem »Campo Santo Teutonico«, wo berühmte Deutsche, die in Rom gelebt haben, begraben sind. Und hat der Gardist Dienst am Vatikanischen St.-Anna-Tor, muss er beinahe am laufenden Band Fragen beantworten, darunter die häufigste: »Wo geht es hier zu den Vatikanischen Museen?«

Wie es mit dem Privatleben eines Schweizergardisten aussieht? Süße römische Nächte gibt es nicht – und auch keine romantischen Wochenenden. Für die jungen Schweizer Hellebardiere besteht eine außerordentlich enge Bindung an Quartier und Dienst. Im Orientierungsblatt des Kommandanten der Schweizergarde heißt es: »Von einem Gardisten wird erwartet, dass er sich dienstlich und außerdienstlich entsprechend seiner ehren- und verantwortungsvollen Stellung in religiöser, moralischer und soldatischer Hinsicht um eine tadellose Haltung bemüht und dass er seine Freizeit nutzbringend für seine Zukunft verwendet.«

Doch auch Schweizergardisten kann einmal das Temperament durchgehen: Das passierte zum Beispiel im Juni 1995, als einige von ihnen von der Feier eines Siegs der Walliser Fußballmannschaft angeheitert heimkehrten und die nächtlichen Anlieger im vatikannahen Viertel Borgo Pio wegen nächtlicher Ruhestörung die italienische Polizei riefen …

Um Mitternacht, wenn sich das St.-Anna-Tor als letztes Portal zum Vatikan schließt, müssen die Gardisten nach einem freien Abend wieder in ihrer Kaserne sein. Das Quartier der Schweizer-

garde befindet sich neben dem St.-Anna-Tor an der südlichen Seite des Vatikans. Der Dienst eines Gardisten ist sehr anstrengend: Im Sommer verfolgt er mit sehnsüchtigen Blicken den Lauf der Sonne, bis der kühle Schatten endlich seinen Standort erreicht hat. Im Winter wünscht er sich, die Verglasung der Loggien in den oberen Stockwerken des Apostolischen Palastes möge ihn wirkungsvoller vor Kälte schützen. Die Füße schmerzen an Sommertagen beim stundenlangen Stehen auf dem glühenden Asphalt an den Toren – an Wintertagen auf dem eisigen Marmorboden des Apostolischen Palastes.
Und dennoch betrachten sich die Gardisten als Privilegierte: Welcher normale Sterbliche außer ihnen kann sich schon so lange wie sie in der Nähe des Papstes aufhalten?

Erster farbiger Gardist in Päpstlicher Schutztruppe
Bei Dienstantritt im Sommer 2002 war Dhani Bachmann 21 Jahre alt. Aufgewachsen in einem Waisenhaus im Norden Indiens, ist er der erste Farbige in der jüngeren Geschichte der 1506 von Papst Julius II. (1503–1513) als Schutztruppe der Päpste gegründeten Schweizergarde. Im Alter von fünf Jahren wurde Dhani von einer Schweizer Familie adoptiert und in die Schweiz mitgenommen. Heute fühlt sich das indische Waisenkind als echter Deutschschweizer und spricht waschechten Luzerner Dialekt. Der Papst dürfte sich ein bisschen gewundert haben über den interessanten »Zuwachs« auf den Gängen des Vatikans. Der gut aussehende »Neue« hat das Gardemaß von etwa 1,85 Meter, schwarzes, leicht welliges Haar und eine sportliche Figur, mit der er glatt als »Dressman« durchgehen könnte.
Im Gespräch mit der Verfasserin erklärte der frühere Gardekommandant Pius Segmüller, der zum 1. Oktober 2002 auf eigenen Wunsch die Garde verlassen hatte: »Ich möchte den Mann schützen, den ich seit Kurzem in die Schweizergarde aufgenommen habe. Wir wollen

keinen Star aus ihm machen und auch kein Fotomodell für Kameras aus aller Welt, nur weil er als erster Gardist dunkelhäutig ist. Er ist ein Gardist wie jeder andere auch.«
Natürlich stimmt das so nicht: Touristen, die von dem dunkelhäutigen Gardisten gehört haben, halten an den Toren des Vatikans nach Dhani Bachmann Ausschau, um sich mit ihm zu einem Erinnerungsfoto fürs Familienalbum aufzustellen.

7. Und wenn der Papst nicht mehr kann?

Mehrmals hat Papst Johannes Paul II. betont, er werde so lange in seinem Amt aushalten, wie es die göttliche Vorsehung wolle. Denn jeder bekomme vom lieben Gott genau so viel aufgeladen, wie er tragen könne.

Doch fragten sich im Laufe der letzten Jahre seines Pontifikats immer mehr Menschen, was wohl passiert, wenn der Papst das Gewicht seines schweren Amtes nicht mehr tragen kann? Seine Gesundheit war ja für jedermann sichtbar aufgrund des Alters und der Folgen des Attentats vom 13. Mai 1981 schon seit den frühen 90er-Jahren angeschlagen. Die Parkinson-Krankheit schlich sich in die Gesichtszüge ein; bald konnte der Papst nicht mehr gehen und war auf einen Rollstuhl angewiesen.

Was viele nicht für möglich hielten: Johannes Paul II. hatte das Heilige Jahr 2000 nicht nur erlebt, sondern auch mit Bravour durchgestanden. Dies hat ihm enormen seelischen Auftrieb gegeben. Der Präfekt der Römischen Glaubenskongregation, Kardinal Joseph Ratzinger kommentierte sogar: »Es ist, als sei der Papst mit dem Heiligen Jahr neu geboren worden.« Sicher ist, dass der Papst bei Erreichen seines 75. Lebensjahres mit seinen engsten Mitarbeitern einen Rücktritt erwogen hat. Doch diese rieten ihm unter Hinweis auf die universale Vaterschaft des Papstes davon ab.

Rücktritt ausgeschlossen

Ein Rücktritt Johannes Pauls II. sei ausgeschlossen, hieß es im Vatikan kategorisch im Januar 2003 nach erneuten Rücktrittsspekulationen. Und doch war dieser Papst immer für Überraschungen gut. Warum sollte er nicht ein Exempel für seine Nachfolger statuieren? Warum sollte sich ein Papst in einer Zeit, in der die Medien jede Geste des Nachlassens erbarmungslos verfolgen können, nicht zurückziehen, wenn er glaubt, die Zeit dazu sei gekommen? Vielleicht in die Abgeschiedenheit eines Klosters in seinen geliebten polnischen Bergen der Hohen Tatra, wie er vor Jahren einmal erwogen hat?

Anfang des Heiligen Jahres 2000 hatte der Vorsitzende der Deutschen Bischofskonferenz, Kardinal Karl Lehmann, eine öffentliche Diskussion über die Möglichkeit eines Rücktritts Johannes Pauls II. ausgelöst. In einem Interview mit dem Deutschlandfunk am 9. Januar 2000 erklärte Lehmann, er glaube, dass der Papst den Mut zum Rücktritt besitze, wenn er sich aus gesundheitlichen Gründen nicht mehr zur Leitung der Kirche in der Lage sehe. Mit dieser Aussage hatte Lehmann ein Tabu gebrochen. Der Vatikan betrachtete das Interview als inopportun, zumal der deutsche Bischof zusätzlich auch noch über einen möglichen Nachfolger spekulierte. Ein solcher könne wieder aus Italien oder aus Lateinamerika kommen, meinte er – und hat damit nicht Unrecht.

Doch die von Lehmann ausgelöste Rücktrittsdebatte hatte das brenzlige Thema sozusagen salonfähig gemacht. Der Vatikan reagierte zurückhaltend. Vatikansprecher Joaquin Navarro-Valls begnügte sich damit zu sagen: »Der Papst weiß, dass er bei der Ausführung seines Amtes ungeheuren Anstrengungen ausgesetzt ist, doch er weiß auch, dass er seine Mission als Oberhaupt der katholischen Kirche erfüllen kann.« Der Anästhesist des Papstes, Professor Corrado Manni, reagierte im Gespräch mit der Verfasserin kategorisch: »Ein Papst geht dann in Pension, wenn er stirbt. Für einen Mann seines Alters kann der Papst noch ungeheure Strapazen durchstehen.« Mit welcher Konsequenz der Papst buchstäblich bis zum letzten Tag durchhalten sollte, ahnte auch ein Kardinal Sodano nicht, der die Frage des Rücktritts noch einmal kurz vor dem Tod aufwarf – und »Prügel« bezog ...

Im Frühjahr 1994 hatte der Papst mit dem Chirurgen Gianfranco

Fineschi anlässlich der Einsetzung einer neuen Hüfte nach einem Oberschenkelhalsbruch gescherzt: »Professor, für Sie und mich gibt es nur eine Wahl: Sie müssen mich gesund machen, denn für einen pensionierten Papst gibt es keinen Platz.« Noch heute betrachten es Experten für Hüftoperationen als eine Schande, dass Johannes Paul II. nach der Einsetzung einer Prothese am rechten Oberschenkelhals so schlecht laufen konnte und so viele Schmerzen vor allem beim Treppensteigen erdulden musste. Als amerikanische Ärzte dem Papst nach dem Sturz unter der Dusche anboten, ihn zu operieren, lehnte dieser ab, weil er die Ärzte der römischen Gemelli-Klinik nicht beleidigen wollte.

Zeichen der Hoffnung für Leidende

Tatsache ist, dass der Zustand des Papstes stark wechselte. Ein Bischof, der zur Heiligsprechung der zwei Hirtenkinder Francisco und Jacinta am 13. Mai 2000 in den portugiesischen Marienwallfahrtsort Fatima gekommen war, berichtete gegenüber italienischen Pilgern, der Papst habe nur dann keine Schmerzen, wenn er sitze oder liege. Doch entgegen dem Anraten der Ärzte schonte Johannes Paul II. sich nicht und kam mit eisernem Willen seinen Verpflichtungen nach. Auf die Frage von Vatikanjournalisten im Papstflugzeug, ob er seinen Reiserhythmus – vier Auslandsreisen pro Jahr – mit der Zeit einschränken werde, antwortete der Papst scherzhaft: »Ausruhen kann ich mich im Himmel noch genug.« Was Johannes Paul II. beim Ertragen von Anstrengungen helfe, sei seine Gabe, sich nach nur wenigen Minuten Schlaf zwischen einer Verpflichtung und der nächsten wieder frisch zu fühlen, verriet der päpstliche Leibarzt Renato Buzzonetti im Gespräch mit Journalisten, die den Papst auf einer seiner Reisen begleiteten.

Vittorio Messori, der Koautor des Papst-Bestsellers »Die Schwelle der Hoffnung überschreiten«, fragte in einem Interview mit der Turiner Zeitung »La Stampa«: »Was ist besser für die Kirche? Ein

Wojtyla, der weiter sein Kreuz trägt und die Kirche führt? Oder der Verzicht auf das Papstamt zum Wohl der Kirche?« Aber auch die Papstwähler meldeten sich in der Rücktrittsdebatte zu Wort. Der Erzbischof von Köln, Kardinal Joachim Meisner, hob in einer offiziellen Stellungnahme hervor: »Der Papst ist nicht der Manager eines multinationalen Großunternehmens, sondern ein von Christus eingesetzter Hirte seiner Kirche.« Meisner weiter: »Für dieses Amt ist Weisheit erforderlich. Diese nimmt mit dem Alter bekanntlich zu und nicht ab.« Zwar passe ein Papst, der alt und krank ist, nicht in die Optik einer Kultur, in der Alter und Krankheit nicht vorgesehen seien; doch, so meinte der Kardinal weiter, sei der Papst gerade für die Leidenden und Kranken ein Zeichen der Hoffnung, weil Kreuz und Leid zum Zentrum des christlichen Lebens gehörten. Meisner: »Für Kirche und Welt sind die Glaubens- und Lebenserfahrungen dieses Papstes sowie sein prophetisches Charisma unverzichtbar.«

Meisner sollte Recht behalten. Die letzten Wochen des todkranken Papstes wurden zu einem einzigen prophetischen Zeichen, zu einer stummen Predigt in die Herzen von Millionen. Der Papst trat nicht zurück. Er trat als der Leidende nach vorne. Eine seiner letzten Botschaften an die Welt lautete: »Ich biete euch meine Leiden, damit das Projekt Gottes verwirklicht werden kann und damit sein Wort einen Weg zu den Menschen finden kann.« Niemand, der sie gesehen hat, wird die Bilder aus den letzten Lebenstagen vergessen, als der sterbenskranke, stumme Papst sich mit geradezu übermenschlicher letzter Kraft am Fenster zeigte und sich Worte abrang, die niemand mehr hörte, aber jeder verstand. »Wir aber verkünden Christus als den Gekreuzigten«, hatte Paulus gesagt. Die Osterwoche des Jahres 2005 wird dank der oft gescholtenen Medien in die Geschichte der Kirche eingehen als die stärkste Osterpredigt, die wohl je in der Geschichte des Christentums ein Papst gehalten hat. Denn auch dies gehörte zu dieser erschütternden Woche, dass der Papst zuletzt noch im Sterben ein paar Worte auf einen Zettel kritzelte: »Ich bin froh. Seid Ihr es auch.«

7.1 Kann ein Papst zurücktreten?

Was sagt das Kirchenrecht?

Wie verhält es sich generell? Ein Papst kann nicht abgesetzt werden wie ein beliebiger Firmenchef, wenn es dem Vorstandsvorsitzenden so passt. Er bleibt normalerweise bis zu seinem Tode im Amt. Wenn der Papst aus freiem Willen für das Wohl der Kirche zurücktreten will, dann kann er diese Entscheidung völlig allein treffen. Es gibt keine übergeordnete Stelle, die einen Rücktritt annehmen oder zurückweisen könnte. Im Kirchenrecht Kanon 332, Paragraph 2 heißt es lediglich: »Falls der Papst auf sein Amt verzichten sollte, ist zur Gültigkeit verlangt, dass der Verzicht frei geschieht und hinreichend kundgemacht wird, nicht jedoch, dass er von irgendwem angenommen wird.« Das heißt, dass das Kardinalskollegium die Verzichterklärung in diesem Fall zur Kenntnis nimmt. Nach einer rechtsgültig veröffentlichten Resignationserklärung tritt »sede vacante« ein, und es kann ein Konklave zur Wahl des neuen Papstes einberufen werden.

Papst Pius XII.: Rücktritt im Fall einer Entführung durch Hitler

Papst Pius XII. soll seinen Rücktritt für den Fall einer schweren Krankheit nicht ausgeschlossen haben, wie einer seiner engsten Mitarbeiter, Kardinal Domenico Tardini, nach dem Tod des Papstes verriet. Auch für den Fall, dass er von den Nazis aus dem Vatikan ins Ausland verschleppt werden sollte, hatte Pius XII. seinen Verzicht auf den Papstthron geplant.

Dass ein solcher Plan Hitlers tatsächlich bestand, geht aus einem der Verfasserin vorliegenden Briefwechsel zwischen dem im Februar 1997 verstorbenen amerikanischen Historiker Pater Robert Graham SJ und dem ehemaligen deutschen Botschafter in Rom, Dr. Rudolf Rahn, mit Datum vom 10. November 1972 hervor. Rahn bestätigte in diesem Schreiben, von einem entsprechenden

Gespräch zwischen Hitler und dem damaligen Oberbefehlshaber in Italien, General Karl Wolff, gewusst zu haben. Wörtlich schrieb Rahn: »Es ist zutreffend, dass mich General Wolff kurz nach meinem Eintreffen in Rom im September 1943 von seiner Unterhaltung mit Hitler über den Plan einer Entführung des Papstes unterrichtete. Wir waren uns einig darüber, dass die Durchführung des Plans verhängnisvolle Folgen haben würde und unter allen Umständen verhindert werden müsse. Ich beschloss daher, die erste sich bietende Gelegenheit zu benützen, um mit Hitler darüber zu sprechen, und meldete mich zur Berichterstattung über die politische Lage im Hauptquartier an. Als ich eintraf, wurde ich überrascht durch die Anwesenheit eines großen Kreises führender Persönlichkeiten in Hitlers Büro, die meinen Bericht ebenfalls anhören sollten. Wenn ich mich recht erinnere, waren es außer Hitler der Außenminister von Ribbentrop, ferner Himmler, Bormann, Hewel, Keitel, Jodl, wahrscheinlich auch noch Speer … Man hatte normalerweise nicht die Möglichkeit, mit Hitler zwei Stunden lang zu sprechen … Da mein Hauptanliegen darin bestanden hatte, den Plan einer Besetzung des Vatikans zu Fall zu bringen und Bormanns Einfluss auf diese Frage auszuschalten, bat ich Hitler am Schluss meines Vortrages, Hewel mit der Abfassung einer Aufzeichnung zu beauftragen, in der das Ergebnis unserer Besprechung festgehalten und die Behandlung unseres Verhältnisses zum Vatikan und zur Person des Papstes fixiert werden sollte … Hitler stimmte meinem Vorschlag zu … Wir benützten die günstige Gelegenheit, um in diese für mich selbst bestimmte Aufzeichnung aufzunehmen, es sei der Wunsch des Führers, dass nichts gegen die Person des Papstes, die Integrität seiner Umgebung und die Unverletzlichkeit der Einrichtungen des Vatikans unternommen werden dürfe …

Auch später tauchten immer wieder – und meines Wissens stets im Zusammenhang mit Bormann – Gerüchte auf über den Plan einer Besetzung des Vatikans. Wir haben sie aber nicht mehr ernst genommen.«

Papst Paul VI. dachte über Resignation nach

Papst Johannes XXIII. hätte vielleicht abgedankt, wenn die Amtsausübung für ihn aufgrund gesundheitlicher Probleme unmöglich geworden wäre. Der Sekretär von Johannes XXIII., Erzbischof Loris Capovilla, erinnerte sich im Gespräch mit der Verfasserin, dass »Papa Giovanni« mit seinem Beichtvater, Monsignore Alfredo Cavagna, einem sehr klugen Mailänder Theologen, sowie auch mit seinem Kardinalstaatssekretär dell'Acqua das Thema eines eventuellen Rücktritts erörtert hatte. Ihm gegenüber habe er davon allerdings nie etwas verlauten lassen und bezüglich eines Rücktritts keinerlei schriftliche Notizen hinterlassen.

Capovilla: »Für jeden Papst ist die Frage einer Behinderung der Amtsausübung aufgrund der Gesundheit oder aus anderen Gründen eine Gewissensfrage, die dieser mit seinem geistlichen Ratgeber behandeln muss.« Capovilla verwies in diesem Zusammenhang auf Pius VI. und Pius VII., die von Napoleon in der Amtsausübung behindert worden seien. Beide von Napoleon gedemütigten Päpste waren allerdings trotz Vertreibung nicht zurückgetreten.

In den Jahren vor seinem Tod im August 1978 im Alter von 81 Jahren hätte sich der schwer kranke Papst Paul VI. (1963–1978) einen Amtsverzicht durchaus vorstellen können. Als Ärzte und Mitarbeiter Paul VI. im Jahr 1976 von der Reise nach Philadelphia/USA abrieten, soll dieser den Abt der Benediktinerabtei Montecassino, Matronola, in einem vertraulichen Gespräch gefragt haben, ob er ihn eventuell bei einem Rücktritt in dem berühmten Kloster südlich von Rom unterbringen würde.

Zehn Jahre nach dem Tod Pauls VI. hatte der Beichtvater des Papstes, Jesuitenpater Paolo Dezza, enthüllt: »Mit dem fortschreitenden Alter und dem Abnehmen seiner Kräfte dachte Paul VI. mehrfach an die Möglichkeit des Rücktritts. Ihn beunruhigte der Gedanke an eine Krankheit, die ihn arbeitsunfähig machen könnte, und an den daraus erwachsenden Schaden für die Kirche.« Doch Paul VI. blieb dann doch unter anderem aus der Überzeugung he-

raus, die universale Vaterschaft eines Papstes könne nicht aufgekündigt werden, im Amt.
Die Frage des Rücktritts hatte sich für den Montini-Papst mit dem Nahen seines 80. Geburtstags auch deshalb gestellt, weil er es gewesen war, der das Alter von 75 Jahren für den Rücktritt der Diözesanbischöfe eingeführt und die über 80-jährigen Kardinäle aus dem Konklave ausgeschlossen hatte. Der Papst, der von den Kardinälen der Kirche durch Inspiration des Heiligen Geistes gewählt wird, muss sich nur vor Gott verantworten.
Das Problem einer geistigen Umnachtung könnte es als notwendig erscheinen lassen, dass ein Papst die Gründe für einen möglichen Rücktritt schriftlich festlegt, solange er noch völlig Herr seiner Sinne ist. Historiker erinnern daran, dass Papst Urban VI. (1378 bis 1389), der nach seiner Wahl in geistige Umnachtung fiel, die Kirche ins Große Abendländische Schisma (1378–1417) geführt hat. Die Kirchenspaltung konnte erst mit dem Konstanzer Konzil (1414–1418) beendet werden, bei dem zwei der drei Anwärter auf den Papstthron abgesetzt und einer zum Rücktritt gezwungen wurde.
In der Geschichte der Päpste hat es aber außer Cölestin, dem Eremiten, nachweisbar nur drei Päpste gegeben, die zurückgetreten sind: Zum Exil verdammt und damit zum Amtsverzicht gezwungen wurden die Märtyrer Clemens I. im Jahr 97 – er wurde an die Ufer des Schwarzen Meeres verbannt – und Pontianus im Jahre 235, der in den Minen von Sardinien Zwangsarbeit leisten musste. Benedikt IX. dankte im Jahre 1045 ab.

7.2 Cölestin V. stellte die Rücktrittsnorm auf

Cölestin V., der »himmlische Papst«, ist der bekannteste Fall eines aus freiem Willen zurückgetretenen Papstes.
Er verzichtete aus Einsicht in seine eigene Unzulänglichkeit und nicht aus kirchenpolitischen Gründen nach nur fünf Monaten

Pontifikat auf sein Amt, um wieder als Eremit leben zu können. Seine unglückliche und tragische Amtszeit dauerte von 5. Juli 1294 bis 13. Dezember desselben Jahres.
Dass der Einsiedler, der eigentlich Pietro da Morrone hieß, dem Papsttum entsagte, um in Sulmona in der Gebirgskette der Abruzzen ein frommes Leben zu führen, verärgerte Italiens größten Dichter, Dante Alighieri (1265–1321) so, dass er ihn in seinem Hauptwerk, der »Göttlichen Komödie«, in die Hölle schickte – und zwar weil er »aus Feigheit sein Amt verweigert hat«.
Cölestin wurde am 5. Juli 1294 in Perugia zum Nachfolger des am 4. April 1292 verstorbenen Nikolaus IV. gewählt. Zum Zeitpunkt der Wahl waren zwei Jahre und drei Monate seit dem Tod von Papst Nikolaus IV. verstrichen. Die Kardinäle im Konklave waren wegen kirchenpolitischer und nationaler Differenzen zerstritten und verschreckt durch die Pest in Mittelitalien sowie durch Unruhen in Rom.
Cölestin, eine charismatische Persönlichkeit von hoher Spiritualität, nahm die Wahl an. Er hoffte, die korrupte und von politischen Interessen zerrissene Kirche reformieren zu können. Doch er war unfähig, sich den politischen Intrigen zu widersetzen, und seine nur einfache Bildung genügte zur Ausübung seines hohen Amtes nicht.
Sein Nachfolger, der ehrgeizige Kardinal Benedetto Caetani, soll Cölestin selbst mittels eines Sprachrohrs, das in seine karge Zelle ragte, die vermeintlich durch himmlische Eingebung zustande gekommene Abdankungsformel vorgesagt haben. »Ich, Papst Cölestin, von legitimen Gründen bewegt, aus Demut und aus der Sehnsucht heraus nach einem besseren Leben, aus Gewissensgründen wie auch aus mangelndem Wissen über die Lehre der Kirche, verlasse aus freiem Willen und spontan das Pontifikat und verzichte ausdrücklich auf den Sitz, die Würde, das Gewicht und die Ehre, die dieses mit sich bringt.«
So trat Cölestin von der Bühne ab und enttäuschte damit alle Anhänger religiöser Erneuerungsbewegungen, die auf eine Reform in

der Kirche von unten gehofft hatten. Der abgedankte Papst wurde zu einer sehr populären Gestalt in seinen Bergen. Er kümmerte sich um die Anliegen der Armen, gründete den Orden der Cölestiner und wurde sogar heilig gesprochen. Seinem Nachfolger Bonifatius VIII. gelang es, den Mönch, dem er die Idee des Jubiläumsablasses aus Buße und nicht für Geld gestohlen hatte, in der Kirchengeschichte als einfältigen Menschen fortleben zu lassen. Er fürchtete, dass sich die reformatorischen Bewegungen gegen ihn unter Führung des abgedankten Papstes zusammenschließen und ihn absetzen könnten. Also ließ er ihn verhaften und setzte ihn in Monte Fumone unter Arrest, wo Cölestin am 19. Mai 1296 allein und unter großen Leiden starb.

Der »Fall Cölestin« hat Kirchenrechtler und Historiker jahrhundertelang wegen der Verzichtsfrage beschäftigt. Doch das Kirchenrecht hat noch heute keine andere Klausel festgelegt als die von Cölestin angewandte, nämlich dass der Papst aus freier Entscheidung auf sein Amt verzichten kann. Er verzichtete nicht aus Feigheit, sondern aufgrund einer Fülle ungünstiger Umstände auf sein Amt.

Nach der Abdankung Cölestins mussten die Kardinäle also bereits im Dezember 1294 erneut zu einer Wahl zusammentreffen. Diesmal einigten sie sich innerhalb eines Tages. Schon am Heiligen Abend stand die Zweidrittelmehrheit für Benedetto Caetani, Bonifatius VIII. (1294–1303) fest. Wahrscheinlich hat dieser sich mit hohen Geldsummen für die Wahl bei den Kardinälen erkenntlich gezeigt. Doch er bekam seine Strafe: Er geriet in Gegensatz zu den Interessen Frankreichs und erlebte die Unterwerfung des Papsttums unter die Machtinteressen des französischen Königs. Als er am 7. Juli 1304 starb, war die römische Kurie von unzähligen Übelständen heimgesucht.

8. Auch Päpste sind Menschen

8.1 Liebenswerte Geschichten und Anekdoten rund um das schwerste Amt der Welt

Auch Päpste sind Menschen mit kleinen und großen Schwächen. Jahrhundertelang waren diese aufgrund der enormen Distanz des Papstes vom Volk mit dichtem Schweigen umhüllt. Heute dagegen trägt jede wahre Geschichte und jede Anekdote, die beweist, dass ein Papst eben auch nur ein Mensch ist, zu seiner Popularität bei. In der Person Johannes' XXIII. erschien erstmals in der Geschichte ein »Papst zum Anfassen« auf der Bildfläche. Sein Nachfolger, der Intellektuelle Papst Paul VI., war wie Papst Pius XII. sehr zurückhaltend und stellte die Entfernung zum Volk wieder her. Niemals wäre es in der Zeit des »Fine Regno« – der Endzeit des Pontifikats – von Papst Paul VI. möglich gewesen, so offen über seine schwere Krankheit zu sprechen, wie das im Alter von Papst Johannes Paul II. über dessen Leiden geschah.

Es war früher auch undenkbar, dass ein Papst, wenn er krank war, in eine Klinik gebracht wurde. Musste er sich einer Operation unterziehen, wurde im Vatikan unter Hinzuziehung von Chirurgen von außen ein Operationssaal hergerichtet. Nach dem plötzlichen Tod von Papst Johannes Paul I. ließ Kardinalstaatssekretär Agostino Casaroli jedoch in weiser Voraussicht in der römischen Gemelli-Klinik ein Appartement einrichten, in dem ein Papst behandelt und nach einer Operation auf Station behalten werden konnte. So war für den Krankenhausaufenthalt eines Papstes glücklicherweise alles bereit, als Johannes Paul II. nach dem Attentat auf dem Petersplatz am 13. Mai 1981 unter Lebensgefahr in wilder Fahrt aus dem Vatikan in die Gemelli-Klinik gebracht wurde.

Johannes Paul II. nahm die Dienste der Gemelli-Klinik erst in den letzten Tagen nicht mehr an. Er wollte zu Hause sterben – auch das ein Zeichen für die vielen Leidenden und Alten auf der Welt, die konkret vor der Frage stehen, ob man die letzten Stunden des Lebens zwischen den kühlen Apparaten der modernen Medizin mit ihren ungeheuren Möglichkeiten der Lebensverlängerung verbringen muss – oder ob man nicht das Recht habe zu Hause, in Würde und im Kreis vertrauter Menschen zu sterben. Der Papst hat es allen vorgemacht. Er hat sich von seinen Lieben verabschiedet, er hat sich aus der Bibel vorlesen lassen; er hat sich von den Gebeten seiner Freunde und Vertrauten hinüber zum Herrn tragen lassen.

Ein Kuss vom Papst ...

Viele Päpste hatten Sinn für Humor und für merkwürdige Situationen oder brachten gerade mit einer gewissen Selbstironie die anderen zum Lachen, allen voran Johannes Paul II. Aber auch von Papst Johannes XXIII. sind zahlreiche Anekdoten überliefert, die davon zeugen, dass er sich selbst nicht so ernst nahm. Humorvoll sagte der Sohn bergamaskischer Bauern: »Papst kann jeder werden. Der beste Beweis dafür bin ich.« Morgens und abends soll er sich selbst ermahnt haben: »Giovanni, nimm dich nicht so wichtig.«

Bei seiner Seligsprechung am 3. September 2000 wurde an eine unvergessene Geste gegenüber den römischen Kindern erinnert: Am Tag der Konzilseröffnung, dem 11. Oktober 1962, erschien Papst Johannes XXIII. gegen Abend am Fenster seines Privatappartements. Sein Sekretär und der Kardinalstaatssekretär hatten ihn dringend gebeten, sich der dicht gedrängt auf dem Petersplatz stehenden Menge zu zeigen. Papa Giovanni dankte den Menschen, dass sie an diesem denkwürdigen Tag zum Vatikan gekommen waren, und bat sie, für einen guten Ausgang des Zweiten Vatikanischen Konzils zu beten. Dann rief er: »Seht den wunderbaren

Mond an, und geht jetzt heim zu euren Kindern und gebt ihnen einen Kuss und eine Liebkosung von mir.« Diese Kinder sind heute längst Erwachsene geworden – aber den Kuss des Papstes haben sie nicht vergessen.

Von Papst Pius XII., dem einzigen Römer auf dem Papststuhl im 20. Jahrhundert, ist nur eine kleine Schwäche bekannt: Er hielt sich mehrere Kanarienvögel in einem goldenen Käfig, an denen er große Freude hatte. So zurückhaltend er war, war er doch immer sehr freundlich mit den Angestellten im Vatikan. Die Schweizergardisten begrüßte er nach Aussage seiner aus Bayern stammenden Haushälterin Mutter Pascalina Lehnert mit »Grüezi«. Zu den Deutschen, die er empfing, sagte er wie Johannes Paul II. immer »Grüß Gott« und niemals »Guten Tag«.

Pius XII. liebte auch die deutsche Küche und ließ sich nur selten italienische Gerichte auftischen. Wegen einer Magenkrankheit konnte Pius XII. allerdings nur sehr wenig essen. Mit Mutter Pascalina sprach Pius XII. immer deutsch, um in Übung zu bleiben. Nur einmal nicht, nämlich kurz vor seinem Tode – da sagte er auf Italienisch: »Mi sento cosi male.« (»Ich fühle mich so schlecht.«)

Wie Papst Pius XII. hatte auch Papst Pius IX. (1846–1878) eine Schwäche für ein Tier, nämlich für ein weißes Maultier, auf dessen Rücken er in den Vatikanischen Gärten spazieren ritt.

Papst Johannes Paul II. dagegen verwandelte den Park in der päpstlichen Sommervilla Castel Gandolfo in einen Tierpark, weil ihm immer wieder Vierbeiner wie Gazellen und Esel geschenkt wurden. Wenn ihm während seiner Auslandsreisen Tiere angeboten wurden, wie der legendäre Koalabär in Australien, den der Papst auf den Arm nehmen musste, versuchten seine engsten Mitarbeiter immer unter Aufbietung ihres ganzen diplomatischen Geschicks, das lebendige Geschenk vor Ort zu lassen und nicht mit nach Rom nehmen zu müssen, ohne dass der Geber deswegen beleidigt war.

Milch aus Castel Gandolfo

Johannes Paul II. hatte aber nach Aussage von Elsbieta Turowicz, Tochter des polnischen Journalisten und inzwischen verstorbenen Papstfreundes Jerzy Turowicz, keine besondere Vorliebe für Haustiere, die nur zu sekundären Zwecken gehalten werden. In seinem Heimatort, dem kleinen polnischen Dorf Wadowice bei Krakau, hatte er ein bäuerliches Verhältnis zu Tieren entwickelt – und Tiere müssen auf dem Land einen Nutzen haben.

Im ersten Jahrzehnt seines Pontifikats lud Johannes Paul II. sich immer polnische Freunde in die päpstliche Sommervilla Castel Gandolfo ein. Diese rückten oft auch mit mehreren Kindern im Schlepptau an, die am päpstlichen Bauernhof in der Sommervilla ihren Spaß hatten – es gibt dort etwa zwanzig Milchkühe, deren ausgezeichnete Milch wegen ihrer Herkunft reißenden Absatz findet.

Als der Papst einmal ganz am Anfang seines Pontifikats mit seinen Gästen im Park der Sommervilla saß, passierte eine Episode, die den dortigen Bediensteten die Haare zu Berge stehen ließ: Eines der Kinder lief zum Tisch, nahm das Limonadenglas, das vor dem Papst stand, und trank es durstig aus …

Papst Paul VI. hat das Gesicht der Ewigen Stadt verändert. Er gab seine Erlaubnis dazu, in Rom eine riesige Moschee bauen zu lassen, da in der italienischen Hauptstadt viele Muslime vor allem aus Afrika und aus arabischen Ländern leben, angefangen von den am Heiligen Stuhl, bei der italienischen Regierung und an der Weltorganisation für Ernährung und Landwirtschaft (FAO) akkreditierten Diplomaten. Der Bau der Moschee widersprach nach Angaben des italienischen Architekten Paolo Portoghesi dem Konkordat zwischen Italien und dem Heiligen Stuhl, das Rom als »Heilige Stadt« auszeichnete. In der Tat wurde später die Bezeichnung »Heilige« abgeschafft, und es blieb nur der Beiname »Ewige Stadt« für Rom übrig.

Ein kurioses Geschenk dachte sich Papst Paul VI. für die Astronauten aus, die zum ersten Mal ihren Fuß auf den Mond gesetzt hatten. Er schenkte ihnen eine Statue der »Heiligen Drei Könige«, so als ob diese die neuen Weisen aus dem Morgenland seien, die Gott im Weltraum gesucht hätten, berichtete der frühere Privatsekretär des Papstes, Erzbischof Pasquale Macchi.

8.2 Die Schuhe der Päpste

»Ach bitte vergessen Sie nicht die rutschfeste Gummiauflage auf der Ledersohle«, erinnerte der päpstliche Privatsekretär Stanislaus Dziwisz in einem Schreiben vom 2. Dezember 1995 den »päpstlichen Schuster«. Denn seit seinem Oberschenkelhalsbruch am 28. April 1994 fürchtete der einst so sportliche Papst sich davor auszurutschen und zu stürzen. Doch keine Sorge: An Weihnachten war es immer wieder soweit: Gianfranco Pittarel, Experte in Orthopädie, schenkte dem Papst ein weiteres Paar seiner maßgeschneiderten Kunstwerke. Über ein Dutzend wurden es im Laufe der Jahre!

Seit dem Jahre 1981 stammten die Schuhe des Papstes aus der Werkstatt Pittarel in Cottolengo. Die 15 Angestellten des päpstlichen Schusters stellten aber nicht nur die eleganten Mokassins her, die beim Papst oft unter der Soutane vorblitzten, sondern auch die Fußbekleidung für bekannte Basketballspieler und für die berühmte Fußballmannschaft Inter Mailand, aber auch für Ski-Asse. Der Meister, bei dem Gianfranco Pittarel gelernt hatte, war kein päpstlicher, aber dafür ein königlicher Schuster: Er hieß Virginio Cappa und stellte die Schuhe für die Mitglieder der italienischen Königsfamilie Savoyen her. Von ihm hatte der päpstliche Schuster schon als Lehrling alle Geheimnisse »geerbt«.

Maßschuhe nach Augenschein

Eine der größten Gaben des Schusters ist es, nur durch die Einschätzung der Eigenheiten des Trägers seiner Schuhe das richtige

Paar anfertigen zu können. Denn im Gespräch mit der Verfasserin gestand der Schuster, dass er die päpstlichen Füße, für die er auch in der Vergangenheit Schuhe hergestellt hat, noch nie aus der Nähe gesehen habe. Pittarel: »Mir ist nur gesagt worden, dass der Papst die oder jene Schuhgröße trägt, den Rest habe ich dann sozusagen mit geschlossenen Augen erraten müssen.« So habe Johannes Paul II. Schuhgröße 44. Der Papst habe robuste Füße gehabt, wie jemand, der lange Sport getrieben hat, erzählte der Schuster. Der Papst habe aber auch einen leichten Hohlfuß und Schwielen an den Füßen gehabt, die in Betracht gezogen werden mussten. Daher wurden für die päpstlichen Füße Schuhe mit orthopädischen Einlagen hergestellt. Die Farben der Fußbekleidung Seiner Heiligkeit reichten von Bordeauxrot – seiner Lieblingsfarbe für Schuhe – und Hellrot hin bis zu Schwarz und »Mohrenkopfbraun«.

Johannes Paul II. war bereits der dritte Papst, der Schuhe aus der Werkstatt Pittarel zum Geschenk erhielt: »Johannes XXIII. hatte Schuhgröße 41. Er hatte überkreuzte Zehen, und wegen seines Gewichts bereitete ihm das Gehen Mühe«, erinnert sich Pittarel gegenüber der Verfasserin. Der Vatikan habe bei ihm für »Papa Roncalli« zwei Paar Schuhe bestellt. Dabei habe es sich um eine Art Pantoffeln in den Farben Bordeaux und Braun gehandelt, in die man leicht hineinschlüpfen konnte.

Auch der Nachfolger Johannes' XXIII., Papst Paul VI., gab einige Paar Schuhe bei Pittarel in Auftrag. Er litt unter Arthrose und trug Schuhgröße 42. Einmal bestellte er anlässlich seiner Indienreise sogar ein Paar Schuhe aus weißer Atlasseide, die von Ordensfrauen aus Cottolengo bestickt wurden. Paul VI. habe Schuhe in Schwarz und Kardinalsrot bevorzugt, verrät der Schuh- und Fußexperte weiter.

Seine orthopädische Werkstatt arbeitet aber nicht vorrangig für prominente Kunden, sondern auch für Behinderte, die keine normalen Schuhe tragen können, zum Beispiel für Spastiker, in deren Schuhe besondere Federn eingebaut werden müssen, die das Gehen erleichtern. »Am meisten Freude habe ich an den spastischen

Kindern, denen ich helfen kann«, verrät der Schuster. »Sie kommen auf dem Arm ihrer Eltern an und gehen aus der Werkstatt auf ihren eigenen Füßen hinaus. Eine große Genugtuung!«

8.3 Die Päpste und der Sport

Formel-1-Sieger Michael Schumacher und Fahrrad-Renn-Ass Marco Pantani oder Ex-Tennis-Ass Boris Becker gehörten zu den zahlreichen Sportlern aus aller Welt, die sich bei Papst-Audienzen im Vatikan den päpstlichen Segen als Ermutigung für den Sieg geholt haben und Johannes Paul II. auch persönlich vorgestellt wurden. Der Papst dürfte bei diesen Gelegenheiten wehmütig an die Zeiten zurückgedacht haben, als er selbst noch mit festem Schritt auftrat und wegen seines sportlichen und auch männlichen Auftretens in der Öffentlichkeit der »Athlet Gottes« genannt wurde.

Dass der verstorbene Papst sportliche Betätigung für wichtig hielt, hat er im Verlauf seines Pontifikats oftmals bewiesen. Als einziger Papst des vorigen Jahrhunderts ist er nach seiner Wahl im Alter von 58 Jahren aktiver Sportler geblieben, ob es sich um Bergsteigen, Schwimmen oder Skifahren handelte. Alle seine Vorgänger waren jedoch wie er von der friedensfördernden Wirkung und der völkerverbindenden Bedeutung des Sports überzeugt. Allerdings war Papst Johannes Paul II. der Erste, der auch Gewalt in den Stadien anprangern musste und immer wieder auf die Gefahren des Sports wie dessen Kommerzialisierung und die Vermarktung der Sportler selbst hingewiesen hat. Millionenschwere Ablösesummen für Fußballer, die in eine andere Mannschaft wechseln, kritisierte er scharf. Nach Überzeugung von Johannes Paul II. haben die Spitzensportler in der Welt die Aufgabe, der von Sportidolen stark beeinflussten Jugend von heute ein Vorbild zu sein. Sport war für ihn eine Möglichkeit zu Dialog, Brüderlichkeit und Solidarität, aber auch zu Kameradschaftlichkeit und Mut.

Johannes Paul II. schwamm und wanderte

Welchen Sport der Papst bis ins hohe Alter noch aktiv betrieben hat? Er schwamm im Schwimmbad der päpstlichen Sommervilla Castel Gandolfo, und er wanderte während des Sommerurlaubs im Aosta-Tal oder in den Dolomiten ein wenig in den Bergen. Die Zeiten, in denen der Papst nach sieben- oder achtstündiger Wanderung die Bergstiefel auszog und sich über eine – so Vatikansprecher Joaquin Navarro-Valls – »herrliche Müdigkeit« freute, waren aber seit seinem Oberschenkelhalsbruch im April 1994 vorbei.

Noch im Alter von 73 Jahren verfügte der Papst über gute körperliche Konstitution, erinnerte sich Navarro-Valls. Diese stellte er im Urlaub unter Beweis, wenn er seine Begleiter beim Wandern regelmäßig in Atemnot brachte. Der Vatikansprecher im Gespräch mit der Verfasserin: »Der Papst ging meist allein mit dem Wanderstab in der Hand voran, und wir versuchten, ihm klaglos zu folgen und nicht an unsere wunden Füße zu denken.« Durch Regen und schlechte Witterung ließ sich Johannes Paul II. nie von seinen Ausflügen abbringen.

Als Junge und später als Kaplan in Krakau hatte er in der Hohen Tatra ausgedehnte Wanderungen unternommen. Er liebte es, mittags eine Brotzeit zu verzehren und sich unter einem schattigen Baum auf seinen Anorak gebettet eine Ruhepause zu gönnen.

Während der heißen Sommertage in Castel Gandolfo stand bei Johannes Paul II. regelmäßiges Schwimmen auf dem Programm. Im Park der Villa befindet sich das überdachte Schwimmbad, das dem Papst zu Beginn seines Pontifikats von amerikanischen Katholiken geschenkt wurde. Zweimal am Tag soll Johannes Paul II. dort während seines Aufenthalts am Sommersitz gemächlich seine Runden gedreht haben, das erste Mal schon nach der morgendlichen Frühmesse.

Was das Skifahren betrifft, so wurde der Papst während seiner seltenen überraschenden Skiausflüge – der erste führte ihn auf den Adamello, ein Bergmassiv nördlich des Gardasees – eher als

»leidenschaftlicher Dilettant« im Abfahrtslauf eingestuft. In seiner Jugend hatte er Skilanglauf ausgeübt.

Als Junge fuhr der verstorbene Papst auch leidenschaftlich gerne Rad und spielte Hand- und Fußball; er war Torwart seiner Mannschaft im Gymnasium. Außerdem liebte er Fahrten im Paddelboot im Seengebiet der Masuren oder auf dem Fluss Drawa. Und im Tischtennis sei er geradezu ein Meister gewesen, erinnern sich seine Schulkameraden.

Andere Päpste des vorigen Jahrhunderts hatten eine eher passive Vorliebe für den Sport. Der asketische Römer, Papst Pius XII., beschränkte sich darauf, zu sagen: »In einem gesunden Körper wohnt auch ein gesunder Geist.« Sein Nachfolger Papst Johannes XXIII. liebte aufgrund seines Leibesumfangs eine gemächliche Gangart beim Spazierengehen, erinnert sich sein Sekretär Erzbischof Loris Capovilla. Capovilla verwies im Gespräch mit der Verfasserin auf die bäuerliche Herkunft des Papstes: »In den armen Bauernfamilien aus den Kindheitstagen von Angelo Roncalli war der Sport als Freizeitbetätigung unbekannt.« Die körperliche Betätigung bestand aus Feldarbeit, und nicht einmal ein Fahrrad habe es zur Zeit der Kindheit des Papstes in seinem Geburtsort Sotto il Monte bei Mailand gegeben.

Johannes XXIII. liebte es aber, an der frischen Luft zu sein. Während seiner Spaziergänge in den Vatikanischen Gärten unterhielt er sich gerne mit den Gärtnern und fragte sie nach dem Gedeihen der Bäume und Pflanzen, erinnert sich Capovilla. Die Liebe zu den Bergen und das Hochgefühl beim Anblick der Gipfel war jedoch allen Päpsten des 20. Jahrhunderts gemeinsam.

8.4 Johannes Paul II. und der Humor

Der Humor Johannes Pauls II. war unter den Journalisten und unter seinen engeren Mitarbeitern geradezu sprichwörtlich. Wer ihn zum Lachen brachte, hatte bei ihm sofort einen Stein im Brett. So erwählte der Papst in den ersten Jahren seines Pontifikats einen Afrikaner als seinen zweiten Privatsekretär, Monsignore Emery Kabongo. Der Papst liebte es, mit ihm das Mittag- und Abendessen einzunehmen, weil ihn seine spontanen und komischen Bemerkungen zerstreuten. Als Kabongo, der dann 1988 zum Erzbischof von Luebo/Republik Kongo berufen wurde, einmal beim Radfahren in den Vatikanischen Gärten hinfiel und sich den Arm brach, herrschte große Aufregung.

Zwischenlandung in Yellow Knife

Nur einmal haben die Vatikanjournalisten, die Johannes Paul II. auf seinen Auslandsreisen begleiten, diesen wirklich verärgert erlebt, und zwar bei der ersten Kanadareise im September 1984, als das Papstflugzeug wegen schlechter Sichtverhältnisse nicht bei den Indianern in Fort Simpson landen konnte. Als der Nebel immer dichter wurde und dem Flugzeug nach vielen Umrundungen des einsamen Ortes in den kanadischen Sümpfen der Sprit zu mangeln begann, hatten die Organisatoren entschieden, die Begegnung mit den Indianern – für den Papst war es der vielleicht wichtigste Programmpunkt der ganzen Reise – zu streichen und nach einer außerplanmäßigen Zwischenlandung in dem Ort Yellow Knife, einem kleinen Flugplatz in der Nähe, zum Auftanken nach Vancouver weiterzureisen.
Als der Papst von den eiligst in Arbeitskleidung herangeeilten Bewohnern des Ortes herausgerufen wurde, um ihnen einen unerwarteten päpstlichen Segen zu erteilen, improvisierte er einige Grußworte an die »Bewohner von Yellow« und wunderte sich außerordentlich, dass diese immer im Chor antworteten: »Knife« (Messer). Als ihn schließlich jemand darauf aufmerksam machte, dass er sich durch die Macht des Schicksals in einem Ort namens »Yellow Knife« (Gelbes Messer) befand, überwog sein angeborener Sinn für Humor den Ärger über das geplatzte Indianertreffen. Erst bei der zweiten Kanadareise Johannes Pauls II. im September

1987 nach einem Aufenthalt in den USA konnte dann das Treffen des Papstes mit den Indianern stattfinden, bei dem er deren Forderungen auf eigene Territorien unterstützte.

»Von Bombay nach Pompeji«

Seine angeborene Abenteuerlust kam dem Papst während seiner Auslandreisen immer wieder zugute. So scherzte er, seine Indienreise habe ihn auf dem Rückweg »von Bombay nach Pompeji« (bei Neapel) geführt, als er auf der Rückkehr von seiner Indienreise am 10. Februar 1986 wegen plötzlichen Schneesturms in Rom – mit einem indischen Piloten von Air India, der noch niemals Schnee gesehen hatte, im Cockpit – statt auf dem römischen Militärflughafen Ciampino in Neapel landen musste.

Glücklich gelandet, wurde der Papst zum Bahnhof in Neapel gebracht, wo er im Büro des Bahnhofvorstehers warten musste, bis ein Sonderzug nach Rom für ihn und sein Gefolge bereit gestellt worden war. Die wenigen Neapolitaner, die um 3 Uhr morgens auf dem Bahnhof waren, fragten sich angesichts des großen Polizeiaufgebots, was denn hier los sei. Als sie hörten, dass der Papst beim Bahnhofsvorsteher sei, tippten sie sich nur vielsagend an die Stirn.

Durch eine winterliche Schneelandschaft rollte dann der Sonderzug mit dem aus Indien kommenden Papst in Richtung Rom. Auf der kleinen Bahnstation in Trastevere wartete ein frierender vatikanischer Begrüßungstrupp auf den Papst. Diese Abordnung hatte sich mit einem Fiat, für den eilends Ketten besorgt worden waren, durch den hohen Schnee vom Vatikan nach Trastevere durchgeschlagen, um den Papst abzuholen.

Die Vatikanjournalisten wurden von Empfangschef Kardinal Achille Silvestrini entsetzt gemustert, als sie in Sandalen und kurzärmeliger Kleidung ohne Pullover oder Mantel nur mit Air-India-Decken auf den Schultern aus dem Zug in den hohen Schnee ausstiegen. Ihr Gepäck war nämlich von Air India einfach in Bombay – wo bei Abreise 38 Grad Hitze brüteten – gelassen worden, nachdem man festgestellt hatte, dass das kleine Flugzeug bereits zu schwer geladen hatte …

Kurioses um den Bodenkuss

Auch der traditionelle Bodenkuss beim erstmaligen Betreten eines Gastlandes hatte dem Papst so manches Mal kuriose Situationen beschert, zum Beispiel als er bei seiner 37. Auslandsreise vom 7. bis 19. Mai 1988, die ihn nach Uruguay, Bolivien, Lima (Peru) und zum Schluss nach Paraguay führte, in Asuncion, der Hauptstadt Paraguays bei strömendem Regen landete. Nachdem es angesichts der mindestens zwanzig Zentimeter hoch unter Wasser stehenden Landebahn unmöglich war, den Boden Paraguays zu küssen, gelangte Johannes Paul II. über eine Gangway von der Papstmaschine ins Flugzeuggebäude. Großes Erstaunen löste der Papst aus, als er noch vor der Begrüßung durch Diktator Alfredo Strößner plötzlich niederkniete und statt des Erdbodens den Boden der Gangway küsste.
Im Oktober 1989 folgte ein weiterer merkwürdiger »Bodenkuss«, und zwar auf der von Indonesien annektierten und nach Autonomie strebenden Insel Osttimor. Dort küsste der Papst bei seiner Ankunft ein vor dem Flugzeug liegendes Kissen mit den Insignien der Insel, um seine Gastgeber in Djakarta nicht zu beleidigen, indem er die frühere portugiesische Kolonie durch einen »echten« Bodenkuss sozusagen als eigenes Land legitimierte.

Nachwort

»Muore un Papa, se ne fa un altro« (»Wenn ein Papst stirbt, dann macht man eben einen anderen«), sagen die Römer, wenn ein paar Tage nach dem Tod eines Papstes ins Land gegangen sind. Sie meinen es nicht despektierlich, schon gar nicht im Fall des Papstes, der »aus einem fernen Land« gekommen war und die Herzen der Römer im Flug eroberte.

Sie hatten ihn in kürzester Zeit eingemeindet, nicht nur, weil der Papst aus Polen sie sofort in ihrer italienischen Muttersprache anzureden wusste. Johannes Paul II. wurde einer von ihnen; es spielte überhaupt keine Rolle mehr, dass er eigentlich ein Ausländer war. Und dies ist eine nicht unwesentliche Botschaft für die Zukunft.

Sosehr einige Auguren immer wieder erklären, trotz Johannes Paul II. sei nun eigentlich wieder ein italienischer Kardinal als künftiger Papst das Natürliche und Naheliegende, sosehr vergessen sie doch, dass das Petrusamt nie wieder das werden wird, was es vor Johannes Paul dem II. gewesen war – eine Art italienisches Erbstück. Die letzten beiden Jahrhunderte haben ausgezeichnete, oft heiligmäßige italienische Päpste gesehen, die jeder auf seine Art wettgemacht haben, was italienische Päpste sündigten, als römische Adelsfamilien im Mittelalter und der Renaissance das Petrusamt zu einem Beutestück fürstlicher Machtpolitik degradierten.

Schaut man sich das Kardinalskollegium an, das nahezu ausschließlich aus Priestern besteht, die Johannes Paul II. berufen hat, so ist es eine Garde hervorragender Männer aus allen Kontinenten und vielen Ländern dieser Erde. Etliche Afrikaner befinden sich darunter, hervorragende Asiaten und viele Lateinamerikaner, aus deren Reihen aus gutem Grund möglicherweise der neue Papst erwählt werden wird. Es sind geprägte Köpfe und etliche Männer darunter, über deren leidgeprüfte Lebenserfahrung man Bibliotheken schreiben könnte. Immer wieder wurde der Vorwurf erhoben, Papst Johannes Paul II. habe in seine Konsistorien eine Riege finsterer Reaktionäre berufen – einen Vorwurf, den man nur entkräften kann, wenn man sich die »Paladine des Papstes« einmal näher anschaut. Es ist eine Beschäftigung, die jeden Betrachter, der die Kirche liebt, mit tiefer Freude erfüllen kann. Was für großartige Kämpfergestalten befinden sich darunter! Wie viele hochherzige Idealisten und unerschrockene Verteidiger der Menschenrechte zählen zu ihnen! Unter den Besten der Besten – muss man es noch eigens erwähnen? – befinden sich *auch* Italiener. Aber warum sollte nicht ein schwarzer Kardinal die schwerste Bürde der Welt übernehmen können? Dieses oder das nächste Mal oder das übernächste mal wird es gewiss geschehen. Wenn hinter den Kardinälen nun die Konklavetüren geschlossen werden, so können sie unter der Anrufung des Heiligen Geistes aus einer reichen Schar hervorragender Charaktere wählen.

Der Nachfolger des Jahrtausendpapstes Johannes Paul II. wird die Menschheit um eine besondere Gnade bitten: ihn nicht an seinem Vorgänger zu messen. Das wird jede katholische Christin und jeder katholische Christ sehr ernst nehmen müssen. Der neue »Diener der Diener Christi« wird unsere vorbehaltlose Offenheit einfordern. Niemand erhält eine Garantie dafür, dass der neue Papst seinem persönlichen Geschmack entspricht. Der antirömische Affekt, den einst Hans Urs von Balthasar beschrieb und der immer wieder die große Versuchung der Kirche war und ist, entspricht nicht dem Evangelium, das von uns fordert, auf den zu schauen, der von Christus bestellt ist, uns im Glauben zu bestärken.

Ob er ein Intelletueller sein wird oder ein Bauer, ob er das weiße Gewand oder eines Tages vielleicht sogar Jeans tragen wird, tut nichts zu Sache. Wer immer der Neue ist – er hat die Pflicht uns in die Nachfolge Christi zu rufen, ob uns seine Art gefällt oder ob wir uns an ihr bis zur Verzweiflung wundreiben werden. Kein katholischer Christ muss ein Papstfan sein. Schon Petrus war ei-

ner, an dem man sich mit guten Gründen rieb. Aber jeder katholische Christ ist verpflichtet, auf die Stimme zu hören, die ihn tiefer in das Geheimnis der bleibenden Gegenwart Christi hineinrufen möchte – und in das Geheimnis der Kirche, die der Herr nicht vor Sünden, nicht einmal vor sündigen Päpsten bewahren wollte, der er aber die bleibende Gegenwart des Heiligen Geistes versprochen hat. Immer wird es eine Spannung zwischen der menschlich-allzumenschlichen Institution und der heiligen Präsenz Gottes geben – und immer wird einer Christ, wenn er diese unerhörte Spannung im lebendigen Hören auf das Wort Gottes in sich austrägt.
Der Acker ist bereitet. Nun liegt die Verantwortung auf den Schultern von 117 Männern, denen – so steht zu hoffen – die Verantwortung vor Gott tiefer ins Fleisch geschrieben ist als das Partei- und Proporzdenken, das heute unsere öffentlichen Spekulationen nährt. Sie werden beten. Das hilft.
Um die Zukunft der Kirche muss niemand Angst haben, wenn sich die Türen auf dem Balkon des Petersdomes öffnen und es wieder heißt: »Habemus Papam … Cardinalem …«

Bernhard Meuser
im April 2005

men Gottes?« beim Rowohlt Taschenbuch-Verlag, Reinbek)
Zizola Giancarlo: Il conclave, Storia e segreti. Newton Compton 1993
Zizola Giancarlo: Der Nachfolger. Patmos Verlag, Düsseldorf 1997

Carmen Rohrbach

Solange ich atme

Meine dramatische Flucht
über die Ostsee ans Ende der Welt

Eine Sommernacht Ende der 70er Jahre: Carmen Rohrbach und ihr Freund ziehen ein Schlauchboot ins Wasser. Über die Ostsee wollen sie in den Westen »rübermachen« – zu der 50 Kilometer entfernten Küste Dänemarks. Als sie sich der bewachten Dreimeilenzone nähern, tastet sich ein Suchscheinwerfer der DDR-Küstenwache gefährlich nah an das Boot heran – der Fluchtversuch droht zu scheitern. Da fasst das Paar einen todesmutigen Entschluss: Um nicht entdeckt zu werden, lassen sie das Boot zurück und schwimmen in ihren Neoprenanzügen weiter.
28 Stunden später treiben sie völlig erschöpft im Wasser. Noch immer ist kein Land in Sicht ...

Das Buch dokumentiert nicht nur ein Stück
deutsch-deutscher Vergangenheit, sondern auch
die Geschichte einer willensstarken Frau,
die für ihren Traum nach Freiheit und fernen Ländern
das eigene Leben riskierte – und gewann.
Süddeutsche Zeitung

Knaur Taschenbuch Verlag

Augenzeugen des Untergangs

Elke Fröhlich

Als die Erde brannte

Deutsche Schicksale in den letzten Kriegstagen

Zwölf ungewöhnliche und eindrucksvolle deutsche Schicksale in den letzten Tagen des »Dritten Reiches«:

- Ein Telefonist, der über die letzten Stunden im »Führerbunker« erzählt.
- Eine Familie, die in Dresden die Flächenbombardements der Alliierten erlebt.
- Tod an der Bernsteinküste: ein Augenzeuge berichtet von einem kurz vor Kriegsende begangenen Massaker der SS.
- Eine junge Jüdin in Auschwitz, die den Gaskammern entrinnt, weil sie Akkordeon und Blockflöte spielt.

Leid, Schrecken und Erlösung – authentische Zeugnisse vom Ende der nationalsozialistischen Herrschaft.

Knaur Taschenbuch Verlag